Asahi 日本語文法

임헌찬

* 머리말 *

문법은 우리 모두가 말하거나 쓰거나 하는 것을 관찰해서, 언어 속에 존재하는 법칙을 발견해 놓은 것이다. 일본어문법도 일본인들이 일상생활에서 사용하고 있는 일본어의 법칙을 말하는 것이다. 영어를 공부할 때 영어문법이 도움이 된 것과 마찬가지로, 일본어를 공부하려는 사람은 일본어문법의 지식이 반드시 필요할 것이다. 일본어를 올바르게 사용하고 운용하기 위해서는 일본어문법의 제반사항을 익히고 배워야 한다. 어떻게 하면 文法体系 전반에 대해, 알기 쉽고 체계적이며 간결하게 설명할 수 있을까 늘 염두 해둔 筆者로서는 기존의 원서교재로는 이들의 욕구를 충족시켜주지 못하며, 日本語文法전반에 대한 理解와 학습능력의 향상을 도모하는 강의가 되지 못한다고 생각했다. 이에 착안해, 본 교재는 이들의 문제점을 해결하는데 도움이 되었으면 해서 집필하게 되었다.

本書는 현대 일본어문법을 공부하는 사람들을 위해 참고서가 되도록 일본어의 문법현상을 알기 쉽게 정리하려고 노력했으며, 지금 현재까지의 많은 연구와 실천에서 얻은 뛰어난 성과를 바탕으로, 일본어에 흥미를 가지고 공부하고 있는 많은 사람들을 염두 해두고 편집·집필한 것으로, 이들 모두에게 文法研究의 참고서가 되도록 日本語文法전반에 대한 내용을 모두 다루려고 노력했다. 日本語文法전반에 대한 전문서적으로서의 기능뿐만 아니라, 教科書나 参考書로서 활용될 수 있도록 가능한 한 많은 내용을 수록했다. 또, 일본어문법을 올바르고 정확하게 이해할 수 있도록, 평이한 例文을 많이 들어 문법현상의 記述이나 説明을 했으며, 기초적인 문법사항이 빠지지 않도록 注意를 기울였다. 문법사항을 가능한 한 조직적이고 체계적으로 記述하려고 노력했고, 선행연구에서 밝혀진 일본어문법의 제반사항을 대부분 수록하였다.

本書는 제1장 言語, 제2장 文法論의 領域과 文, 제3장 文의 종류와 語, 제4장 品詞, 제5장 Tense(時制), 제6장 Aspect(局面), 제7장 Voice(態), 제8장 敬語 등으로 나누어, 각 분야의 중요사항과 현대일본어의 특징을 가능한 한 상세히 기술하려고 노력했다. 그러나 내용이 너무나 방대하고, 관련분야별로 세분화된 기존의 양서들이 많이 있는 관계로, 아주 상세하고 자세하게는 설명하지 않았으며, 文法理論을 정립

1

해 새로운 사실을 체계적으로 설명하는 시도는 하지 못했다. 다만, 日本語文法전반에 대한 筆者의 생각을 정리한 것으로, 読者들에게 도움이 되었으면 하는 생각이다.

그러나 아직 부족한 곳도 많은 것이 사실이다. 부족한 곳은 앞으로 수정·보완해 나갈 것이다. 독자는 本書를 체계적으로 읽기 바라며, 記述이나 説明방법, 例文의 내용 등에 있어서 개선의 여지가 있으면 독자들의 助言과 질정(叱正)이 있기를 바란다.

끝으로, 本書의 출판을 흔쾌히 맡아주신 제이앤씨 윤석산사장님이하 관계자여러 분들에게 감사의 뜻을 전하고 싶다.

2006년 9월 27일
연구실에서

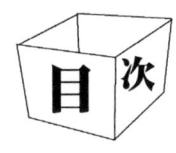

目次

제3장. 文의 종류와 語

제4장. 品詞

제6장. Aspect(局面)

제7장. Voice(態)

제8장. 敬語

言語

1. 音声言語와 文字言語

인간은 언어를 사용해서 思考·認知活動을 행하고 있는 것이지만, 기본적으로 伝達을 목적으로 하고 있는 것이기 때문에, 언어는 思考와 伝達의 매체로서의 기능을 가지고 있다고 말할 수 있다. 言語(Language) 그리고 文(Sentence)이 지금 어떠한 구조를 하고 있는 것은 인간이 행하고 있는 思考와 伝達의 기능을 다하기 위함 일 것이다. 언어의 구조는 언어의 기능을 반영해 존재하고 있으며, 언어의 기능은 언어 구조의 규정에 따라 존재하고 実現化한다.

이처럼, 言語란 自己의 思想이나 感情을 他人에게 伝達하기 위한 手段으로 使用되어 지는데, 여기에는 音声에 의해 表現되어 지는 音声言語와, 文字에 의해 表現되어 지는 文字言語로 크게 나눌 수 있다.

人間은 自己自身을 表現하려는 本能을 가지고 있기 때문에, 音声的인 手段으로 使用되는 音声言語를 먼저 創出해 내고, 그 뒤를 쫓아서, 公的인 文書나 書類를 기록해 놓기 위해 文字言語가 出現하게 되었다.

따라서, 世界 어느 곳이든, 音声言語는 存在하지만 文字言語는 存在하지 않는 곳이 많다. 아프리카나 남아메리카 등의 原住民들은 자신들의 意思疎通으로 使用되어 지는 音声言語는 先祖代代로 그 命脈을 維持해 오고 있지만, 그것을 記錄하는데 必要한 文字言語는 存在하지 않는 곳이 많다.

2. 国語와 日本語

言語에는 使用하는 사람들 사이에 어떤 共通된 約束이 있기 때문에, 주어진 狀況과 環境에 따라 거기에 알맞은 言語表現을 駆使한다. 따라서 韓国語 日本語 英語 中国語등과 같이 나라마다 言語表現方式이 서로 다르며, 한 나라 안에서도 地域마다 言語表現方式이 다를 수도 있다. 이렇게 볼 때, 世界에는 수많은 言語가 存在한다. 그러나 国家単位로 생각해 볼 때 한 나라 안에서 大多数의 国民들이 一般的으로 使用하고 있는 言語가 그 나라의 言語表現方式을 代表하는 国語이며 韓国에서는 韓国語, 日本에서는 日本語라고 불리 우고 있다. 즉, 国語는 한 나라에 局限시켜, 主体民族의 大多数가 使用하는 言語라 한다면, 日本語는 世界속에서 日本人들이 駆使하는 言語라 하겠다.

3. 言語와 文法

言語가 自己의 思想이나 感情을 他人에게 伝達하기 위한 手段으로 使用되고 있다는 것은 앞에서 言及한 바 있다. 그런데, 言語를 使用함에 있어서는 올바른 意思 伝達을 目的으로 社会慣習的으로 정해진 一定한 規則과 法則에 따라 行하여 진다. 이것을 文法(Grammer) 또는 語法이라고 하는데, 여기에는 文의 構成要素는 어떠하고, 文의 性質上 어떠한 機能을 目的으로 使用되고 있는 가 等으로 크게 나뉘어 지고 있다. 결국 文法이란 単語에서 文이 형성되는 과정의 법칙이라 말할 수 있다.

다시 말하면, 단어를 材料로 해서 언어의 적격한 文 을 구성할 때의 구성의 규칙 · 법칙성이 文法이다. 언어활동의 所産物로서 하나의 文이 형성되는 경우도 있지만, 일반적으로 여러 개의 文이 모여 의미적으로 하나의 완결을 이루고 있는 것이 많은데 이것이 文章 · 談話(Discourse)이다.

즉, 文을 구성하는 것이 単語이고, 단어는 文을 형성함에 있어서 文의 下位的 構成要素를 이루고, 文의 성분이 짝을 이루어 統一体적 전체인 文이 구축된다. 이처럼, 単語와 文法의 존재를 바탕으로, 有限의 표현수단을 사용해 無限하고 다양한 伝達内容을 구분해서 나타낼 수가 있는 것이다.

❸-1. 言語의 役割

자신의 생각이나 감정을 다른 사람에게 전달할 때, 우리들은 언어를 사용한다. 이 경우, 나라마다 사용하는 사람마다 언어를 달리할 수가 있다.

❸-2. 言語의 表出

언어는 음성이나 문자에 의해 표현된다. 音声으로 표현된 언어(音声言語)는, 일단 그 장소에 국한된 것으로 時間과 場所를 초월할 수 없지만, 文字로 표현된 언어(文字言語)는 기록에 의해 남으니까 몇 번이고 반복해서 읽을 수가 있고, 멀리 떨어져 있는 사람에게 까지 전달할 수가 있는 특징을 가지고 있다.

❸-3. 口語와 文語

현재 우리들이 日常生活에서 사용하고 있는 말을 口語라 하고, 口語로 쓴 文을 口語文이라고 한다. 이에 반해, 옛 시대의 文章을 쓸 때 사용한 言語를 文語라 하고, 文語로 쓴 文을 文語文이라고 한다. 본 教材에서는 口語의 文法을 다룬다.

❸-4. 文法을 배우는 目的

문법을 배우는 것은, 그들 각자의 言語의 規則을 알고, 말의 사용법을 정확히 이해하기 위함이다. 문법을 올바르게 이해함으로써, 말을 올바르게 사용할 수 있고, 나아가 언어를 정확하게 구사할 수 있는 것이다.

4. 文章

文章이란, 가장 커다란 말의 단위로 한편의 小説, 한편의 편지등과 같이 하나의 정리된 내용을 써서 표현된 것 전체를 문장이라고 한다.

한편의 소설은 전체가 하나의 文章이 되며, 俳句(일본의 5 · 7 · 5의 3句와 17音으로 되는 短型詩)와 같은 짧은 표현이라도 하나하나의 俳句는 각각 정리된 내용을 표현하고 있으므로 하나의 文章이라고 말할 수 있다. 긴 文章은 전체의 내용을 몇 개의 정리된 내용마다 구분되어 질수가 있다. 이와 같이 문장 속에서 내용마다 구분되어진 것을 段落이라고 하는데, 하나의 段落은 각각 정리된 내용을 표현하고 있으므로, 하나의 文章이라고 말할 수 있다.

결국, 単語가 결부되어 文節이 되고, 하나 또는 두 개 이상의 문절이 모여 文이 되며, 하나 또는 두 개 이상의 文으로 文章이 된다. 単語, 文節, 文, 文章은 각각의 크기의 語의 단위이다.

제2장

文法論의 領域과 文

1. 文法論의 領域

文法이란 言語에 內在하는 규칙을 말하며, 이것을 言語로 기술한 것을 文法論이라고 한다. 언어단위는 (1)音素 < (2)音節 < (3)形態素 < (4)語 < (5)文節 < (6)文成分 < (7)文 < (8)段落 < (9)文章 < (10)作品의 순으로 되어 있다. 이중, 일반적으로 (3)~(7)까지의 규칙을 文法이라 한다. 文法은 (3)(4)를 主대상으로 하는 形態論(morphology)과 (5)(6)(7)을 主대상으로 하는 構文論(syntax)으로 大別된다. 최근에는 談話·言說 등을 대상으로 하는 談話分析(discourse)과 文과 文의 관계와 文章이란 무엇인가 등을 論하는 文法論的文章論 등을 포함하는 일이 많다.

이처럼, 文法論의 영역은 크게 形態論(morphology)과 構文論(統語論syntax)으로 나뉘어 지는데, 형태론은 語의 문법적인 측면을 다루므로, 語가 文구성기능을 다하기 위해 어떠한 語形변화를 하는가, 語形변화에는 어떠한 type가 있는가를 고찰한다. 한편, 構文論은 文의 구성과 성립을 다루므로, 文은 下位的 구성요소에서 어떻게 성립하고 있는가, 下位的 구성요소의 결부에 의해서 발생하는 文의 構造라는 것은 어떠한 것인가를 分析·記述한다.

❶-1. 形態論(morphology)

　形態素나 語의 形態変化를 研究하는 部門으로 具体的으로는 品詞論이 中心的内容이 된다. 文法的単位에 있어서 形態素는 語를 構成하는 最小単位이며, 意味를 担当하는 最小単位이기도 하다.

　　　　あめ(雨) / あめふり(雨降り) / あまがさ(雨傘)

　이들은 모두 1語이며, 하나의 意味를 나타내고 있다. 그런데, 「あめふり」는 「あめ(雨) / ふり(降り)」로, 「あまがさ」는 「あま(雨) / がさ(傘)」로 分割可能해 서로 하나의 意味를 나타내고 있다. 이와 같이, 意味를 担当하는 最小単位는 語가 아니라 形態素이다.

　　　　あめ(雨)　　　　　; 1形態素1語
　　　　あめふり(雨降り) ; 2形態素1語
　　　　あまがさ(雨傘)　 ; 2形態素1語

그런데, 「雨」「傘」 등의 名詞는 事物의 概念을 나타내는 役割을 하지만, 文中에서의 役割을 積極的으로 나타내는 指標를 内包하지 않는다. 이에 반해, 連体詞「あの」「この」 등과 副詞「ちょっと」「やはり」 등은 文中에서의 役割을 内包하고 있다. 語를 「文을 構成하는 最小単位」로 定義하면, 語에 어울리는 것은 文中에서의 役割을 内包하고 있는 「連体詞」「副詞」 등으로 名詞는 아니라는 問題도 있다.

❶-2. 構文論(syntax)

　文節 · 文成分 · 文을 対象으로, 주로 語에서 文이 만들어지는 構造에 대해서 研究하는 部門으로 統辞論 또는 銃語論이라고도 한다. 日本語의 言語体系는 横関係와 縦関係의 有意的表現으로 되어 있다.

　　　　私/は/昨日/親しい/友達/と/海/に/行っ/た。
　　　　(나는 어제 친한 친구와 바다에 갔다)

위의 例文에 있어서, 横関係란 「私・君・彼女・前田・先生・みんな」라는 語群에 있어서의 相互関係로, 위의 例文에서는 이들의 語群속에서 「私」가 선택된 것이다.

다시 말해, 이것은 「私」에는 「君」 이하 모두의 語가 아니라는 것이 含意되어 있는 것이다. 이와 같이 文中의 位置에 있어서 同等의 資格이 될 수 있는 語의 関係를 Ferdinand de Saussure는 「連合関係」라고 했다. 連合関係는 表現의 표면에는 나타나지 않고 表現을 지탱하는 것으로 潜在的으로 존재한다.

이에 반해, 縦関係란 「私」와 「は」의 관계, 「昨日」와 「行った」의 관계, 「親しい」와 「友達」의 관계 등을 말한다. 이와 같이, 文이 되기 위한 語와 語의 연결관계를 Saussure는 「連辞関係 또는 統合関係」라고 했다. 構文論의 주된 目的은 連辞関係 또는 統合関係를 밝히는 것이다.

雨!   行く?   痛い!   やっぱり。

이들은 1語이지만, 話者의 思想이나 感情을 나타내는 文으로 1語로 되어 있는 1語文이다. 「雨」「行く」「痛い」「やっぱり」 등은 表現의 内容이 되는 素材概念을 나타내지만, 「雨!」「行く?」「痛い!」「やっぱり。」 등은 素材概念외에 話者의 判断이나 感情(陳述)이 표현되어 있다. 이처럼 日本語文은 모두 素材概念과 陳述에 의해 구성된다. 陳述은 会話体에서는 抑揚으로 나타나고, 文書体에서는 [!] [?] [。] 등의 符号로 나타낸다.

文의 内的構造를 分析・記述하는 構文論은, 文의 表現形式만이 아니라 文의 意味構造도 고려하지 않으면 안 된다. 그것은 文이 意味的統一体이며, 그것에 의해 形態的으로도 하나의 完結的構造体이기 때문이다. 変形文法에서 文의 構造分析을 表層構造와 深層構造의 쌍방에서 행하는 것도 密接한 関連이 있다.

❶-3. 口語文法

넓게는 会話体의 文法을 말하며, 좁게는 共通語의 文法을 말한다.

넓은 意味로 口語文法을 언급한 最初의 書物로는 J. Rodriguez의 『日本大文典』(Arteda Lingoa de Japan 1604~1608)이고, 좁은 意味에서 口語文法을 最初로 언급한 것은 外国人이었다.

S. R. Brown 『Colloquial Japanese』(1863)

J. J. Hoffmann 『A Japanese Grammar』(1868)

W. G. Aston 『A Short Grammar of The Japanese Spoken Language』
(1869)

B. H. Chamberlain 『A Handbook of Colloquial Japanese』(1888)

日本人에 의해 著述된 最初의 口語文法은, 松下大三郎의 『日本俗語文典』 (1901)이 있다. 이처럼 日本人에 의한 口語文法의 成立이 外国人보다 늦어진 것은, 日本人은 外国人과는 달리 口語文法을 자연히 習得해 버리니까, 일부러 文法書로 배울 필요가 없었기 때문이다.

❶-4. 生成文法

미국의 言語学者 Noam. Chomsky가 창시한 経験科学에 기초를 두는 文法研究로, 認知心理学의 一部에 위치한다.

生成文法의 目標는 言語知識(言語能力)을 해명하는 것으로, 이것을 説明하는 原理로서 生得的인 普遍的知識(普遍文法)을 仮定한다. 結局, 生成文法의 究極的인 目標는 普遍文法에 의해서 言語習得을 説明하는 것에 있다. 生成文法이 갖추어야 할 特徴으로서는

(1)個別言語의 文法的인 文은 모두 그것만을 生成하는 構造이다.
(2)生成文法은 有限개의 構造를 使用해 文을 무한히 生成하지 않으면 안 된다.
(3)生成文法의 区別方法은 누가 해도 같은 結果가 얻어져야 하므로 明示的이지 않으면 안 된다.

2. 文에 대한 先行研究의 언급

文에는 外的인 표현형식과 전달되는 의미내용이 존재한다. 표현형식은 人間에 의해 식별이 가능하므로 有限하지만, 의미내용은 無限할 필요가 있다. 따라서 言語는 有限個의 요소에서 無限의 文을 생성할 수가 있다. 이를 반영해, 文은 의미내용을 나타내기 위해 構造化되어 있다.

❷-1. 橋本文法

橋本文法은 語의 形態를 중시한 문법으로, 『国語法研究(1948)』와 『国語学概論(1946)』에 의해 널리 알려져 있으며, 일명 학교문법으로도 통한다.

橋本文法의 특징은 文節이 중요한 단위가 되어 있다. 문은 문절에 의해 형성되며, 문절은 단어로부터 형성되는데, 문절을 중심으로 문의 구조를 분석하고, 품사분류를 행하고 있다. 즉, 문절은 단독으로 문절을 구성하는 詞와, 단독으로 문절을 구성하지 못하는 辞로 大別되며, 詞와 辞는 활용의 유무에 따라 각각 나뉘어 진다. 詞에는 용언 체언 副用言 감동사 등이, 辞에는 조사 조동사가 포함된다. 그러나 橋本文法은 語의 형태를 중시하므로 語의 意味가 無視되는 문제점을 안고 있다.

橋本文法의 品詞分類를 살펴보면 다음과 같다.

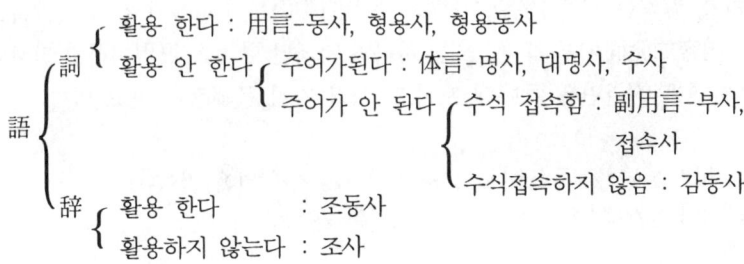

또, 橋本進吉는 『国語法要説(1934)』에서, 文을 文節이라는 単位로 나누어, 文節을 중심으로 文의 構造를 분석하고 있는데 그 특징이 있다. 文을 直接的으로 구성하는 成分을 「文節」이라 하고, 文節을 「切れる文節」과 「続く文節」로 나눈다. 文은 文節로 구성되며, 文節은 単語로 구성되는데, 文節은 連文節을 形成하고, 連文節이 連結되어 文이 成立한다고 보고 있다.

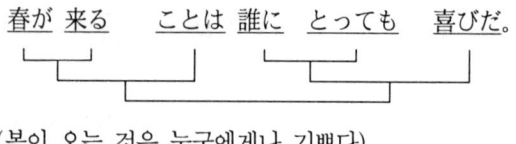

(봄이 오는 것은 누구에게나 기쁘다)

橋本文法의 장점은 文節과 文節, 文節과 連文節, 連文節과 連文節이 결합해서 文을 만들어 가는 과정을 重層的·階層的으로 파악하고 있다는 점이다.

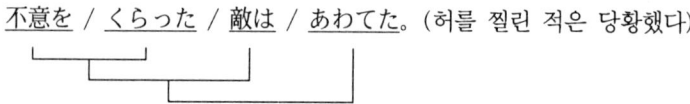

즉, 「不意を」는 「くらった」와 文節群을 형성해 「敵は」의 연체수식어가 되고, 「不意をくらった」가 「敵は」와 群化해 主語가 되어 비로소 文의 直接要素로서 述語에 연결된다는 것이다. 그러나 이러한 説明原理로는 「不意をくらった」가 「敵は」를 修飾한다고 説明할 수밖에 없는데, 실제로 「不意をくらった」가 修飾하고 있는 것은 「敵」이다.

이처럼, 橋本文法의 文節의 群化에 의한 文의 構造·分析에는, 文이 하나의 連文節이 되고, 文의 成立이 窮極的으로 「切れる文節」에 환원되어 버리며, 文節간의 결합에 있어서 意味論的相互関係가 무시되어 버린다는 問題点이 있다.

그리고, 橋本은 文을 内容的側面과 外形的側面에서 다음과 같이 定義하고 있다. 우선, 内容的側面에서 볼 때, 文은 하나의 정리된 思想의 表現이라고 말한다. 그러나 文의 意味的관련을 考慮해 보아도, 여러 가지 문제점을 안고 있다.

　　川上さんは/ 行くまい。(가와가미씨는 가지 않을 것이다)
　　川上さんは/ 行くか。(가와가미씨는 가는가)

이 경우 「まい」로 推量하기도 하고, 「か」로 묻기도 하는 것은, 「川上さん」이 아니라 話者이다. 따라서 이들의 文은 의미상으로 볼 때, 다음과 같이 된다.

　　川上さんは行く/ まい。　川上さんは行く/ か。

또, 文의 外形的側面의 특징으로서, 文은 音의 연속이며, 前後에는 音의 断止가 있고, 文末에는 특수한 音調가 있다고 한다. 이처럼 橋本文法은 文의 規定을 오로지 音声的側面을 중시한 나머지 統語構造를 포함하고 있지 않는 문제점을 안고 있다. 따라서 文이라는 것이 무엇인가 라고 하는 問題点은 남아있다.

❷-2. 山田文法

山田文法은 橋本文法과는 달리, 語의 의미를 중요시하는 内容中心主義의 문법론으로, 『日本文法論(1908)』『日本文法学概論(1936)』에 의해 널리 알려져 있다.

山田은 単語를 大別해서 観念語와 関係語로 나누고 있다. 관념어는 단어 하나만으로도 하나의 思想을 나타내지만, 관계어는 그러한 성질이 없고, 관계어는 관념어를 보조하는 것을 職能으로 하고 있다. 山田文法의 특징은, 조동사를 複語尾로 본 점과, 감동사 접속사라는 품사를 부사의 한 종류로 취급한 점, 그리고, 조사의 6분류는 현재 학교문법에서 다루어지고 있다. 그러나 山田文法은 조동사를 세우지 않는 이유에 대해 言及이 없는 점이 문제점으로 지적된다.

山田文法의 品詞分類를 살펴보면 다음과 같다.

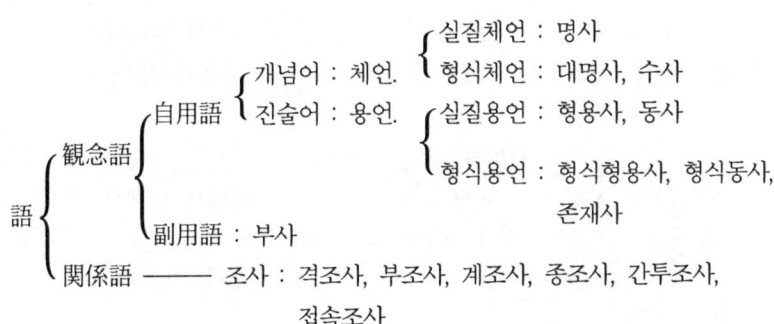

또, 山田孝雄는 『日本文法学概論(1936)』에서, 文을 銃覚作用에 의해서 통합된 思想이 言語라는 形式에 의해 표현된 것으로 定義하고 있어, 山田의 文定義는 기본적으로 内容的側面에서의 規定이며, 論理主義的 · 心理主義的인 規定이다.

山田의 内容重視의 文規定은, 山田가 一語文도 文으로서 認定하는 곳에서 出発하지만, 山田文法은 句와 文과의 定義에 있어서 差異가 明瞭하지 않다. 山田의 文規定은 본래 句規定이었던 것이 単文을 통해서 어느새 文規定이 되어버린 것이다.

그러나, 銃覚이나 陳述이라고 하는 術語에 의해 句(文)의 形成過程을 깊게 考察한 것은 山田文法의 커다란 특징으로, 이것이 훗날 陳述·文成立論争의 出発点이 된다.

結局, 山田는 文의 成立을 銃覚作用과 陳述作用에 의해 이루어진다고 보고 있다. 다시 말해, 文의 内容을 통합하는 役割과 文을 완결하는 役割과를 구별하려고 하면서 명확히 구별하지 않고, 이것을 銃覚作用 또는 陳述作用이라고 했다. 그 때문에, 「花がさく。」는 文이 되고, 「花がさく日が楽しみだ。」의 「花がさく」가 文이 되지 않고, 連体修飾成分이 된다고 하는 설명이 충분하지 못하다고 하는 문제점을 안고 있다.

❷-3. 時枝文法

時枝文法은 言語의 表現性에 중심을 두는 문법론으로, 『国語学原論(1941)』 『日本文法 口語篇(1950)』에 의해 널리 알려져 있다. 時枝는 언어를 인간의 表現行為 理解行為 그 자체라고 하며, 言語過程説의 입장에서 단어를 분류하고 있다. 그는 概念過程을 포함하는 형식 「詞」와, 개념과정을 포함하지 않는 형식 「辞」로 나누고, 詞는 客観的 事態의 표현이고, 辞는 主観的 判断의 표현이라고 하고 있다.

그러나, 時枝文法은 조사가 활용이 없는 辞로서, 감동사 접속사와 함께 취급하는데 문제가 있다. 時枝文法의 品詞分類를 살펴보면 다음과 같다.

```
      ┌ 詞 ┌ 다른 단어와 접속시 단어형식을
      │    │      바꾸지 않는 것 : 명사, 대명사, 연체사, 부사
語 ─┤    └ 단어형식을 바꾸는 것 : 동사, 형용사
      └ 辞 ──────── 조동사, 조사, 접속사, 감동사, 진술의 부사
```

또, 時枝誠記는 『国語学原論』과 『日本文法口語編』에서, 詞와 辞의 結合으로 이루어지는 句를 文의 直接構成要素로 보고, 句가 順次的으로 「入子型構造」를 취해 결합함으로서 文이 形成된다고 한다.

[[[[[[[[不意] を] くらっ] た] 敵] は] あわて] た]。

즉, 「不意」는 「を」에 의해, 「不意をくらっ」는 「た」에 의해, 「不意をくらった

敵」는 「は」에 의해, 「不意をくらった敵はあわて」는 「た」에 의해 統一된다는 것이다. 이처럼, 入子型에 의한 文構造의 分析은 文節에 의한 文構造의 欠点을 部分的으로 수정해, 例文과 같은 단순한 構造의 文에서는 威力을 발휘하지만, 조금 複雑한 文이 되면 無力하다.

[[[[[[不意] を] くらっ] た] ため] [[敵] は] あわて] た]。

위의 例文의 경우, 「不意 をくらったため」는 「あわて」에만 걸리는 것처럼 判斷되지만, 실제는 「敵はあわてた」의 条件節이다.

결국, 時枝誠記는 文成立의 条件을 具体的인 思想의 표현이어야 하며, 統一性과 完結性이 있어야 한다고 보고 있는데 다음과 같은 問題点을 가지고 있다.

(1) 文은 具体的인 思想의 표현이다.

이것은 形態的인 側面에서 말하면, 時枝가 말하는 詞와 辞의 結合体이다. 이 結合体는 時枝가 말하는 句로 (1)의 条件에서는 句와 文을 구별할 수 없다.

(2) 文은 統一性이 있다.

[[[[[[梅] の] 花] が] さい] た]。(매화꽃이 피었다)

위의 例文에서, 「梅」는 「の」에 의해서, 「梅の花」는 「が」에 의해서, 「梅の花がさい」는 「た」에 의해서 각기 統一되고 있다. 이러한 入子型構造는, 連体修飾의 관계를 잘 설명할 수 있다는 점과, 成分중의 助詞나 助動詞의 역할이 비교적 잘 明示된다는 장점을 가지고 있다.

그러나, 文法機能의 具現化를 辞라는 단일형식에 환원해 버림으로서 「零記号의 辞」를 不必要한 곳에도 設定하지 않으면 안 되기 때문에, 連用修飾의 관계로 이루어진 文이나, 接続関係로 이루어진 文, 並立관계로 이루어진 文의 경우는 설명이 어려워진다.

[[[[[飛んでいる] ▨] 鳥] は] 美しい] ▨]。(날고 있는 새는 아름답다)
山と川(と)に行く。(산과 강에 간다)

또, 다음과 같은 예에서도 문제점을 안고 있다.

　　　君にだけ話しておく。(자네한테만 얘기해 둔다)

위의 例文에서,「君」에 統一을 부여하고 있는 것은「に」와「だけ」어느 쪽인지
不分明하다. 이처럼 時枝는 辞가 두개이상 연속될 때의 文構造에 대한 언급이 없다.
그리고, 単文이라도 時枝式図式의 統一性으로 설명되지 않는 예가 많이 있다.

　　　[先日 [銀座で [宝石を [安く [手に [入れ]]]]]] た。
　　　(일전에 긴자에서 보석을 싸게 샀다)
　　　[[[[ゆうべ] ▨] [[家]から] [[電報] が] 来] た]。
　　　(어제 저녁 집에서 전보가 왔다)

(3) 文은 完結性이 있다.
文은 用言이나 조동사의 終止形, 종조사에 의해서 완결된다고 보고 있다.
그러나, 다음과 같은 예는 문제점을 안고 있다.

　　　いるわ、いるわ、うようよいるわ。(있어 있어 우글우글 있어)

밑줄 친 부분은, 종조사를 취하면서 文이 되지 못한다.

　　　あれが 学校。(저것이 학교)
　　　　　下線부분의 [学校]는, 終止形이나 종조사가 오지 않아도 文이 된다.
　　　お静かに! (조용히)　　早く早く! (빨리빨리)

이러한 文은 連用形의 형태로 文이 되므로, 完結性으로는 説明되지 않는다.
　(2)의 条件을 충족시키는 것은 必然的으로 (1)의 条件을 충족시키는 것이 된다.
그러나 (2)의 条件을 충족시킨 것이 모두 文이 아니다.「花は美しいが」는 統一性
을 가지고 있지만, 完結性을 가지고 있지 않기 때문에 文이 아니다. 時枝에 있어서
文은 統一性을 부여하는 辞가 완결형식을 취함으로서 성립한다. 따라서 時枝의 文
成立의 결정은 最終的으로는 完結性에 의한 것이 된다.

❷-4. 渡辺文法

渡辺 実는『国語構文論(1971)』에서, 素材를 陳述이 감싸는 곳에서 文이 成立한다고 본다.「花が咲く」는 統叙에 陳述이 作用해 文이 成立하지만,「花が咲く季節」의 경우 統叙는 작용하고 있지만 陳述이 작용하지 않아 文이 아니라고 한다.

이처럼 渡辺文法은, 構文的職能에 의한 文構造의 分析으로, 構文的職能으로서 素材表示 · 展叙 · 統叙 · 陳述 등의 職能을 認定하고, 이들의 職能의 展開로서 文構造를 記述한다. 그는 用言에 陳述이 포함되어 있다고 判斷하므로 時枝와 같이 이 부분에 零記号를 仮定하지 않는다.

渡辺에 의하면, 文은 形態的独立体임과 동시에 意義的完結体이다. 즉, 文은 内容的으로 思想이 되고 事柄이 되는 内容과, 그 内容에 대한 言語主体의 断定作用, 2개의 要素에 의해서 成立하는 것이 原則이다.

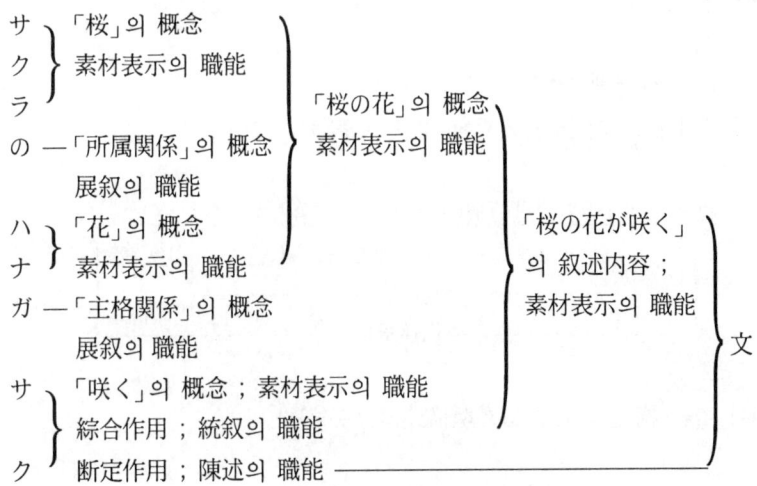

이와 같이, 成分으로서의 文이란, 叙述内容에 素材表示의 職能이 맡겨지고, 断定作用에 陳述의 職能이 맡겨져, 이들의 異質的인 両要素의 職能的結合에 의해서 文의 有機的統一性이 形成된다는 것이다.

結局, 構文的職能의 面에서 볼 때, 叙述内容에 해당하는 素材表示의 職能과, 断定作用에 해당하는 陳述의 職能과의 職能的結合体가 文이며, 文은 成分의 一種이다.

❷-5. 松下文法

松下大三郎는 『改撰標準日本文法(1928)』에서, 言語運用論的側面을 가지고 있는 것을 文이라 規定하고, 보통의 文法家가 文이라고 부르는 것을 「断句」라 부른다. 松下는 断句의 材料가 되는 詞가 文다운 資格을 가지는 条件으로서 絶対性과 独立性을 가지고 있는 것을 든다. 絶対性은 詞가 스스로 従属的関係에 있는 관념을 充足시키고 있는 것이며, 独立性은 그 詞가 다른 것에 従属하지 않는 것이다.

「咲く」만으로는 「何が」라는 従属性을 가지고 있는 観念이 부족하며, 「花が咲くと」에서는 独立性이 없다. 「花が咲く」는 絶対性과 独立性을 가지고 있다.

그러나, 松下에 있어서는 이것만으로는 文으로서 成立하지 않는다. 断句가 될 수 있는 詞가 断句로서 統覚되는 것이 断句의 성립에 最終的으로 필요하게 된다.

❷-6. 其他

(1) 表現機能에 의한 文構造의 分析
南不二男(1974)의 表現機能에 의한 文構造의 分析을 나타내면 다음과 같다.

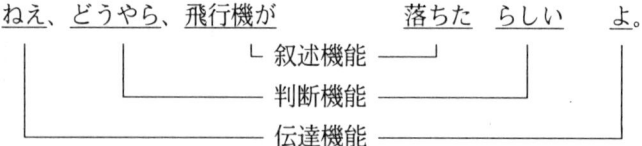

이와 같은 構造를 たまねぎ型構造라고도 한다.

(2) 西洋言語学에 있어서의 文規定
미국의 構造主義言語学의 창시자 L.Bloomfield는 文을 「어떤 文法的인 결합에 의해서 그것보다 큰 다른 어떠한 言語形態에도 포함되지 않는 独立의 言語形態다」라고 정의하고 있다. 이 정의는 文을 오로지 形態的인 면에서 規定하고 있는 것이다. 이를 반영해, 미국의 構造主義言語学은 文을 「IC(直接構成要素)分析」에 의해 記述하고 있다.

変形生成文法에서는 文을 直接的으로 規定하지 않고 현시점에서는 그 本質規定

을 斷念하고 있다. 따라서 変形生成文法에서의 文은 「文法의 規則에 의해서 生成된 것이 文이다」라는 立場을 취하고 있다. 이를 반영해, 変形生成文法에서는 「句構造」와 「変形」에 의한 分析・記述을 행해 文의 深層構造와 表層構造를 連結시키고 있다.

3. 文의 構成과 内部構造

❸-1. 文의 構成

日本語의 文을 구성하는 성분의 최소단위는 文節이지만, 文節은 하나의 詞(자립어), 또는 詞+辞(부속어)로부터 형성된다. 이 때, 名詞(体言)에 붙어서, 그 명사와 述語와의 관계를 意味的으로 나타내는 것이 格助詞이다. 複数의 성분이 모여 統一性을 갖기 위해서는 그 표현에 있어서 語順이 필요하게 되는데, 修飾語는 被修飾語 앞에 오며, 述語는 文의 最後에 오는 것이 원칙이다. 이것을 時枝文法은 入子型으로 설명하고 있다. 「美しい花がさいている」라는 述語의 형태로 文을 끝맺으려면 会話体에서는 抑揚(intonation)의 要素가 첨가되며, 文章体에서는 句点이 첨가된다. 여기에 판단지향의 話者의 기분을 표명하고 싶을 때는 終助詞「わ, ぞ, とも, か」와 같은 것을 사용하며, 話者의 강압적인 기분을 나타낼 때는 間投助詞「よ」를 사용하고, 確認이나 同意를 구하는 기분을 나타낼 때는 間投助詞「ね」등을 사용해 표현한다.

이렇게 볼 때, 文은 사항의 표현에 話者의 판단표현이 完結하는 형태로 첨가되어, 그것에 話者의 직접적인 표현이 첨가되는 것에 의해 형성된다고 볼 수 있다.

❸-2. 文의 内部構造

言語表現을 代表하는 文(sentence)의 基本的인 構造를 考察해보면 다음과 같다.

先日、ノルウェーで、金大中大統領がノベル賞を受賞した。
(일전에 노르웨이에서 김대중대통령이 노벨상을 수상했다)

우선, 위의 文은「先日/ ノルウェーで/ 金大中大統領が/ ノベル賞を/ 受賞した」라고 하는 5개의 構成要素로 나누었을 때, 이 文의 中心的成分은 文의 末尾에 나타나는 **述語**(predicate)**成分**이라고 밀할 수 있다. 述語는 品詞面에서 보면, 4種類로 구별된다.

①動詞述語 ; 殴る、 受賞する、 出会う

②イ形容詞述語；赤い、 美しい、 長い
③ナ形容詞述語；静かだ、 きれいだ
④名詞述語；雪だ、 学生である

다음으로, 述語가 나타내는 事態에 관한 情報를 보충하는 역할을 담당하고 있는 補足成分이 있다. 補足成分의 表現은 名詞와「が」「と」「で」와 같은 助詞가 결부되어 만들어진다. 아래 文에서는「父親が」「先生と」「市内で」가 **補足成分**에 해당된다.

昨日、父親が先生と市内で出会った。
(어제 아버지가 선생님과 시내에서 만났다)

또, 述語가 나타내는 情報를 보다 자세히 説明하는 역할을 담당하고 있는 述語**修飾成分**이 있다. 수식성분은 주로 副詞나 形容詞의 連用形에 의해서 나타낸다.

彼女は髪の毛を赤く染めた。→述語修飾成分
(그녀는 머리를 빨갛게 물들였다)

그리고, 文頭에 와서 事件이 발생한 때와 장소를 나타내는 **状況成分**이 있다.

家族みんなで先週の土曜日に花見に出かけた。→補足成分
(가족모두 지난주 토요일에 꽃놀이하러 나갔다)
先週の土曜日、近所で火事があった。→状況成分
(지난주 토요일 근처에서 화재가 있었다)

이밖에도 **主題**(topic)**成分**과 **主語**(subject)**成分**이 있다.

彼は背が高い。→主題成分
(그는 키가 크다)
彼女がそう言った。→主語成分
(그녀가 그렇게 말했다)

이와 같이, 일반적으로 文의 内部構造를 볼 때, 「主語→述語」는 前後関係에 있으며, 修飾語는 被修飾語에 先行한다. 또, 述語는 文末에 位置하며, 疑問詞·感動詞·接続詞는 文頭에 오기 쉽다. 松下大三郎는 2개 이상의 詞가 連句를 構成할 경우, 従属과 統率의 関係가 있는데, 이들의 関係를 5種類로 나누었다.

    1) 主体関係 ; 花が→咲く
    2) 客体関係 ; 船に→乗る
    3) 実質関係 ; 勉強→す
    4) 修用関係 ; 長く→待つ
    5) 連体関係 ; この→上

4. 文의 成分

日本語의 文은 情報内容에 관한 叙述과 情報의 完結을 나타내는 陳述로 이루어
진다고 볼 수 있는데, 文의 成分에 대한 諸説을 살펴보면 다음과 같다.

大槻文彦説 『広日本文典』(1897)
　　説明語, 主語, 客語, 修飾語

松下大三郎説 『改撰 標準日本文法』(1930)
　　叙述語主語, 客語帰着語, 補語形式語, 修用語被修用語, 連体語, 被連体語

山田孝雄説 『日本文法学概論』(1936)
　　述格, 賓格, 主格, 補格, 修飾格, 連体格, 呼格

橋本進吉説 『新文典別記口語篇』(1938)
　　述語, 主語, 連用修飾語, 連体修飾語, 独立語

時枝誠記説 『日本文法口語篇』(1950)
　　述語格, 連用修飾語格(主語格, 対象語格, 客語格, 補語格修飾語格),
　　連体格, 独立語格

渡辺実説 『国語構文論』(1971)
　　陳述成分, 統叙成分, 連用成分, 誘導成分, 接続成分, 並列成分, 連体成分

北原保雄説 『日本語の文法(日本語の世界6)』(1981)
　　統括成分, 補充成分, 修飾成分, 接続成分, 並立成分, 独立成分

5. 文節과 文成分

文의 構造를 밝히기 위해서, 우선 文節의 種類와 文節의 関係, 文成分의 位置 · 倒置 · 省略 · 照応에 대해 자세히 알아보기로 하자.

⑤-1. 文節의 종류와 文節의 관계

(1) 끊어지는(切れる) 文節과 이어지는(続く) 文節

2개의 文節이상으로 이루어져 있는 文은, 끊어지는 文節과 이어지는 文節에 의해 구성되어 있는데, 보통 文의 끝에와 文을 완결시키는 文節을 「끊어지는 文節」이라고 하고, 文의 처음이나 도중에 있어 뒤에 걸리는 文節을 「이어지는 文節」이라고 한다.

> 日曜日に みんなで 海水浴に 出かけた。(일요일에 모두 해수욕장에 나갔다)
> (이어지는 文節)　　　(끊어지는 文節)

위의 예에서 「出かけた」는 文을 잘라 말하는 文節로 「끊어지는 文節」이며, 「日曜日に」「みんなで」「海水浴に」는 모두 連用修飾語로서 「出かけた」에 걸리는 문절로 「이어지는 文節」이 된다.

(2) 걸리는(係る) 文節과 받는(受ける) 文節

2개의 文節이 의미상에 있어서 서로 결부되어 있을 때, 앞 문절은 뒤의 문절에 걸린다고 하고, 뒤의 문절은 앞 문절을 받는다고 한다. 그래서 앞 문절을 「걸리는 문절」 뒤의 문절을 「받는 문절」이라고 한다.

> 日曜日に みんなで 海水浴に 出かけた。

위의 예에서 밑줄 친 文節은, 각기 언제 누구와 어디에 「나갔다」를 자세히 설명하는 문절로 모두 「出かけた」에 걸리는 문절이다. 이에 반해, 「出かけた」는 밑줄 친 3개의 文節을 각각 받는 문절이다.

(3) 文節과 文節과의 관계

文節과 文節과의 관계에는 6종류가 있다.

1) 主語와 述語의 관계

あさがおも きれいだね。(나팔꽃도 예쁘구나)

(主語)　　　(述語)

優勝するのは 韓国だ。(우승하는 것은 한국이다)

(主語)　　　(述語)

2) 修飾과 被修飾의 관계

歌う　声が　美しく　聞こえる。(노래소리가 아름답게 들린다)

(連体修飾語)　　(連用修飾語)

この　問題は　ごく　やさしい。(이 문제는 매우 쉽다)

(連体修飾語)　　(連用修飾語)

3) 接続과 被接続의 관계

寒かった。だから 行かなかった。(추웠다. 그래서 가지 않았다)

(接続語)(被接続語)

寒かったので、行かなかった。(추웠으므로 가지 않았다)

(接続語)　　　(被接続語)

4) 並立(대등)의 관계

トンネルや 鉄橋が 多い。(터널이랑 철교가 많다)

妹は 健康で ほがらかだ。(여동생은 건강하고 명랑하다)

5) 補助와 被補助의 관계

明かりが 消えて いる。(전등이 꺼져 있다)

すなおで ないから しかられる。(진지하지 않으니까 꾸지람 듣는다)

6) 独立의 관계

    <u>お父さん</u>、ぼくも行く。(아버지 나도 가요)

    (독립어)

    <u>はい</u>、私も行きます。(예 저도 갑니다)

    (독립어)

(4) 連文節

2개 이상의 연속된 文節이 의미상에 있어서, 서로 결부되어 하나로 통합되고, 하나의 文節과 같은 역할을 하는 것을 연 문절이라고 한다.

연 문절의 통합방식의 원칙을 보면,

1) 被修飾語는 가까운 修飾語의 순으로 연 문절이 된다.
2) 連体修飾語는 被修飾語와 연 문절이 된다.
3) 連体修飾語는 그것과 결부되는 문절과 최초로 연 문절이 된다.
4) 병립어 끼리나, 補助語 被補助語는 연 문절이 된다.

    <u>町の</u> <u>図書館は</u> <u>学校へ</u> <u>行く</u> <u>道の</u> <u>途中に</u> <u>建っている</u>。

    (마을 도서관은 학교가는길 도중에 있다)

    <u>問題を</u> <u>研究する</u> <u>熱意を</u> <u>持て</u>。(문제를 연구하는 열의를 가져라)

    <u>学期末の</u> <u>試験が</u> <u>来週から</u> <u>始まる</u>。(학기말 시험이 다음주부터 시작된다)

❺-2. 文成分의 位置, 倒置, 省略, 照応

文成分의 파악방법으로서, 크게 2가지가 있다.

    첫째, 文全体를 보고 의미의 통합이 있는 부분을 크게 파악한다.

    둘째, 우선 述部를 파악한다.

(1) 文成分의 위치

1) 主部나 修飾部는 述部앞에 온다.
2) 述部는 文의 끝에 온다.
　　<u>太陽が</u>　<u>照りつける</u>。(태양이 내려쬐다)
　　(主部)　　(述部)
3) 主部와 修飾部, 修飾部와 修飾部의 서로의 위치는 반드시 일정하지 않고, 서로 바뀔 수 있다.
　　<u>太陽が</u>　<u>ぎらぎらと</u>　<u>中学校の校庭を</u>　<u>照りつける</u>。
　　(主部)　　(修飾部)　　(修飾部)　　　(述部)
　　(태양이 쨍쨍 중학교 교정을 내려쬐다)
　　┌ぎらぎらと太陽が中学校の校庭を照りつける。
　　├ぎらぎらと中学校の校庭を太陽が照りつける。
　　├中学校の校庭をぎらぎらと太陽が照りつける。
　　├中学校の校庭を太陽がぎらぎらと照りつける。
　　└太陽が中学校の校庭をぎらぎらと照りつける。
4) 接続部와 独立部는 文의 처음에 오는 것이 많다.
　　그러나, 文의 도중에 들어가는 것도 있다.
　　校庭は、<u>夏の太陽に照りつけられたので</u>、かわいていた。
　　　　　　　　　(接続部)
　　(교정은 여름 햇볕이 내려쬐어 말라 있었다)
　　夏の太陽は、<u>しかし</u>、強烈に校庭を照りつけた。
　　　　　　　　(接続部)
　　(여름 태양은 그러나 강렬하게 교정을 내려쬐었다)
　　夏の太陽が、<u>まあ</u>、こんなに強烈に照りつけている。
　　　　　　　　(独立部)
　　(여름 태양이 어머 이렇게 강렬하게 내려쬐고 있다)

(2) 文成分의 倒置

　보통의 순서로는 文의 끝에 와야 할 述部가 다른 文成分의 앞에 오는 것을 倒置라고 한다. 이것은, 強調해서 表現効果를 높이는 경우와, 보통의 회화 등에서 머리에 떠오른 순서로 이야기 할 경우에 사용된다.

きれいだね、<u>この風景は</u>。(예쁘군요. 이풍경은)
　(述部)　　　(主部)

<u>見よ</u>、<u>この広い海を</u>。(보아라. 이 넓은 바다를)
(述部)　　(修飾部)

雨が<u>降っているよ</u>、<u>とても激しく</u>。(비가 내리고 있어요. 매우 심하게)
　　　(述部)　　　　　　(修飾部)

<u>間に合うまい</u>、<u>走っても</u>。(시간에 대지 못하겠지, 달려도)
　(述部)　　　(接続部)

こちらへ<u>来い</u>、<u>そこの人</u>。(이쪽으로 와라 거기사람)
　　　(述部)　(独立部)

(3) 文成分의 省略

일본어는 이야기의 場面이나 前後의 文脈 등에서 가리키는 것이 명백할 때, 文의 一部分을 省略하는 일이 흔히 있다.

1) 主語(主部)省略

この絵は美しい。しかも(<u>この絵は</u>)力強い。
(이 그림은 아름답다. 더구나 힘차다)
あの方はどなたですか。(<u>あの方は</u>)文学部の先生です。
(저분은 어느분입니까. 문학부선생님입니다)
今、帰ったよ。ああ、(<u>きみ</u>)疲れなかったか。
(지금 돌아왔어요. 피곤하지 않았니)
▼主語가 없는 것이 보통인 文
①働き掛ける文
明日は6時半に集まれ。(내일은 6시반에 모여라)
さあ、出かけましょう。(자 나갑시다)
②때를 나타내는 文
もうじき秋になります。(곧 가을이 됩니다)
まだ十時だ。(아직 10시다)
③話者의 感情이나 生理的인 상태
痛いね。(아파라)
何かおいしいものが食べたいなあ。(뭔가 맛있는걸 먹고 싶다)

④主体가 일반화되어 있는 경우

　おひたしにはかつおぶしをかけます。

　(데친 음식에는 가다랭이포를 뿌립니다)

　この山の向へは船でしか行けない。(이산너머는 배로밖에 갈 수 없다)

※主語가 없는 것이 보통인 경우라도, 主体를 분명히 할 필요가 있는 경우는 主語
를 둔다.

　お前は、中国へ行け。(너는 중국에 가라)

　明日の晩は小林が留まれ。(내일 밤은 고바야시가 자라)

　この山の向へは普通の人は船でしか行けない。

　(이산너머는 보통사람은 배로밖에 갈 수 없다)

2) 述語(述部)省略

　どうぞこちらへ(おいでください)。(어서 이쪽으로)

　お急ぎの方はこちらへどうぞ(来てください)。(바쁘신 분은 이쪽으로)

　刺身が食べたくなったな。わたしも(食べたい)。

　(생선회가 먹고싶어졌네. 나도)

3) 補語(修飾部)省略

　ぼくは美術館に行く。君も(美術館に)行かないか。

　(나는 미술관에 간다. 너도 가지 않을래)

　ここにあったお酒、誰が飲んだ。おれが(その酒を)飲んだ。

　(여기에 있었던 술 누가 마셨지. 내가 마셨다)

　今度あいつが現れたら、ここへ(あいつを)つれて来い。

　(이번에 그녀석이 나타나거든 여기로 데려와)

　あの方がお見えになったら、(私に)知らせてください。

　(그분이 오시면 알려주십시오)

4) 修飾部와 述部의 省略

　あっ、ジェット機が(空を 飛んでいる)。(아 제트기가 하늘을 날고 있다)

(4) 文成分의 照応

의미가 잘 통하는 명확한 文을 쓰기 위해서는, 文成分을 올바르게 照応시키지 않
으면 안 된다.

1) 主部와 述部의 照応

主部와 述部가 올바르게 照応하지 않으면 읽기 어려운 文이 된다.
　?ぼくの将来の希望は、離島や山奥などで医療につくそうと思っている。
　ぼくの将来の希望は、離島や山奥などで医療に<u>つくすことだ</u>。
　ぼくは将来の希望として、離島や山奥などで医療につくそうと思っている。
　(나는 장래희망으로서 외딴섬이나 산 속에서 의료에 전념하려고 한다)

2) 文成分의 위치와 読点

文成分의 위치나 読点찍는 법 등에 부주의하면, 文의 意味가 曖昧하게 된다.
　?妹は<u>泣きながら</u>帰っていく友達を呼んだ。
　(여동생은 울면서 돌아가는 친구를 불렀다)

위의 예에서, 「泣きながら」는 「帰っていく」에 걸리는 連用修飾語인지, 「呼んだ」를 자세히 설명하는 修飾部인지 확실하지 않다. 따라서 다음과 같이 고칠 필요가 있다.

　　　▼「泣きながら」가「帰っていく」에 걸리는 경우
　　　　┌妹は、泣きながら帰っていく友達を、呼んだ。
　　　　└泣きながら帰っていく友達を妹は呼んだ。

　　　▼「泣きながら」가 文의 成分(修飾部)일 경우
　　　　┌妹は泣きながら、帰っていく友達を呼んだ。
　　　　└妹は帰っていく友達を泣きながら呼んだ。

제3장
文의 種類와 語

1. 文의 種類

❶-1. 形態的分類

文成分의 種類와 그 関係등을 분류기준으로 하는데, 主語나 述語의 관계를 포함하는 連文節을 節이라고 한다. 文은 그 構造上에 있어서, 節을 포함하느냐 포함하지 않느냐, 또 節을 어떻게 포함하느냐에 따라 3種類로 분류된다.

(1) 単文 ; 節을 포함하지 않는 文
　　ねこは ねずみを とる。(고양이는 쥐를 잡는다)
　　主部　　修飾部　　述部
　　なつかしい故郷が しきりに 思い出されてくる。
　　　　主部　　　　修飾部　　　　述部
　　(그리운 고향이 자꾸만 생각난다)

(2) 複文 ; 文의 成分에 節이 포함되어 있는 文
　　①述部에 節(連文節)이 포함되어 있는 경우

これは 私が 子供のころ 作った おもちゃだ。
　　　　主語　連用修飾語　　述語
　　　　　　　連体修飾語(連文節)
　　主部　　　　　　　　　　　述部
(이것은 내가 어렸을 적에 만든 장난감이다)

②主部에 節(連文節)이 포함되어 있는 경우
　　私が　　富士山に　登ったのは　昨年のことです。
　　主語　連用修飾語　述語
　　　　　主語(連文節)　　　　　　述語(連文節)
　　　　　　主部　　　　　　　　　　述部
(내가 후지산에 오른것은 작년입니다)

(3) 重文 ; 節이 병립(대등)의 관계에서 연결되어 있는 文
　　雨が降るし、風も強い。(비가 내리고 바람도 강하다)
　그러나, 다음과 같은 文은 重文이 아니라 複文이다.
　　父の兄弟は、兄は公務員で、弟は医者だ。
　　　主部　　　　　　　　述部
　　(아버지 형제는 형은 공무원이고 동생은 의사이다)

　橋本文法의 単文·複文·重文의 구별은, 主語와 述語의 出現回数를 기준으로 文을 分類한 것으로 英文法과 일치한다. 単文은 主語와 述語관계가 1回만 인 것이고, 複文은 従属節을 포함해 主語와 述語관계가 레벨을 달리해 2回이상 나타난 것이고, 重文은 対立節을 포함해 主語와 述語관계가 거의 같은 레벨로 2回이상 나타난 것이다. 그러나 日本語에 있어서 主語는 文의 必須成分이 아니니까, 이 分類로 日本語의 모든 文을 分類하는 것은 不可能하다.

　山田文法은 文이 句하나의 運用에 의해서 成立하느냐, 2개 이상의 運用에 의해서 成立하느냐의 差異에 의해서 크게 単文과 複文으로 나눈다. 単文은 하나의 句의 運用에 의해서 이루어진 文이고, 複文은 두 개 이상의 句가 形態上의 拘束·連結하면서 運用되어 하나가 된 文이다. 複文은, 対等資格을 가진 2개 이상의 句가 並列的으로 하나가 되어 이루어진 「重文」과, 対等資格을 가진 2개 이상의 句가 合同的으로 하나가 되어 이루어진 「合文」, 그리고 付属句를 포함하는 「有属文」 등으로 나뉘어 지는데 이들의 예를 들어보면 다음과 같다.

重文 ; 花も咲くし、鳥も鳴く。(꽃도 피고 새도 운다)

合文 ; 春がやって来たのに、花はまだ咲かない。

   (봄이 왔는데 꽃은 아직 피지 않는다)

有属文 ; 心の優しい人は皆に好かれる。(마음 착한 사람은 모두가 좋아한다)

결국, 하나의 述語를 中心으로 해서 이루어진 文을 単文(simple sentence)이라 하고, 複数의 述語를 中心으로 해서 이루어진 文을 複文(complex sentence)이라고 말할 수 있다. 또, 複文에 있어서 述語를 中心으로 이루어진 節(clause)이 있는데, 節에는 그 자신이 自立할 수 있고 文의 中心이 되는 主節(main clause)과 文의 中心이 되는 主節에 従属하며 文의 一部를 형성하는 従属節(subordinate clause)이 있다.

   ドルが高いので、海外旅行はやめた。

      (従属節)   (主節)

   (달러가 비싸서 해외여행은 그만두었다)

   風が強いので、ほこりがひどい。(바람이 강해서 먼지가 심하다)

      (従属節)   (主節)

従属節은 主節에 대한 従属의 方式의 차이에 따라 4種類로 구별된다.

①名詞節 ; 従属節의 述語가「の」「こと」를 수반하여 名詞의 성격을 가지는 節을 말한다.

   夜遅くまで残るのは小林だ。(밤 늦게까지 남는 것은 고바야시다)

   酒は飲まないことにしている。(술은 마시지 않고 있다)

   僕のことは心配するな。(내일은 걱정하지 마라)

②副詞節 ; 述語 또는 主節전체를 수식하는 節을 말한다.

   雨が降ったので、決勝戦は中止になった。

   (비가 와서 결승전은 중지되었다)

③連体節 ; 名詞를 수식하는 節을 말한다.

   今回買ったレコードはよくない。(이번에 산 음반은 좋지 않다)

④並列節 ; 主節과 対等한 성격을 가지는 節을 말한다.

   おじいさんは山に柴刈りに行き、おばあさんは川へ洗濯に行った。

   (할아버지는 산에 나무하러 가고 할머니는 강에 빨래하러 갔다)

❶-2. 意味的分類

文의 意味的特徵 즉 陳述방식을 分類基準으로 하는 것을 말하는데, 橋本文法의 分類는 意味를 기준으로 하기 때문에 애매함을 불식할 수가 없다.

(1) 文의 陳述방식

1) 平叙文(述べ立てる文)
단정, 추량, 결의 등의 의미를 진술하는 文으로, 끝文節이 用言이나 助動詞의 終止形으로 끝나는 것이 보통이다.
> 春がやってくる。(봄이 온다)
> やがて、梅の花もさくだろう。(이윽고 매화꽃도 필것이다)
> もっと速く走ろう。(좀더 빨리 달리자)
> 昨年の桜はきれいだった。(작년 벚꽃은 아름다웠다)

2) 疑問文(たずねる文)
疑問이나 反語의 의미를 진술하는 文으로, 文中에 의문의 의미를 나타내는 語가 올 경우가 많고, 끝文節이 조사「か」를 수반하는 것이 보통이다.
> いま、何時ですか。(지금 몇 시입니까)
> 昨年の桜はきれいでしたか。(작년 벚꽃은 아름다웠습니까)
> だれがそんなことをいうものか。(누가 그런 것을 말하지)

平叙文 끝에「か」를 붙이면 疑問文이 된다.
> 外はまっくらです。→外はまっくらですか。(밖은 깜깜합니까)

疑問詞가 있으면「か」가 붙지 않아도 疑問文이 된다.
> そこに隠れているのは誰だ。(거기에 숨어 있는 것은 누구냐)
> 赤い鳥は、なぜ赤い。(빨간새는 왜 빨갛지)

平叙文은 말끝의 억양을 바꾸면 疑問文이 된다.
> 今日、学校お休みなの。→今日、学校お休みなの?(오늘 학교 쉬니?)

3) 感歎文
感動의 의미를 진술하는 文으로, 文의 처음에 감동사가 올 경우가 많고, 文의 끝에 감동의 의미를 수반하는 조사가 오는 것이 보통이다.

ああ、楽しいなあ。(아 즐겁구나)

4) 命令・勧誘文(働き掛ける文)
　　命令, 勧誘, 禁止, 希望의 의미를 진술하는 文으로, 끝文節이 用言이나 조동사의 명령형으로 끝나거나, 文끝에 금지의 의미를 나타내는 조사「な」가 사용되기도 한다.
　　　　すぐ集まれ。(곧 모여라)
　　　　あっちへ行きなさい。(저쪽으로 가세요)
　　　　早く食べろ。(빨리 먹어라)
　　　　けっしてゆだんするな。(결코 방심하지 말아라)
　　　　また、会ってください。(또 만나주십시오)
　　　　おい、そこでいっぱいやろう。(어이 거기서 한잔하자)
　　　　ねえ、ラーメンでも食べましょう。(네. 라면이라도 먹읍시다)
　　命令文은 청자가 話者에게 하도록 働き掛ける 文이고, 勧誘文은 청자가 話者와 함께 동작을 하도록 청자에게 働き掛ける 文이다.

(2) 陳述의 変容

1) 平叙文(述べ立てる文)
　　①청자에게 듣게 하기 위한 것이 아닌 경우
　　　　あ、金がない。(아 돈이 없다)
　　②확인이나 추궁할 경우
　　　　食事をして来ましたね。(식사하고 왔지요)
　　　　これ、お前の本だろう。(이거 네 책이지)
　　③청자에게 작용할 경우
　　　　もう少し楽しくしてもらいたい。(좀더 즐거웠으면 한다)

2) 疑問文(たずねる文)
　　①自問自答하거나, 意志를 정하거나 할 경우
　　　　これでよいのかな。(이것으로 좋을까)
　　　　そろそろ寝るか。(이제 잘까)
　　②納得, 感動할 경우
　　　　あ、そうか。(아 그런가)

あのおばあさんもとうとう亡くなったか。

(그 할머니도 결국 돌아가셨는가)

③청자에게 강하게 진술할 경우

こんなものが飲めるか。(이런 것을 마실 수 있어)

そんなことをするやつがどこにいる。(그런 짓을 하는 놈이 어디 있어)

④否定疑問文을 사용할 경우

早く起きないか。(빨리 안 일어날래)

いっしょに食べないか。(함께 먹지 않을래)

3) 命令・勧誘文(働き掛ける文)

①소원의 기분을 나타내는 경우

雨よ降れ、風よふけ。(비야 내려라. 바람아 불어라)

どうぞ見ていてくれ。(제발 보고 있어줘)

②될 대로 되라는 기분을 나타내는 경우

かってにしやがれ。(마음대로 해라)

どうにでもなれ。(어떻게든 돼라)

③認定의 命令形을 사용할 경우

うそつけ。(거짓말 작작해)

ばかいえ。(바보짓 마라)

④사람을 맞이하는 기분을 나타내는 경우

いらっしゃいませ。(어서 오십시오)

お帰りなさい。(안녕히 가세요)

⑤条件을 나타내는 경우

この子をいじめてみろ。承知しないから。

(이 아이를 괴롭혀봐, 용납하지 않을 테니까)

明後日になってみろ。結果がどうなるか分かるから。

(모레가 되어봐. 결과가 어떻게 되는지 알 테니까)

❶-3. 形態的意味的分類

形態的意味的特徴을 복합시켜 文型을 생각하는 説이 山田文法으로, 山田孝雄^{やまだよしお}는 統覚作用의 양상에 따라 文을 다음과 같이 나누고 있다.

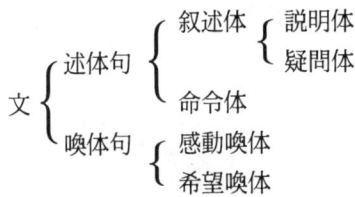

$$文 \begin{cases} 述体句 \begin{cases} 叙述体 \begin{cases} 説明体 \\ 疑問体 \end{cases} \\ 命令体 \end{cases} \\ 喚体句 \begin{cases} 感動喚体 \\ 希望喚体 \end{cases} \end{cases}$$

❶-4. 構造的分類

文의 構造的特徴에 着目해서 文의 種類를 4가지로 分類한 것이 松下文法이다. 松下大三郎(まつしただいざぶろう)는 文을 断句라 하고, 断句의 성질에 따라 다음과 같이 분류하고 있다.

$$断句 \begin{cases} 思惟断句 \begin{cases} 有題的 ; 花は咲いた。 \\ 無題的 ; 花が咲いた。 \end{cases} \\ 直感断句 \begin{cases} 概念的 ; 君よ。 \\ 感動的 ; 否。 \end{cases} \end{cases}$$

1) 有題的思惟断句 ; 주로 係助詞は로 提示되는 題目部를 가지며, 体言을 中心으로 하는 解説部를 겸비한 題説構文을 말한다.
2) 無題的思惟断句 ; 주로 格助詞が로 나타내는 主語 등과 述語를 가지는 叙述構文을 말한다.
3) 概念的直感断句 ; 体言을 핵으로 한 一言文的構造의 文을 말한다.
4) 感動的直感断句 ; 感動詞에 의한 一言文을 말한다.

❶-5. 機能的分類

文을 機能에 따라 分類한 것이 佐久間文法인데, 佐久間鼎(さくまかなえ)는 文이 완수하는 機能의 관점에서 다음과 같이 분류하고 있다.

$$文 \begin{cases} 表出을 담당하는 文 \\ うったえ(呼訴)를 담당하는 文 \\ 言い立て(演述)를 담당하는 文 \begin{cases} 物語文 \\ 品定め文 \begin{cases} 性状표현의 文 \\ 判断표현의 文 \end{cases} \end{cases} \end{cases}$$

❶-6. 表現意図的分類

이들은 오로지 文末形式을 둘러싸고 전개된다.

(1) 宮地裕의 分類
宮地는 話者의 表現意図가 文에 나타나, communication이 成立한다고 생각하는 立場에서 크게 2가지로 나눈다.

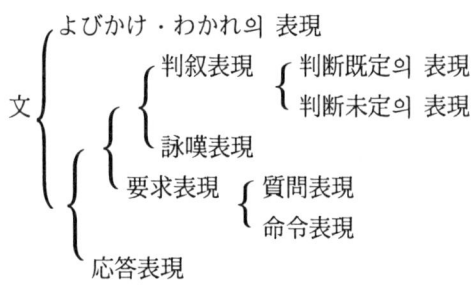

結局, 宮地의 분류는 文이 communication에 있어서의 機能과 결부되는 것으로, communication成立에 관한 文이 「呼び掛け文」「分かれ文」이고, communication 内容에 관한 文이 「詠嘆文」「判叙文」「要求文」「応答文」이다.

(2) 芳賀やすし의 分類
文을 매듭짓는 主体的表現의 差異에 따라 크게 2가지로 分類한다.

　　述定文 ; 断定, 疑い, 感動, 意志
　　伝達文 ; 命令, 呼び掛け, 誘い, 応答

(3) 三尾砂의 分類
「場」와 文과의 相関関係에 있어서 文을 4種類로 분류한다.

$$
文
\begin{cases}
現象文 ; 場面전체를 들고 나오는 文 \\
\quad 昔々ある所に、おじいさんとおばあさんがいました。 \\
判断文 ;「題目-解説」의 構造를 이루는 文 \\
\quad 知ることは愛することである。 \\
未展開文 ; 未展開의 상태로 장면 전체를 지향하는 文 \\
\quad ほら! 雨だ! あ! はい \\
分節文 ; 場面과 相이 보충관계에 있어 自足하는 文 \\
\quad 読みたい。 菊だ。
\end{cases}
$$

이밖에도, 永野賢는, 文末의 表現形式에 의거해, 文表現을「呼び掛け」「命令」「依頼 · 要求」「反論」「問いかけ」「疑問」등 15項目으로 分類했다.

❶-7. 内部構造와 表現에 의한 分類

文의 成分에 의한 構成様相에 따라 文構造를 分類한 鈴木重幸 · 南不二男의 연구가 있는데, 이들은 国立国語研究所『話しことばの文型1,2』에서, 構文 · 表現意図 · intonation 등의 分析에 의거해, 構造 · 表現 · 発音의 3가지 側面에서 総合的으로 文型을 把握하고 있다.

(1) 構文에 의한 分類

$$
\begin{cases}
独立語構文 ; 독립어(陳述的成分)에 의한 것 \\
述語構文
\begin{cases}
基準構文
\begin{cases}
骨組み構文 ; 主語와 述語에 의한 것 \\
拡大構文 ; 骨組み構文에 連用語 · 状況語가 첨가 \\
複合構文 ; 骨組み構文에 従属句가 첨가
\end{cases} \\
付加構文 ; 陳述的成分, 独立語, 従属句가 붙은 것
\end{cases}
\end{cases}
$$

独立語構文과 述語構文은, 山田文法의 喚体 · 述体, 時枝文法의 独立格의 文 · 述語格의 文에 해당된다.

(2) 表現에 의한 分類

呼びかけ・わかれ表現 { 呼びかけ(communication発始) 등의 表現
　　　　　　　　　　　 わかれ(communication終止) 등의 表現

詠嘆表現 { 未分化表現(感動詞에 의한)
　　　　　 やや分化した表現(形容詞類에 의한)

判叙表現 { 判断既定의 表現 { 事実의 叙述表現(態・相・時)
　　　　　　　　　　　　　　 断定의 様相表現
　　　　　　　　　　　　　　 (断定伝聞・希望推定・意志)
　　　　　 判断未定의 表現 { 判断未確定의 表現
　　　　　　　　　　　　　　 判断에의 疑念의 表現

要求表現 { 質問的表現 { 肯否要求의 表現(確認要求・判定要求)
　　　　　　　　　　　　 選述要求의 表現(選択要求・解説要求)
　　　　　 命令的表現 { 消極的行為要求의 表現
　　　　　　　　　　　　 積極的行為要求의 表現

応答表現 { 未分化表現(応答詞 등에 의한)
　　　　　 やや分化した表現(指示詞 등에 의한)

2. 日本語의 文의 特徴

❷-1. 句点과 読点

文은 言語表現의 가장 基本的인 単位로서, 하나의 整理된 思想이나 感情등의 内容을 가지고 있으며, 形態的으로 完結한 単位이다. 따라서 会話体의 경우, 文의 끝에서 音声이 끊기며, 文章体의 경우 文의 끝은 「。」句点으로 表示한다.

> さくらの花が咲いた。　　雪が降っている。　　とてもいい所だ。
> (벚꽃이 피었다)　　(눈이 내리고 있다)　(매우 좋은 곳이다)

日本語는 韓国語와는 달리, 文章뒤에 疑問符号(?)나 感歎符号(!)를 使用하지 않는 것이 原則이고, 띄어쓰기(分かち書き)를 하지 않으며, 文의 意味把握를 돕기 위해 文의 中間에는 「、」読点을 붙이기도 하는데, 다음과 같은 경우이다.

1) 文의 中止에 使用된다.
　　彼が行ったので、私も行った。(그가 갔으므로 나도 갔다)
　　勉強もせず、遊んでいる。(공부도 하지 않고 놀고 있다)
2) 主語를 나타내는 語句뒤에 使用된다.
　　花子は、いつも元気だ。(하나코는 언제나 건강하다)
3) 接続詞나 感歎詞뒤에 使用된다.
　　まあ、すてきですね。(야아 정말 멋있군요)
　　夜8時に帰った。そして、風露に入った。
　　(밤 8시에 돌아왔다. 그리고 목욕을 했다)

❷-2. 日本語의 文의 特徴

(1) 述語가 文의 末尾에 온다.

일본어는 한국어와 같이 述語(동사, 형용사)가 目的語보다 뒤에 오므로, 영어와는 대조적으로 「SOV言語」라고 불리 운다.

(2) 主題가 있다.

영어는 언제나 주어가 필요하지만, 일본어에는「~は」로 대표되는 主題의 단위가 있어서, 主語와 다른 개념으로 쓰여 文이「무엇에 대해 진술하고 있는가」를 나타낸다. 따라서 二重主語構文이 존재하며, 주어가 없는 無主語文이 성립한다. 이점에서도 한국어와 같다.

> あの店は ピザが 有名だ。; 二重主語構文 (저집은 피자가 유명하다)
> (主題)　 (主語) (述語)
> あつい季節になりました。; 無主語文 (더운 계절이 되었습니다)

(3) 修飾語는 被修飾語에 先行한다.

일본어는 수식하는 語句와 수식받는 語句의 語順이 항상 같기 때문에, 수식어가 피수식어의 직전에 온다. 이점에서도 한국어와 같으나 英語는 피수식어가 수식어 앞에 올수도 있다.

> 高い 本　　　　비싼 책　　　　an expensive book
> 　└─┘　　　　 └─┘　　　　　　 └──┘
>
> 私が買った 本　내가 산 책　　　the book which I bought
> └───┘　　 └──┘　　　　　 └──────┘

(4) 無情物主語를 꺼린다.

무생물주어는 他動詞文이나, 使役文 등의 주어에는 그다지 사용할 수 없으나, 번역조의 문장에서는 無情物主語가 사용된다.

> 台風が大雨を降らせた。　 (태풍이 많은 비를 내리게 했다)
> あの事件が彼女を変えた。(그 사건이 그녀를 바꾸어 놓았다)

(5) 省略이 자유롭다.

> 1) 名詞句의 생략　　　　(あなたは)行く？ (가니)
> 2) 格助詞의 생략　　　　私(は)、行かない。(나 안가)
> 3) 述語의 생략　　　　　先生は(来る)。(선생님은)

4) 文後半이 생략
　　早く行ったらいい<u>のに</u>(行かない)。(빨리가면 좋을 텐데)
　　天気がよかっ<u>たら</u>(行く)。(날씨가 좋으면)
　　五回読ん<u>だけど</u>(分からない)。(다섯 번 읽었지만)
　　すぐ来ます<u>から</u>(持ってきてください)。(곧 갈테니까)
　　彼女は行く<u>んですが</u>(彼は行かない)。(그녀는 가지만)

3. 語와 単語

語는 文節을 構成하는 要素중 가장 基本이 되는 것으로, 文節을 다시 細分할 경우 얻어지는 意味上의 最小単位라 말할 수 있다.

> テーブル/の/上/に/新聞/が/ある。→語(単語)
> テーブルの/上に/新聞が/ある。→文節
> テーブルの上に新聞がある。→文

❸-1. 自立語와 附属語

語에는 単語 하나만으로 独立된 固有의 意味를 内包하는 것과, 그렇지 않는 것이 있다. 前者의 경우를 자립어라 하고, 後者의 경우를 부속어라 한다. 자립어는 단독으로 문절을 만들 수 있는데 비해, 부속어는 단독으로 문절을 만들지 못해, 반드시 자립어에 붙어 문절을 구성한다.

> 強い / 地震　が / 発生し　た。(강한 지진이 발생했다)
> (自)　　(自)(附)　(自)　(附)

이와 같이, 자립어는 단독으로 문절을 만들 수 있으나, 부속어는 항상 자립어 뒤에 붙어 문절을 형성한다. 따라서 문절에는 반드시 한 개의 자립어가 필요하지만, 부속어는 필요하지 않을 때도 있고, 여러 개가 붙을 때도 있다.

> 昨日 は / 行か なかっ た。(어제는 가지 않았다)
> (自)(附)　(自)　(附)　(附)

自立語에는 명사, 동사, 형용사, 부사, 연체사, 접속사, 감동사 등이 있으며, 附属語에는 조사, 조동사가 있다.

❸-2. 活用語와 無活用語

語에는 그 쓰임의 用法에 따라, 단어의 끝부분이 변하는 것과 변하지 않는 것이 있다. 전자를 活用語라 하고, 후자를 無活用語라 하는데, 활용어에는 자립어 뿐만 아니라 부속어도 활용을 한다. 自立語중에서 活用을 하는 것은 동사 형용사이며, 附屬語중에서 活用을 하는 것은 조동사이다. 활용어의 경우, 활용하지 않는 부분을 活用語幹이라 하고, 활용하는 부분을 活用語尾라고 한다. 이때, 활용어간은 語의 개별적 의미를 결정하고, 활용어미는 文中에서의 역할을 결정한다.

学校へ行かない / 行きます / 行く / 行け / 行こう。
학교에 가지 않는다 / 갑니다 / 간다 / 가라 / 가자

예와 같이, 動詞「行く」는 활용어미「か」「き」「け」「こ」로 바뀌며,「行かない」(가지 않는다) 경우, 어간「行」이「가다」의 의미를, 활용어미「かない」가「가지 않는다」는 文中의 의미를 결정하고 있다.

단어
- 자립어
  - 어미활용을 하는 것   ; 活用語
  - 어미활용을 하지 않는 것 ; 無活用語
- 부속어
  - 어미활용을 하는 것   ; 活用語
  - 어미활용을 하지 않는 것 ; 無活用語

❸-3. 派生語

파생어란 특정의 語에 다른 요소가 부가해서 형성되는 語를 말하는데, 이때의 다른 요소를 接辞라 한다. 접사는 단어로서 독립성이 없고, 항상 다른 단어와 결합하여 쓰인다. 접사에는 파생어간 앞에 부가하는 접두사와 파생어간 뒤에 부가하는 접미사로 나뉘어 진다. 이때, 접두사는 주로 명사 앞에 부가되므로 파생어의 품사에 영향을 미치지 않지만, 접미사는 파생어간 뒤에 부가되므로 파생어의 품사에 영향을 미친다.
接頭辞는 漢語系統과 和語系統으로 나뉘어 진다.

①漢語系統의 접두사

　　未決定　　御案内　　御相談
②和語系統의 접두사

　　お天気　　お茶　　お金　　ま心　　す早い　　お酒

接尾辞는 여러 가지로 나뉘어 진다.

①敬語를 나타내는 것

　　吉田さま　　花子さん　　~学会殿
②복수를 나타내는 것

　　あなた方　　彼ら　　私たち
③동사를 만드는 것

　　春めく　　面白がる　　目だつ
④명사를 만드는 것

　　署さ　　寒さ　　重さ　　おもみ　　かるさ
⑤형용사를 만드는 것

　　聞きがたい　　怒りっぽい　　女らしい

❸-4. 複合語

복합어란 복수의 単語가 결합해서 하나의 単語로 되는 것을 말하는 데, 복합어를 형성하는 경우를 보면 매우 多様하다.

①명사+명사의 성격의 것 ; 春風　朝日
②동사+동사의 성격의 것 ; 話し合う　見送る　たべすぎる
③형용사+명사의 성격의 것 ; うれし涙　近道
④명사+동사의 성격의 것 ; 腰かける　波立つ
⑤동사+형용사의 성격의 것 ; 粘り強い　考え違い
⑥형용동사+형용동사의 성격의 것 ; すききらい
⑦畳語의 성격의 것 ; ひとびと　やまやま
⑧병렬적인 성격의 것 ; 上がり下がり

複合語는 2개 이상의 単語가 결합해서 형성되므로, 여기에는 몇 가지의 음성현상의 변화가 일어난다.

      ⓐ母音交替 현상 ; 母音[e] 가 母音[a]로 교체
         雨雲(あめame+ぐもgumo)→あまぐも(amagumo)
         酒屋(さけsake+やya)→さかや(sakaya)
      ⓑ子音挿入 현상 ; 子音[s]가 첨가
         春雨(はるharu+あめame)→はるさめ(harusame)
      ⓒ連濁 현상
         朝霧(あさ+きり)→あさぎり
         本箱(ほん+はこ)→ほんばこ
         山川(やま+かわ)→やまがわ
      ⓓ엑센트의 변화
         お+くすり→おくすり
         むかし+はなし→むかしばなし
      ⓔ音便현상
         踏み+張る→踏ん張る
      ⓕ音節脱落
         川+原→かわら (磧)
      ⓖ音韻縮約
         手+洗い→たらい

1. 品詞의 特徵과 分類

일본어의 品詞를 性質과 職能의 형태상의 特徵에 따라 분류하면 다음과 같다.

❶-1. 自立語

(1) 活用이 있다

　　○「~ウ段 으로 끝난다」; **動詞**
　　　買う、行く、話す、立つ、死ぬ、呼ぶ、飲む、食べる、終わる
　　○「~イ로 끝난다」; **イ形容詞**
　　　高い、安い、低い、大きい、小さい、広い、狭い、太い、細い
　　○「~ダ로 끝난다」; **ナ形容詞**
　　　きれいだ、元気だ、静かだ、好きだ、嫌いだ、親切だ、にぎやかだ

(2) 活用이 없다

　　○주어가 된다 ; **名詞**(代名詞　数詞 포함)
　　　海、空、大学、パソコン、電話、ひとつ、三冊、五回、四枚、六本

海がとてもきれいだ。(바다가 매우 예쁘다)
パソコンが使えなくなった。(컴퓨터를 사용할 수 없게 되었다)
電話が鳴り続けた。(전화가 계속해서 울렸다)
三冊がほしい。(3권이 필요하다)

○체언을 수식한다 ; **連体詞**
ある、あらゆる、きたる、いかなる、たいした、ちょっとした、
こまかな、どんな

あらゆる資料を集めよう。(모든 자료를 모으자)
きたる13日に行く。(오는 13일에 간다)
細かな話は後にします。(자세한 이야기는 다음에 하겠습니다)
どんなことがあっても成功する。(어떤 일이 있어도 성공한다)

○용언을 수식한다 ; **副詞**
ゆっくり、ひじょうに、きわめて、たぶん、おそらく、かならず、
どうぞ、まるで

たぶん/おおかた/おそらく明日は雨が降るだろう/でしょう。
(아마 내일은 비가 올것이다)
きっと/かならず/絶対に明日は雨が降るだろう/でしょう。
(반드시 내일은 비가 올것이다)
どうぞ食べてください。(어서 드세요)
まるで夢のようだ。(마치 꿈과 같다)
彼女はきっと来る。(그녀는 반드시 온다)

○감동 영탄 응답을 나타낸다 ; **感動詞**
あら、大変だ。(어머 큰일이다)
いや、それは違う。(아니야 그것은 다르다)
なるほど、その話しは分かりやすい。(과연 그 이야기는 알기 쉽다)
さあ、私にできるかしら。(글쎄 내가 할 수 있을까)

○문과 문, 문절과 문절을 연결한다 ; **接続詞**
が、しかし、けれど、ところが、一方、そして、そこで、
したがって、また、さらに

金はある。けれども、ひまがない。(돈은 있다. 하지만 여유가 없다)
約束の時間になった。しかし、彼は来なかった。
(약속시간이 되었다. 그러나 그는 오지 않았다)

花子は英語もできるし、<u>また</u>中国語もできる。
(하나꼬는 영어도 할 수 있고, 또 중국어도 할 수 있다)

❶-2. 附属語

(1) 활용이 있다 ; **助動詞**
　　○受動, 可能, 自発, 尊敬의 조동사 ; れる、られる
　　○使役의 조동사 ; せる、させる
　　○希望의 조동사 ; たい、たがる
　　○様態의 조동사 ; そうだ
　　○比喩의 조동사 ; ようだ、みたいだ
　　○断定, 指定의 조동사 ; だ
　　○過去, 完了의 조동사 ; た
　　○否定의 조동사 ; ない、ぬ、ん
　　○推定, 例示의 조동사 ; らしい、ようだ
　　○伝聞의 조동사 ; そうだ
　　○意志, 推量의 조동사 ; う、よう
　　○否定의 意志나 推量의 조동사 ; まい
　　○丁重의 조동사 ; です、ます

(2) 활용이 없다 ; **助詞**
　　○格助詞에는 「が、の、を、に、へ、と、から、より、で、や」 등이
　　　있다.
　　○取り立て助詞에는 格助詞뒤에만 오는 係助詞 「も、こそ、さえ、で
　　　も、しか」와, 副助詞로 사용되는 「すら、だって、まで、だけ、ばか
　　　り、のみ、など、なんか、なんて、くらい/ぐらい、やら、か、ほ
　　　ど、きり、なり、だの」 등이 있다.
　　○並列助詞에는 語와 語를 연결하는 「と、か、とか、や」 등이 있다.
　　○準体助詞에는 명사대신으로 쓰이는 「の」가 있다.
　　○接続助詞에는 「と、たら、なら、ば、ので、から、のに、て、にもか
　　　かわらず、が、けれども、ても/でも、ながら、し、たり/だり、もの

の、ところで」 등이 있다.

○間投助詞에는 「や、な、ね、ねえ、さ」 등이 있다.

○終助詞에는 「か、なあ、ぞ/ぜ、とも、よ、の/こと/もの、わ、かしら、て/で、けど/けれど、とも」 등이 있다.

2. 名詞

❷-1. 普通名詞

보통명사란, 모두에게 통용되는 일반적인 명칭, 즉 사회 통념적으로 인식되는 일반적인 사물의 이름을 말한다.
　　　○구체적인 형태를 갖는 것 ; 山、海、家、学校、本、動植物 등
　　　○추상적인 의미를 갖는 것 ; 愛、幸福、哲学、平和 등
　　　○位置나 方向을 의미하는 것 ; 前、後、左、右、上、下 등

❷-2. 固有名詞

고유명사는 국명, 지명, 인명, 서명, 단체명 등 特定한 이름을 말한다.
　　　アメリカ、中国、東京、ロンドン、金海、慶尚南道、ガンジー、
　　　UN、OECD

❷-3. 数詞

数나 数量, 順序 등을 나타내는 수량명사를 말한다.

(1) 助数詞
　　　○세는 대상의 종류에 의해서 사용법을 달리하는 경우
　　　　「~個、~人、~匹、~頭、~羽、~本、~皿、~箱、~軒、
　　　　　~冊、~枚、　~組、~台、~階、~杯、~足、~隻」
　　　○길이/무게/넓이 등을 세는 단위
　　　　길이 ;「~センチ(メートル)、~メートル、~キロ(メートル)」
　　　　무게 ;「~グラム、~キログラム」
　　　　넓이 ;「~平方メートル、平キロ(メートル)」
　　　○数에 붙어서 다양한 단위를 나타내는 경우
　　　　時間 ;「~時間、~日(か/にち)、~週間、~月(つき)、~年」

時刻 ;「～秒、～分、～時」

날짜 ;「～日(か/にち)、～月(がつ)、～年」

金額 ;「～エン、～ドル、～ポンド、～フラン、～マルク」

回数 ;「～回、～度、～遍、～回り、～順、～周、～倍、～回目、
　　　～日目」

順序 ;「～目(め)、～番、～番目、第～、～号」

○그 밖의 복합단위

膳(ぜん) ; 1인용 식탁을 세는 단위

面(めん) ; 거울, 액자, 바둑판, 벼루 등을 세는 단위

挺(ちょう) ; 식칼, 면도칼, 도끼, 대패 등을 세는 단위

丁(ちょう) ; 두부, 곤약 등을 세는 단위

杯(はい) ; 해산물, 전복, 게, 오징어, 문어 등을 세는 단위

帖(じょう) ; 김10장, 半紙20장 등 일정량의 한 묶음을 세는 단위

玉(たま) ; 메밀국수, 우동 등 비닐봉지에 1인분씩 들어있는 것을 세는 단위

山(やま) ; 토마토, 귤 등 야채가게에서 몇 개씩 쌓아놓은 것을 세는 단위

※참고 ; 基数詞(数量詞)와 序数詞의 차이

基数詞 ; 個数나 数量, 度数를 나타낸다.

　　二人、三つ、5本、四日、8グラム、10回

序数詞 ; 順序를 나타낸다.

　　7番、2番目、第1、五つめ、3等

(2) 数量名詞

○수량의 다소를 나타내는 것

「大勢、多数、小数、多く」

○구체적인 수량을 나타내는 것

「指示詞 + ほど/くらい」「だいたい、おおよそ」

「ちょうど、きっかり、ぴったり」

「せいぜい、たった、ほんの」

○집합의 부분이나 전체를 나타내는 것

「半分、3分の1、いくらか、一部、全部、全員」

❷-4. 代名詞

사람이나 事物을 直接 가리키는 명사이다.

(1) 人称代名詞 ; 사람을 가리킨다.

	自称(1인칭)	対称(2인칭)	他称(3인칭)	否定称
単数	わたし、わたくし ぼく、おれ、あたし	あなた、きみ おまえ、あんた てめえ、きさま	かれ、かのじょ	どなた だれ
複数	わたしたち わたくしども ぼくら、おれら あたしたち	あなたがた きみたち、おまえら あんたら、てめえら	かれら かのじょら かのじょたち	

여기서, 自称은 말하는 사람 자신을, 対称은 말하는 상대를, 他称은 자기나 상대 이외의 사람을, 不定称은 누구라고 지정되지 않은 상대를 가리킨다.

1) 1인칭대명사

「わたし」와 「ぼく」는 대우적으로 중립이며, 「わたくし」는 겸양적이다. 「おれ」와 「あたし」는 동료들 간에 사용되고, 「筆者」와 「論者」는 논문이나 논설문 등 문서체에서만 사용된다. 이중, 「ぼく」와 「おれ」는 주로 남성이 사용하며, 「あたし」는 주로 여성이 사용한다. 「ぼく」는 공적인 장소에서는 피하는 것이 좋고, 대신 「わたし」와 「わたくし」를 사용한다. 「あたし」는 「わたし」의 [w]음이 약해져 생긴 것으로 학교나 직장에서는 사용할 수 없다.

복수형은, 「たち」나 「ら」를 붙여서 만들지만, 「わたくし」에는 「ども」를 붙여 사용하는 것이 일반적이다.

○1인칭대명사의 出現이 자연스러운 경우
▽対比를 나타냄
僕は卒業旅行に行くけど、君はどうする？

▽総記를 나타냄
　課長；今度の出張、だれが行ってくれるのかな？
　田中；私が行きます。
▽個人의 履歴에 관계되는 경우
　私は1962年11月に生まれた。
　私は10年前にこの大学に来た。

○1인칭대명사의 省略이 자연스러운 경우
▽真偽質問文에 대한 대답
　田村；森山さんは明日学校へ行きますか。
　森山；はい、行きます。　?はい、私は行きます
　　　　いいえ、行きません。　?いいえ、私は行きません。
▽感覚을 나타내는 文
　ああ、頭が痛い。　?ああ、私は頭が痛い。
　今日は暑いですね。　?今日は私は暑いですね。

2) 2인칭대명사
「あなた」는 대우적으로 중립에 가깝고,「きみ」는 친구나 손아래사람에게 사용하며,「あんた」「おまえ」「てめえ」는 난폭한 말투로 동료들 간에 사용된다. 또,「きさま」는 年輩者만이 사용할 수 있다.

복수형은,「たち」또는「ら」를 붙여서 사용한다. 그러나,「あなた」에는「ら」가 붙지 않는다. 2인칭대명사는 손위 사람에게는 사용할 수 없다. 敬意를 나타낼 필요가 있는 경우, 상대방의 이름이나 職階敬称등을 사용한다.

　　(先生に)　＊あなたは今日は何時ごろお帰りになりますか。
　　先生は今日は何時ごろお帰りになりますか。
○2인칭대명사가 필요한 경우
▽対比를 나타낸다.
　ぼくは卒業旅行に行くけど、きみはどうする。
▽総記를 나타낸다.
　Ａ；日本への出張は金君がいいと思います。
　Ｂ；いや、金君じゃだめだ。きみが行ってくれ。

3) 3인칭대명사

화자도 청자를 알고 있는 인물을 가리키는데 사용하는 것이 일반적인 인칭대명사에는「彼」「彼女」「彼ら」「彼女ら」「彼女たち」 등이 있다. 이중,「彼女ら」「彼女たち」는 先行詞가 모두 여성일 경우에만 사용된다. 또,「彼」「彼女」는 손위 사람을 가리키는 경우에는 사용할 수 없다.

(2) 指示代名詞 ; 事物, 場所, 方向을 가리킨다.

	近称	中称	遠称	不定称
事物	これ(ら)	それ(ら)	あれ(ら)	どれ(ら)
사람	こいつ、この人 この方	そいつ、その人 その方	あいつ、あの人 あの方	どいつ、どの人 どの方
場所, 部分	ここ	そこ	あそこ	どこ
方向, 選択	こちら、こっち	そちら、そっち	あちら、あっち	どちら、どっち

近称은 화자의 영역에 있을 때를, 中称은 청자의 영역에 있을 때를, 遠称은 화자나 청자의 영역에서 벗어날 경우에 사용된다. 또, 不定称 가운데 「どれ」는 特定의 事物을 指示할 때 사용되나, 「何(なに/なん)」를 사용하면 단순히 사물의 이름을 물을 때 사용된다.

> あなたの車は<u>どれ</u>ですか。　→私の車はこれです。
> これは<u>何</u>ですか。　→それは本です。

1) 現場指示 용법

현장에 있는 事物을 지시할 경우, 「こ・そ・あ・ど」는 쓰임을 달리한다.
「こ系」는 話者의 領域에 있는 것을 지시할 때 쓰인다.
「そ系」는 청자의 領域에 있는 것을 지시할 때 쓰인다.
「あ系」는 話者의 領域에도, 청자의 領域에도 없는 것을 지시할 때 쓰인다.
「ど系」는 어느 領域에 있는지가 不定한 것을 지시할 때 쓰인다.

○**領域対立型** ; こ⇔そ

話者와 聽者가 떨어져 있을 때, 話者 근처의 것은 「こ系」, 聽者 근처의 것
「そ系」, 그 以外는 「あ系」로 가리킨다.

　　┌これはあなたの本ですか。
　　└いいえ、それは森山さんの本です。

　　┌それは何の辞書ですか。
　　└これは日本語の辞書です。

話者自身의 손이 못 미치는 곳은 「そ系」로 가리킨다.

　　┌夫; どこがかゆいの。ここなの。(어디가 가려워. 여기)
　　│妻; いいえ。その下。(아니, 그 밑에)
　　│夫; それじゃ、ここ。(그러면 여기)
　　└妻; そこ、気持いいわ。(거기, 시원해라)

○**領域共有型** ; こ⇔こ, そ⇔そ, あ⇔あ

話者와 聽者가 같은 位置에 있거나, 聽者가 없는 경우, 다음과 같은 原理로
指示詞가 使用된다.

▽心理的인 領域으로 볼 때, 화자에게서 가까운 것은 「こ系」, 먼 것은 「あ系」,
어느 쪽도 아닌 것은 「そ系」로 가리킨다.

　　┌あれは中学校ですか。
　　└いいえ、あれは小学校です。

　(運転手さんに)そこで止めてください。

　　┌医者; どこが痛いんですか。ここですか。
　　│　　　　(어디가 아픕니까 여기입니까)
　　│患者; いいえ。(아니요)
　　│医者; じゃ、ここ? (그럼 여기)
　　└患者; はい、そこです。(예 거기입니다.)

▽「これ, それ, あれ」는 원칙적으로 人間以外의 것에 사용하지만, 다음과 같은
文型에 한해서, 人間에 사용할 수가 있다.
　「これ,それ,あれ + は/が + 人間名詞 + だ,です,でしょう + か,ね」
　「これ」
　　TV・사진・그림 등을 가리키며, 그것이 누군가를 묻거나 대답할 경우

(テレビを見ながら）これはだれですか。（이건 누구입니까)

　손아랫사람을 상대에게 소개할 경우
　　これは私の息子です。（이건 제 아들입니다)
　「それ」
　상대가 가지고 있는 사진이나 그림 속의 人物을 가리키며, 그것이 누군가를
　묻거나 대답할 경우
　　それはだれですか。（그건 누구입니까)
　「あれ」
　멀리 있는 人物이나, 멀리 있는 사진이나 그림 속의 人物을 가리키며, 그것이
　누군가를 묻거나 대답할 경우
　　あれはだれですか。（저건 누구입니까)

　▽사람을 가리킬 때는,「この/その/あの ＋ 人/方」「こちら/そちら/あちら」를
　　사용하고, 친한 사람끼리는「こっち/そっち/あっち」「こいつ/そいつ/あい
　　つ」가 사용된다.
　　　あの人は森田さんです。（저 사람은 모리타씨입니다)
　　　こちらは田中さんです。（이쪽은 다나까씨입니다)
　　　そっちは山田さんだ。（그쪽은 야마다씨다)
　　　こいつは山田だ。（이 녀석은 야마다이다)
　　特定할 수 없는 事物은「何」, 사람은「だれ/どなた」를 사용한다.
　　　それは何ですか。　その人は誰ですか。　あの方はどなたですか。

2) 文脈指示 용법
コ系 ; 화자가 바로 앞에서 말 한 것이나, 이제부터 말하는 것을 나타낼 때
　　　ここは女の子の部屋だ。このことを忘れるな。
　　　(여기는 여자아이 방이다. 이것을 잊지 말아라)
　　　これはその時聞いた話です。（이것은 그때들은 이야기입니다)
ソ系 ; 청자가 바로 앞에서 말 한 것이나, 화자의 말이 청자에게 잘 이해되었다고
　　　생각되는 것을 나타낼 때 사용된다.
　　　昨日十万円ひろったんだよ。それをどうしたの。
　　　(어제 10만엔 주었어요. 그것 어쨌는데)

ア系 ; 화자와 청자가 같이 알고 있는 것을 가리킬 때 사용된다.

　　ねえ、昨日見た<u>あの</u>変な人。今日も学校で見ましたよ。

　　(글쎄, 어제 본 <u>그</u> 이상한 사람 말이야, 오늘도 학교에서 보았어요.)

※文脈指示用法에서 일본어의 ア系에 대응하는 한국어의 경우는, 대부분 ソ系에 대응하고 있으므로, 한국인 일본어학습자에게는 오용을 범하지 않도록 주의를 요하는 부분이다.

○ 文章에 있어서의 文脈指示

　　文章에 있어서의 문맥지시는 「こ系」와 「そ系」가 사용되지만, 「そ系」가 一般的이다. 그러나 「あ系」는 사용할 수 없다.

▽「これ」와 「それ」

　　「これ」는 「これは～からだ/ためだ」 文型에서, 가리키는 것의 原因과 理由를 자세히 설명할 때 사용된다.

　　　彼女が離婚した。<u>これは</u>(?それは)夫の暴力に耐えられなかった<u>からだ</u>。

　　　(그녀는 이혼했다. 이것은 남편의 폭력에 견딜 수 없었기 때문이다)

　　　大宇グループが倒産した。<u>これは</u>(?それは)世界経営を目指した<u>ためだ</u>。

　　　(대우그룹이 도산했다. 이것은 세계경영을 지향했기 때문이다)

　　「それ」는 名詞句일부만을 받거나, 「こと、もの」 등으로 끝나는 先行詞를 바로 받을 경우에 사용된다.

　　　一般的に男性の平均寿命は女性の<u>それ</u>より短い。

　　　(일반적으로 남성의 평균수명은 여성보다 짧다)

　　　私が授業で学生に教えた<u>こと</u>、<u>それ</u>は大志をいだけだ。

　　　(내가 수업에서 학생들에게 가르친 것은 큰 뜻을 품어라이다)

　　　母が大事にして来た<u>もの</u>、<u>それ</u>は結婚指輪だ。

　　　(엄마가 소중히 간직해온 것 그것은 결혼반지다)

▽「この」와 「その」

　　앞의 内容이나 発言을 가리키거나, 앞의 말을 바꾸어 받을 때, 「この」가 사용된다.

　　　「人間は社会的動物である」<u>この</u>言葉はアリストテレスのものである。

　　　(「인간은 사회적동물이다」 이 말은 아리스토텔레스의 것이다)

　　　私はコーラが好きだ。<u>この</u>飲物は消化不良にいい。

　　　(나는 콜라를 좋아한다. 이것은 소화불량에 좋다)

　　앞의 内容과 뒤의 内容을 対比的逆接的으로 말할 때, 「その」가 사용된다.

私は高校の時、友達の中で一番背が低かった。その私が今は一番高い。
(나는 고등학교때 친구들중에서 키가 가장 작았다. 그런 내가 지금은 가장 크다)

○対話に 있어서의 文脈指示

聴者가 존재하는 対話에 있어서의 문맥지시는「こ系」「そ系」「あ系」모두가 사용되지만,「そ系」와「あ系」가 일반적이다.

▽話者와 聴者가 같이 알고 있는 경우, 일반적으로「あ系」가 사용된다.

　　a 昨日森山に会ったんだけど、あいつ相変わらず元気だったよ。

　　b あいつは本当に元気だよ。

「あ系」는 対話중에 이름을 잊었거나, 화자가 말하기 어려운 말 대신에 사용되거나, 혼자 말의 경우 등에 사용한다.

　　a この前、頼んでおいたあれだけど、どうだった。

　　b もう少し時間が必要なの。

　　a 先週お貸ししたあれですけど、いつ頃返して頂けますか。

　　b あ、お金。来週までに返すよ。

　　あの店の料理はうまかったなあ。

▽話者와 聴者중 어느 한쪽이 가리키는 것을 모를 경우 일반적으로「そ系」가 사용되고,「こ系」도 가능하다.

　　a 私の友人に森山がいるんですが、そいつは面白い男なんですよ。

　　b その人はどんな仕事をしているんですか。

이처럼, 話者가 직접 알고 있고, 聴者는 모를 경우,「こ系」도 사용된다.

　　a 私の友人に森山がいるんですが、こいつは面白い男なんですよ。

　　b その人はどんな仕事をしているんですか。

3) 그 밖에 잘 쓰이는 指示語

形態	近称	中称	遠称	不定称	用法
名詞 수식	こんな	そんな	あんな	どんな	수단 속성
	こういう	そういう	ああいう	どういう	속성 양태
	このような	そのような	あのような	どのような	방법 속성
	こういった	そういった	ああいった	どういった	속성
	こうした	そうした	ああした	どうした	

	こう	そう	ああ	どう	동작의 양태
述語 修式	こんなに	そんなに	あんなに	どんなに	정도나 양
	このように	そのように	あのように	どのように	
	このようにして	そのようにして	あのようにして	どのようにして	
	こんなふうに	そんなふうに	あんなふうに	どんなふうに	동작의 양태 결과의 상태
	こんなふうにして	そんなふうにして	あんなふうにして	どんなふうにして	
	こうして	そうして	ああして	どうして	
	こうやって	そうやって	ああやって	どうやって	

<u>どんな</u>鏡を探しているんですか。(어떤 거울을 찾고 있습니까)

<u>こういう</u>デジカメがほしいですか。(이러한 디지털카메라를 원합니까?)

<u>上</u>の方を持って、<u>このように</u>ねじってください。

(위쪽을 잡고 이렇게 돌려주세요)

バットは脇を締めて、<u>こう</u>振り抜くんです。

(방망이는 겨드랑이를 붙이고, 이렇게 휘두르는 것입니다)

なるほど、<u>そう</u>するんですか。(아, 그렇게 하는 것입니까?)

┌木村さんは英語が上手ね。(기무라씨는 영어를 잘하는군요)
└私も<u>あんなふうに</u>(*<u>ああ</u>)英語が話せます。

　(저도 저렇게 영어를 말할 수 있습니다)

┌村田君はなかなかの人物ですね。(무라타군은 좀처럼 보기드문 인물이군요)
└私も<u>そう</u>思います。(저도 그렇게 생각합니다)

バットは<u>そう</u>持つのではありません。(방망이는 그렇게 쥐는 것이 아닙니다)

バットは<u>そんなふうに</u>持つのではありません。

(방망이는 그런식으로 잡는 것이 아닙니다)

バットは<u>そうして</u>、<u>そうやって</u>持つのではありません。

ここを<u>こうやって</u>折ってこうすると、<u>こう</u>なります。

(여기를 이렇게 접어 이렇게 하면 이렇게 됩니다)

髪を<u>ああいうふうに</u>切ると、若く見えますね。

(머리를 저런식으로 자르면 젊어 보이는군요)

<u>こんなに</u>暑いと、勉強できませんね。(이렇게 더우면 공부할 수 없군요)

<u>あんなに</u>大きくては、不便だろうね。(저렇게 커서는 불편하겠군요)

❷-5. 形式名詞

형식명사는 명사의 성질을 가지면서, 본래의 意味를 잃고 형식적인 의미만을 가지기 때문에 한자를 사용하지 않으며, 또한 주어가 될 수 없다.

> ┌ 時(とき)の流れに身をまかせ。 (시간의 흐름에 몸을 맡겨라)
> └ 私が行ったとき、彼はもういなかった。 (내가 갔을 때 그는 이미 없었다)
> ┌ 物(もの)がよい。 (물건이 좋다)
> └ 真実を言うものはいない。 (진실을 말하는 자는 없다)

형식명사는 개념이나 사물을 가리키는 기능보다도, 문의 構造上의 機能이 더 중요하다.

(1) 補足節을 만드는 形式名詞 ; 「こと」「の」「ところ」

　　花子が結婚していたことを知らなかった。 (하나꼬가 결혼한 것을 몰랐다)
　　煙草をすっているのを見たことがある。 (담배피고 있는 것을 본적이 있다)
　　弟が勉強しているところを見た。 (아우가 공부하고 있는 것을 보았다)
※「~するどころです」「~ているところです」「~たところです」의 차이
　　ヨシコさんはジョギングをするところです。 조깅을 하기 직전을 묘사
　　ヨシコさんはジョギングをしているところです。 조깅을 하고 있는 것을 묘사
　　ヨシコさんはジョギングをしたところです。 조깅이 막 끝난 직후를 묘사

(2) 副詞相当句나 副詞節을 만드는 形式名詞

　　「時」를 나타낸다 ; あいだ(に)、うち(に)、時(に)、おり(に)、後(に/で)
　　　　　　　　　　　　さい(に)、前(に)、最中(に)、場合(に)、たび(に)
　　　　今度、会う時に持ってきてください。 (이번에 만날 때 가져와 주세요)
　　「原因/ 理由」를 나타낸다 ; ため(に)、おかげ(で)、せい(で)、あまり
　　　　事故のため、バスが45分も遅れた。 (사고 때문에 버스가 45분이나 늦었다)
　　「様態」를 나타낸다 ; とおり(に)、よう(に)、かわり(に)、ほか(に)、
　　　　　　　　　　　　ついで(に)
　　　　社長の指示とおりに言った。 (사장님 지시대로 말했다)
　　「反対」를 나타낸다 ; 一方(で)、反面、限り、くせ(に)

あの人は体が大きい<u>くせに</u>力がない。(저 사람은 체격은 좋은데 힘이 없다)
金がある<u>くせに</u>、けちだ。(돈이 있는데도 인색하다)

(3) 「だ」「です」「である」와 결합해 助動詞가 되는 形式名詞
; はず、の、わけ、もの、つもり、こと、よう
彼は行く<u>はずです</u>。(그는 갈 것입니다)
あれは先生<u>の</u>です。(저것은 선생님 것입니다)
昔は良くこの川で泳いだ<u>ものだ</u>。(옛날에는 이 강에서 자주 수영했다)
人の嫌がることはしない<u>ことだ</u>。(다른 사람이 싫어하는 것은 안하는 것이다)

(4) 「ところ」에는 「**명사+の+ところ**」의 형태로 장소가 아닌 명사를 場所名詞
로 하기도 하고, 전체속의 位置를 가리키는 용법이 있다.
一度、<u>私のところ</u>へ来てください。(한번 저한테 와 주세요)
<u>そこのところ</u>を詳しく言ってください。(그곳을 자세히 말해주세요)
「こと」에는 구체적인 사람이나 사물을 나타내는 명사에 붙어, **「명사에 관한**
사항, 명사의 속성」 등의 의미를 갖는 抽象的인 名詞을 만드는 用法이 있다.
いつも、<u>彼女のこと</u>を考えている。(언제나 그녀를 생각하고 있다)
<u>その大学のこと</u>を私立だと思っていた。
(그 대학을 사립으로 여기고 있었다)

❷-6. 時期名詞

일시적인 때와 시간을 가리키며, 부사적 용법으로 사용된다.

10時、水曜日、明日、昨日、一昨日、今朝、夕方、朝
<u>あさって</u>、アメリカへ出発する。(모레 미국으로 출발한다)
その話は昨日の<u>夕方</u>聞いた。(그 이야기는 어제 저녁때 들었다)

3. 動詞

❸-1. 동사의 분류

(1) 活用에 의한 분류

日本語教育	国語教育	特徴	例
1group동사	五段動詞	~U로 끝난다	買う、書く、話す、売る
2group동사	上一段動詞	~iRU로 끝난다	起きる、見る、生きる
	下一段動詞	~eRU로 끝난다	食べる、寝る、教える
3group동사	変格動詞	변칙활용을 한다	する、来る

(2) 自動詞와 他動詞

自動詞는 주어가 事物인 경우가 많으며, 事物의 自発的인 움직임을 나타낸다. 他動詞는 사람이 주어로 事物을 대상으로 작용하는 동작을 나타낸다.

一般的으로 自動詞는 「が格」을 취하고, 他動詞는 「を格」을 취한다.

1) 自・他動詞의 語形

○自動詞와 他動詞의 語形이 같은 것
風が<u>吹く</u>。(自動詞)　　　笛を<u>吹く</u>。(他動詞)
水が<u>増す</u>。(自動詞)　　　水を<u>増す</u>。(他動詞)
波が<u>寄せる</u>。(自動詞)　　船を<u>寄せる</u>。(他動詞)
根が<u>張る</u>。(自動詞)　　　根を<u>張る</u>。(他動詞)

○自動詞와 他動詞의 語形이 다른 것
音楽が<u>聞こえる</u>。(自動詞)　音楽を<u>聞く</u>。(他動詞)
湯が<u>沸く</u>。(自動詞)　　　湯を<u>沸かす</u>。(他動詞)
石が<u>落ちる</u>。(自動詞)　　石を<u>落とす</u>。(他動詞)
家が<u>建つ</u>。(自動詞)　　　家を<u>建てる</u>。(他動詞)
山が<u>見える</u>。(自動詞)　　山を<u>見る</u>。(他動詞)

○自動詞만 있는 것

先生が<u>行く</u>。　学生が<u>来る</u>。　花が<u>咲く</u>。

本が<u>ある</u>。　生徒が<u>いる</u>。　町が<u>栄える</u>。

○他動詞만 있는 것

人を<u>殺す</u>。　ご飯を<u>食べる</u>。　本を<u>読む</u>。　字を<u>書く</u>。

服を<u>着る</u>。　水を<u>飲む</u>。　木を<u>植える</u>。　石を<u>投げる</u>。

2) 自・他動詞와 Aspect(相)과의 関聯

○自動詞+ている

단순한 결과 状態를 나타냄 ; 窓が開いている。糸が切れている。

継続을 나타냄 ; 雨が降っている。

進行을 나타냄 ; 子供が泣いている。

○他動詞+ている

進行을 나타냄 ; 字を書いている。商品を並べている。

　　　　　　　紙を張っている。

習慣을 나타냄 ; 毎日、本を読んでいる。

経験을 나타냄 ; その映画はもう見ている。

能力을 나타냄 ; 日本語は知っている。

○他動詞+てある

의도적인 결과 状態를 나타냄 ; 書類が出してある。

　　　　　　　　　　電気がつけてある。

　　　　　　　　　　水が入れてある。

[참고] 状態를 나타내는 경우

自動詞+ている →自然的인 結果에 의한 状態를 나타낸다.

　　窓が開いている。

他動詞+てある →누군가의 의도적인 동작에 의한 결과 状態를 나타

　　　　　　　낸다.

　　窓が開けてある。(창문이 열려 있다)

(3) 意志動詞와 無意志動詞

意志動詞는 人間의 意志的인 동작을 나타내는데 반해, 無意志動詞는 人間의 意志에 의해서 컨트롤할 수 없는 것을 나타낸다.

意志動詞　；歩く、書く、読む、走る、考える、勉強する、降りる、
　　　　　　計画する
無意志動詞；倒れる、老いる、失う、死ぬ、忘れる、落ちる、受かる

사람의 意志가 수반되는 命令, 禁止, 依頼, 勧誘 등의 표현에는 意志動詞만이 사용된다.

もっとゆっくり歩いて下さい。(좀더 천천히 걸어주세요)
いっしょに考よう。(함께 생각하자)

하나의 동사가 意志動詞와 無意志動詞 양쪽모두에 사용되는 경우도 있다.

いやなことは早く忘れなさい。→意志動詞
その人の名前を忘れてしまった。→無意志動詞

意志動詞가 無意志動詞로 쓰일 경우, 副詞「うっかり」를 수반한다.

花子は貴重品をうっかり捨ててしまった。(하나꼬는 귀중품을 무심코 버렸다)

無意志動詞가 意志動詞로 쓰일 경우, 副詞「わざと」를 수반한다.

田中は玄関の前でわざと倒れた。(다나까는 현관앞에서 일부러 넘어졌다)

(4) 複合動詞

동사를 통사적으로 구분할 경우, 2개의 동사(前項動詞+後項動詞)가 結合해, 하나의 動詞가 된 것을 말하는데, 의미적으로 4가지 패턴이 있다.

　○전항과 후항이 継起的으로 일어나, 전항이 후항의 수단이나 양식을 나타내는

경우
飛び降りる、殴り倒す、押し込める、呼び集める
○전항이 중심적인 의미를, 후항이 위치나 시간적의미 등을 나타내는 경우
走り回る、駆け上がる、走り始める、食べきる、降り出す
○후항이 중심적인 의미를, 전항은 의미를 강조하는 역할을 하는 경우
差し出す、突っ返す、打ち捨てる
○전항과 후항이 의미와는 관계없이, 새로운 의미를 파생하는 경우
飛び出す、(仲を)取り持つ、(話を)切り出す

1) Aspect(局面)을 나타내는 複合動詞
①動作의 開始를 나타내는 것
~はじめる ; 雨が降りはじめた。　ちらほらと桜が咲き始めた。
そのころから、私は酒を飲み始めた。
~だす ; 雪が降りだした。　思わず笑いだしてしまった。
~かける ; やりかけたこと。　読みかけた小説。
★参考(의미상의 차이)
雨が降り始めた。; 어느 정도 예상한 결과
雨が降り出した。; 갑자기 발생한 경우
雨が降りかけた。; 아침에 비가 내렸는데, 잠시 쉬었다가 다시 비가 온 경우

②動作의 継続을 나타내는 것
~つづける ; 一日中歩きつづけた。　日記を書き続ける。
穴を掘り続ける。
~つづく ; 雨が降りつづいている。　雷が鳴りつづいた。
~とおす ; 仕事をやりとおす。(일을 끝까지 해내다)

③動作의 終了를 나타내는 것
~つくす ; パンを食べつくす。(빵을 다 먹다)
~ぬく ; 世の中を生きぬいてきた。(세상을 참고 견디며 살아왔다.)
~きる ; 力を出しきった。　数えきれないほど多い。
~あげる ; 論文を書きあげた。(본문을 다 썼다)
~あがる ; 料理ができあがった。(요리가 완성되었다)
~おえる ; 先生はやっと話しおえた。
~おわる ; 申請書を書きおわる。　授業のベルが鳴り終わった。

2) **方向**을 나타내는 複合動詞

    ①上方向으로의 動作

      ~あげる   ; 子供を<u>抱きあげる</u>。   ロケットを<u>打ちあげた</u>。

      ~あがる   ; 飛行機が<u>飛びあがった</u>。 鳥が<u>舞いあがった</u>。

    ②下方向으로의 動作

      ~おろす   ; 荷物を<u>積みおろす</u>。(짐을 하역하다)

      ~おりる   ; 鳥が<u>舞いおりて</u>きた。(새가 날아왔다)

      ~おとす   ; 鳥を<u>打ちおとした</u>。(새를 쏘아 떨어뜨렸다)

      ~おちる   ; 水が<u>流れおちて</u>いる。

    ③外方向으로의 動作

      ~だす   ; 水が<u>流れだした</u>。 彼が<u>考えだした</u>。(그가 생각해냈다)

      ~でる   ; 水が<u>流れでて</u>いる。 涙が<u>あふれでた</u>。(눈물이 흘러나왔다)

    ④内方向으로의 動作

      ~こめる   ; 彼女を倉庫に<u>閉じこめた</u>。(그녀를 창고에 감금했다)

      ~こむ   ; 暖かい日差しが<u>さしこむ</u>。 部屋を<u>のぞきこむ</u>。

                 字を<u>書きこむ</u>。

      ~いれる   ; 制度を<u>取りいれる</u>。 外国人を<u>受けいれる</u>。

3) **動作**의 **方法**을 나타내는 複合動詞

    ~なおす   ; 論文を<u>書きなおす</u>。

                 もう一度<u>考えなおす</u>。(다시 한번 재고하다)

    ~なれる   ; ここは<u>見なれた</u>所だ。 登山は<u>はきなれた</u>くつがいい。

    ~あさる   ; 恋愛小説を<u>よみあさる</u>。(연애소설을 이리저리 찾아 읽다)

    ~かえる   ; 車から電車に<u>乗りかえる</u>。 子供らが<u>静まりかえる</u>。

    ~かかる   ; いきなり<u>飛びかかる</u>。 そこを<u>通りかかる</u>。

4) **対象関係**를 나타내는 複合動詞

    ~あわせる ; 紙を<u>はりあわせる</u>。(종이를 여러장 붙이다)

    ~あう   ; 試験問題について<u>話しあう</u>。 人と<u>助けあう</u>。

                 実力を<u>認めあう</u>。

    ~かける   ; 友達に<u>話しかける</u>。 農民に<u>よびかける</u>。

                 客が<u>押しかける</u>。

~つける　　; ポスターを<u>張りつける</u>。　2人を<u>結びつける</u>。
　　　　　　　系を<u>まきつける</u>。
~つく　　　; 紙が<u>張りつく</u>。　愛によって強く<u>結びつく</u>。
　　　　　　　系が<u>まきつく</u>。

5) **動作**의 **強度**를 나타내는 **複合動詞**
　　~こむ　　　; <u>考えこんで</u>いる。　<u>思いこんで</u>しまった。
　　　　　　　　ご飯を<u>押しこむ</u>。
　　~すぎる　　; ご飯を<u>食べすぎる</u>。(밥을 너무 많이 먹다)
　　~まわす　　; あたりを<u>見まわす</u>。(주위를 둘러보다)
　　~まわる　　; 一日中<u>歩きまわる</u>。(하루종일 걸어 돌아다니다)
　　~つける　　; <u>痛めつけて</u>やる。(혼내주다)
　　　　　　　　要求を<u>はねつける</u>。(요구를 무정하게 거절하다)
　　　　　　　　名前を<u>よびつける</u>。(이름을 불러내다)

6) **動作**과 그 **結果**를 나타내는 **複合動詞**
　　~とる　　　; 学問を<u>学びとる</u>。　真意を<u>感じとる</u>。
　　　　　　　　人の心を<u>よみとる</u>。　英語を<u>聞きとる</u>。
　　~ころす　　; 犬を<u>打ちころす</u>。　豚を<u>なぐりころす</u>。　人を<u>さしころす</u>。
　　~たおす　　; 敵を<u>打ちたおす</u>。(적을 때려눕히다)
　　　　　　　　犯人を<u>なぐりたおす</u>。(범인을 때려잡다)

(5) 補助動詞
　動詞 本来의 意味를 잃거나, 動詞 本来의 意味가 약해져서 다른 동사의 テ形뒤
에 붙어서 사용되는 動詞를 말한다.

　　　鳥が<u>いる</u>(本動詞). － 鳥が鳴<u>いている</u>(補助動詞).

1) Aspect(局面)에 관계하는 것
　　①~ている
　　継続상태 ; 手紙を書<u>いている</u>。　歌をうたっ<u>ている</u>。　火が燃え<u>ている</u>。
　　結果의 상태 ; 電気がつ<u>いている</u>。　彼はやせ<u>ている</u>。　お客が来<u>ている</u>。
　　反復의 상태 ; 何度もうかがっ<u>ている</u>。　毎日、日記を書<u>いている</u>。

本来의 상태 ; 山がそびえ<u>ている</u>。　花子は前田に似<u>ている</u>。

経験과 経歴 ; 学生時代に登っ<u>ている</u>。　先生にその話しを聞い<u>ている</u>。

② ~てある

의도적인 결과상태 ; 果物がならべ<u>てある</u>。　窓が開け<u>てある</u>。

동작의 완료 ; 店を開け<u>てある</u>。　言っ<u>てある</u>。　発表し<u>てある</u>。

準備状態　　 ; 日本へ来る前に日本語を習っ<u>てある</u>。

　　　　　　　よく練習し<u>てある</u>。　打合せしてある。

　　　　　　　頼ん<u>である</u>。　待たせ<u>てある</u>。

　　　　　　　用意し<u>てある</u>。　借り<u>てある</u>。

放任상태 ; その仕事は彼に任せ<u>てある</u>。(그 일은 그에게 맡겨두었다)

　　　　　クラス会の運営は生徒に自由にさせ<u>てある</u>。

　　　　　(학급운영은 학생에게 자유롭게 하게 한다)

★参考(의미상의 차이)

　壁に絵が<u>掛けてある</u>。　　　; 의도적인 동작에 의해

　壁に絵が<u>掛けられている</u>。; 화자의 心的태도 중시

　壁に絵が<u>掛っている</u>。　　 ; 단순 사실묘사

③ ~てしまう

동작의 완료 ; 本を読ん<u>でしまった</u>。　字を書い<u>てしまった</u>。

　　　　　　ブラブラしているうちに、一週間ほど経っ<u>てしまった</u>。

유감의 의미 ; 系が切れ<u>てしまった</u>。　紙が破れ<u>てしまった</u>。

　　　　　　あのばあさんも、とうとう死ん<u>でしまった</u>。

　　　　　　彼は机に顔を伏せ<u>てしまった</u>。

　　　　　　(그는 책상에 얼굴을 묻어버렸다)

성가심의 의미 ; 系を切っ<u>てしまった</u>。　木を燃し<u>てしまった</u>。

無意識的인 동작 ; あがっ<u>てしまった</u>。　せきをし<u>てしまった</u>。

　　　　　　　　あくびをし<u>てしまった</u>。

　　　　　　　　彼は思わず笑い出し<u>てしまった</u>。

　　　　　　　　私は真由美さんにすまないことをし<u>てしまった</u>。

④ ~ていく

消滅의 過程 ; 消え<u>ていく</u>。　失っ<u>ていく</u>。　かすん<u>でいく</u>。

　　　　　　死ん<u>でいく</u>。

서서히 変化 ; 増え<u>ていく</u>。　太っ<u>ていく</u>。　よごれ<u>ていく</u>。

　　　　　　かわい<u>ていく</u>。

減っ<u>ていく</u>。　重くなっ<u>ていく</u>。　　やせ<u>ていく</u>。

いよいよ深まっ<u>ていく</u>意識的な愛着

(드디어 깊어져가는 의식적인 애착)

멀어지는 움직임 ; とまっ<u>ていく</u>。　見物し<u>ていく</u>。　追っ<u>ていく</u>。

入っ<u>ていく</u>。　かかっ<u>ていく</u>。

父は私を病院までおんぶし<u>ていった</u>。

어떤 時点 以後의 事態가 문제 ; 成長し<u>ていく</u>。　育て<u>ていく</u>。

生活し<u>ていく</u>。

これからもこの人達を見守っ<u>ていく</u>つもりだ。

(앞으로도 이 사람들을 돌봐줄 생각이다)

大丈夫、彼は誰とでもちゃんと暮し<u>ていける</u>よ。

(걱정없다 그는 누구와도 잘 생활해 갈 수 있어요)

⑤~てくる

出現의 過程 ; 現れ<u>てくる</u>。　生まれ<u>てくる</u>。　　うかん<u>でくる</u>。

よみがえ<u>てくる</u>。

もうじき電話が掛っ<u>てくる</u>はずだ。

母親は子供を連れ<u>てきた</u>。　パンを買っ<u>てこい</u>。

서서히 変化 ; 増え<u>てくる</u>。　太っ<u>てくる</u>。　　かわい<u>てくる</u>。

よごれ<u>てくる</u>。減っ<u>てくる</u>。　やせ<u>てくる</u>。

重くなっ<u>てくる</u>。

温度が増し<u>てくる</u>のにつれて。(온도가 올라감에 따라)

動作, 作用의 시작 ; 聞こえ<u>てくる</u>。　見え<u>てくる</u>。　わかっ<u>てくる</u>。

雨が降っ<u>てくる</u>。　彼は腹が立っ<u>てきた</u>。

急に色気がこぼれ<u>てきた</u>。(갑자기 매력이 들기 시작했다)

어떤 時点까지의 事態가 문제 ; 成長し<u>てきた</u>。　育て<u>てきた</u>。

生活し<u>てきた</u>。経済が少し落ち着い<u>てきた</u>。

とにかく私は苦労し<u>てきた</u>。

2) 授受에 관계하는 것

　①~てもらう, ~ていただく

　　○친절한 행위에 대한 感謝와 依頼를 내포할 때

　　　田中さんに料理を作っ<u>てもらい</u>ました。

　　　→ 田中의 행위에 감사하며, 田中의 행위는 나의 依頼에 의한 것임.

病気になったのでお医者さんに来ていただきました。

　→ 의사선생님이 와주신 것에 감사하며, 그것은 나의 依賴에 의한 것임.

吉本さんにお金を貸してもらいました。

　→ 吉本의 행위에 감사하며, 吉本의 행위는 나의 依賴에 의한 것임.

　○許可를 구할 때

　　私にも言わせてもらいます。 (저도 말하겠습니다)

　　それでは、発表させていただきます。 (그러면 발표하겠습니다)

　○폐(迷惑)가 될 때

　　勝手に他人の部屋に入ってもらっちゃだめだ。

　　(함부로 다른 사람 방에 들어가서는 안 된다)

　　あんな酷い点を付けてもらっちゃ大変だ。

　　(그렇게 심한 점수를 받아서는 큰일이다)

② ～てくれる, ～てくださる

　○친절한 행위에 대한 感謝를 나타낼 때

　　田中さんが料理を作ってくれた。 → 田中의 친절한 행위에 感謝

　　先生が私の体のことを気にしてくれた。

　　→ 선생님의 친절한 행위에 感謝

　○許可나 容認을 나타낼 때

　　私にも食べさせてくれるかしら。 (나도 먹게 해 줄래)

　　今からでも試験を受けさせてくれるといいが。

　　(지금부터라도 시험 치게 해주면 좋은데)

　○希求하거나 간절히 원할 때

　　一度雨が降ってくれないかな。 (한번 비가 내려주지 않을까)

　　お先に帰らせてください。 (먼저 돌아가게 해 주세요)

　　うるさいから、あっちへ行ってくれ。 (시끄러우니까 저쪽으로 가줘)

　○폐(迷惑)가 될 때

　　えらいことをしてくれたよ。 (심한 일을 저질렀어요)

　　ほんとに余計なことをやらかしてくれたものだ。

　　(정말 쓸데없는 일을 저지른 것이다)

③ ～てあげる, ～てやる, ～てさしあげる

　○利益恩惠를 供與할 때(주어의 親切한 행위로 여김)

　　私は田中さんに料理を作ってあげた。 → 나의 親切한 행위로 인식함

　　彼はその品々をみんなに見せてやった。 → 그의 親切한 행위로 인식함

先生は私に本を貸して差し上げました。

→ 선생님의 親切한 행위로 인식함

○他人에게 不利益을 줄 때

けしからんやつだ。とっちめてやれ。(괘씸한 놈이다. 혼내줘라)

しゃくにさわったから、ぶんなぐってやった。

(화가 나서 한방 날려줬다)

あんな奴、殺してやる。(그런 놈은 죽여 버릴 거야)

○話者의 강한 意志와 積極的인 동작을 나타낼 때

これを学資にして勉強してやろう。(이것을 학자금으로 해서 공부하자)

おれは今度の試験に必ず合格してやる。

(나는 이번시험에 반드시 합격한다)

あんな大学、きっとパスしてやる。(그런 대학 반드시 합격한다)

3) 그 밖의 것

①~ておく

準備의 의미 ; 어떤 목적을 위한 준비로서 동작을 행할 때 사용된다.

友達のためビールを冷やしておいた。

(친구를 위해 맥주를 시원하게 해 두었다)

お客が来るから、掃除しておく。(손님이 오니까 청소해 둔다)

放置의 의미 ; 어떤 행위를 그대로 방치해 둘 때 사용된다.

子供を泣かしておく。(아이를 울게 내버려둔다)

子供を遊ばせておく。(아이를 놀게 내버려둔다)

結果상태의 持続 ;

店を開けておく。(가게를 열어둔다)

冷蔵庫にコーラを入れておく。(냉장고에 콜라를 넣어둔다)

秘密を保っておく。(비밀을 유지해둔다)

어떤 시점까지의 動作 ;

明日までに本を読んでおく。(내일까지 책을 읽어둔다)

夜までに製品を並べておく。(밤까지 제품을 진열해 둔다)

一時的인 措置 ;

一応預っておこう。(일단 맡기어두자)

とりあえず、ここに置いておく。(우선, 여기에 둔다)

積極的인 体験 ;

　私も一度その人に会っておこう。(나도 한번 그 사람을 만나두자)

　どのようなものであれ、一度は見ておくほうが良い。

　(어떠한 것이든 한번은 봐두는 편이 좋다)

　일부러 하는 수 없이 하는 동작

　この試合はわざと負けておいた。(이 시합은 일부러 저 주었다)

②～てみる

　시험 삼아 하는 動作 ;

　よく調べてみてから買います。(잘 알아보고 나서 삽니다)

　足を前に伸ばしてみた。(다리를 앞으로 뻗어 보았다)

　どんな音がするか、叩いてみた。(어떤 소리가 나는지 두드려 보았다)

　体験하는 동작, 実現하는 동작

　牛肉を食べてみたけれども、味がおかしい。

　(소고기를 먹어보았는데 맛이 이상하다)

　もう一度よく考えてみます。(다시 한번 생각해 보겠습니다)

　私もスーパモデルと恋愛してみたいものだ。

　(나도 슈퍼모델과 연애해보고 싶은 것이다)

　おれが死んでみろ、お前たちどうして食って行く。

　(내가 죽어봐라. 너희들 어떻게 생활해가니)

★「～てみる」의 형태로 잘 쓰이는 동사.

　感覚活用의 동사 ; 見る、聞く、味わう、さわる、のぞく、開ける、
　　　　　　　　　　　近付く

　思考, 調査活動의 動詞 ; 調べる、探す、さぐる、考える

③～てみせる

　어떤 목적을 위해 어떤 동작을 他人에게 보여줄 때 사용된다.

　機械の動し方がよくわかりませんが、動かしてみせてくれませんか。

　(기계작동방법을 잘 모르겠습니다만 작동해 보여주지 않겠습니까)

　彼女は私を見て笑って見せた。(그녀는 나를 보고 웃어 보였다)

　先生は学生の前で教科書を読んで見せた。

　(선생님은 학생들 앞에서 교과서를 읽어 보였다)

　他人에게 자랑할 수 있는 동작을 완성시키는 것을 나타낸다.

　彼は没落した家をもり立てて見せた。(그는 몰락한 집안을 일으켜 세웠다)

妻は失敗した夫に元気をつけて見せた。
(아내는 실패한 남편에게 기운을 내게 했다)

(6) 金田一春彦(1976)의 동사분류

1) 第一種の動詞(状態動詞) ; ある、いる、できる、要る
   상태의 不変化를 나타내는 동사로서, 「~ている」형태를 취하지 않는다.
     *できている。　*あっている。

2) 第二種の動詞(継続動詞) ; 飲む、食べる、歩く、走る、読む、書く、聞
   く、起きる
   상태의 一時的인 変化를 나타내는 동사로서, 「~ている」형태를 취하면 그
   동작이 進行中인 것을 나타낸다.
     ビールを飲んでいる。　ご飯を食べている。　公園を歩いている。

3) 第三種の動詞(瞬間動詞) ; 死ぬ、終わる、消える、閉まる、行く、結婚する
   상태의 永続的인 変化를 나타내는 동사로서, 「~ている」형태를 취하면 그
   동작/작용이 종료해 그 결과가 残存하고 있는 것을 나타낸다.
     人が死んでいる。　彼女は結婚している。　授業が終わっている。

4) 第四種の動詞 ; そびえる
   상태의 発端을 나타내는 동사로서, 언제나 「~ている」형태로 사용된다.
     山がそびえている。

(7) 그 밖의 동사

1) 相互動詞 ;「~と…する」의 형태를 취하고, 그 동작은 주어가 되는 人間과 상
   대방이 있어야만 성립한다.
     結婚する、喧嘩する、議論する、話し合う

2) 所動詞 ; 三上(1953)는 「(ラ)レル」가 붙지 않는 동사를 처음으로 所動詞라고
   하고, 다음과 같은 동사를 제시하고 있다.

ある、見える、聞こえる、(音が)する、要る、似合う、起こる、
異なる、伝わる、出来る

❸-2. 동사의 活用表

	1group동사	2group동사	3group동사
사전형(기본형)	書く、読む	見る、寝る	来る、する
정중형(ます형)	書きます、読みます	見ます、寝ます	来ます、します
부정형(ない형)	書かない、読まない	見ない、寝ない	来ない、しない
과거부정형 (なかった형)	書かなかった 読まなかった	見なかった 寝なかった	来なかった しなかった
과거형(た형)	書いた、読んだ	見た、寝た	来た、した
접속형(て형)	書いて、読んで	見て、寝て	来て、して
희망형(たい형)	書きたい、読みたい	見たい、寝たい	来たい、したい
의지형(よう형)	書こう、読もう	見よう、寝よう	来よう、しよう
조건형(ば형)	書けば、読めば	見れば、寝れば	来れば、すれば
조건형(たら형)	書いたら、読んだら	見たら、寝たら	来たら、したら
예시형(たり형)	書いたり、読んだり	見たり、寝たり	来たり、したり
명령형	書け、読め	見ろ、寝ろ	来い、しろ
가능형	書ける、読める	見られる、寝られる	来られる、できる
수동형	書かれる、読まれる	見られる、寝られる	来られる、される
사역형	書かせる、読ませる	見させる、寝させる	来させる、させる

❸-3. 「する」 동사와 「やる」 동사의 표현방법

(1) 「する」 동사의 여러 가지 형태

○和語 + 「する」 동사
　あくびする、はなしする、おねがいする、うわさする

○2字漢語 +「する」동사

　　省略する、成功する、運動する、実験する、研究する

○1字漢語 +「する」동사

　　信ずる、愛する、訳する、達する、略する、生ずる、命ずる、
　　論ずる

○外来語 +「する」동사

　　スケッチする、スタートする、マスターする、キャッチする、
　　タックルする、パンクする

(2) 「する」동사의 여러 가지 용법

○サ行変格動詞로 쓰일 경우 ; 動作이나 現象 등을 나타낸다.

　　勉強する、掃除する、パンクする、故障する、ほっとする、
　　どきどきする

○「Nをする」로 쓰일 경우 ; 動作이나 役割 등을 나타낸다.

　　ネクタイをする、教師をする、勉強をする、怪我をする

○「Nがする」로 쓰일 경우 ; 知覚을 나타낸다.

　　いい臭いがする、母の声がする、寒気がする、変な音がする

○「Nにする」로 쓰일 경우 ; 慣用句를 만든다.

　　大金を手にする、先生の噂を耳にする

○「Nをしている」로 쓰일 경우 ; 外見 등을 나타낸다.

　　大きい目をしている、長い髪形をしている

(3) 「やる」동사의 여러 가지 용법

○영업시간이나 생계수단으로 장사나 재테크를 할 경우

　　パン屋をやる。　株をやる。　レストランをやる。

○意志를 가지고 어떤 행위를 할 경우

　　その仕事、やらせていただきます。　先にやらせてもらいます。

○任務를 담당하고 있을 경우

　　企画をやっている。　学会で編集委員をやっている。

○生動感이나 臨場感을 전할 경우

　　友達がやってきた。　バスがやってきた。

❸-4. 가능동사의 표현방법

(1) 1group동사에서 가능동사로의 변형
1group동사의 사전형(基本形)은 ウ段으로 끝나는데, 활용어미 ウ段이 エ段으로 변하고 る를 첨가시키면 가능동사가 된다. 이 가능동사는 「1group動詞의 基本形+ことができる」와 같은 가능의 의미를 갖는다.

> 話す→話せる(可能動詞) ; 話すことができる。
> 走る→走れる(可能動詞) ; 走ることができる。
> 飛ぶ→飛べる(可能動詞) ; 飛ぶことができる。
> 待つ→待てる(可能動詞) ; 待つことができる。
> 進む→進める(可能動詞) ; 進むことができる。

1group동사의 대부분이 가능동사가 될 수 있지만, 자연현상을 나타내는 동사 「降る, くもる, 散る, 咲く」등과, 「知る, 要る, きらう, ある」등의 동사는 가능동사를 만들지 못한다. 또, 가능동사는 조사 「を格」취하지 않고 「が格」을 취한다.

> 本を読む。(1group動詞) →本が読める。(可能動詞)
> 字を書く。(1group動詞) →字が書ける。(可能動詞)

(2) 가능표현의 종류
동사의 可能表現에는 4가지 종류가 있다.

1) 可能動詞를 사용하는 경우 ; 1group動詞가 해당된다.
　　彼に会う。→彼に会える。
2) 「動詞의 사전형 + ことができる」를 사용하는 경우 ; 모든 동사가 해당된다.
　　名前を呼ぶ。→名前を呼ぶことができる。
3) 可能의 助動詞 「れる/ られる」를 사용하는 경우
　　2group動詞와 3group動詞의 ガ行変格動詞 「来る」가 여기에 해당되며, 활용어미 「る」를 지우고 「れる/られる」를 붙인다. 이 경우, られる를 붙이는 것이 원칙이나 れる만 붙여서 사용되는 경우도 있는데, 이것을 ら抜き言葉라고 한다.
　　見る　→見られる　→見れる

止める　→止められる　→止めれる

来る　→来られる　　→来れる

4) 「動詞의 ます形 + 得(うる/える)」를 사용하는 경우

有りうる話ではない。(있을 수 있는 이야기는 아니다)

そんなことはありえない。(그런 일은 있을 수 없다)

その仕事は誰もなし得ない。(이 일은 누구도 이룰 수 없다)

(3) 가능표현의 意味

1) 能力으로서의 가능성

彼女は中国語が話せる。　彼は50メートル片手で泳げる。

2) 特性으로서의 가능성

この水は飲める。　この辺りでは、魚が良く釣れた。

3) 許可

ここからは入れない。　検査のため、ご飯が食べられない。

4) 蓋然性

明日彼女が来ることもありうる。

1時間後に彼が死ぬということはありえない。

5) 期待・意図한 운동의 실현

なかなかふたが取れない。

コンサートのチケットを買うことができた。

6) 期待・意図와 관계없는 변화의 실현

ボタンが取れた。　きちんと結んでおいたひもがほどけた。

4. 形容詞

❹-1. 형용사의 분류

(1) イ형용사

1) 属性形容詞 ; 사람이나 사물의 속성, 즉 特徴이나 性質을 나타낸다.
　　青い、白い、黒い、黄色い、赤い、丸い、しかくい、高い、安い、
　　大きい、小さい、多い、少ない、広い、狭い、強い、長い、短い、
　　若い、新しい、古い、厚い、薄い、近い、遠い、やさしい、難しい、
　　　○客観的인 判断 ; 색깔이나 형태는 속성에 대해서 客観性이 있다.
　　　　太陽は丸い。ニンジンは赤い。
　　　○主観的인 判断 ; 사람에 따라서 다르게 느껴진다.
　　　　あの山は高い。→私にとって、あの山は高い。
　　　　この部屋は広い。→私にとって、この部屋は広い。
　　　○主体의 속성
　　　　氷は冷たい。　夏は暑い。　砂糖は甘い。　雪は白い。　地球は丸い。
　　　○部分의 속성
　　　　像は鼻が長い。　彼は背が高い。

2) 感情形容詞 ; 사람의 주관적인 感情이나 評価를 나타낸다.
　　감정형용사를 술어로 하는 文의 主体는 보통 1인칭이고, 3인칭을 주어로 할
　　경우에는「~がる」「~のだ」「~らしい」등이 붙는다.
　　　○感情의 대상이 되는 사물
　　　　お金がほしい。　失敗が悔しい。　通知が待ち遠しい。
　　　　運命が憎い。　母親の死が悲しい。　合格したのが嬉しい。
　　　○感情의 대상이 되는 장소
　　　　故国が恋しい。　私は故郷が懐かしい。
　　　○感情의 대상이 되는 사람
　　　　先輩がけむたい。　奴が憎らしい。　優勝した友が羨ましい。
　　　○기타
　　　　独りぼっちで心細い。　やるせない気持。　せつない思い。

悩ましい日々。

이들 感情形容詞는 話者自身의 感情을 이야기할 때 쓰이므로, 話者는 他人의 감정을 단정할 수 없다.

　　　私は今さびしい。私はとてもはずかしい。*前田さんはさびしい。

英語는 I am happy. You are happy. He is happy. 등과 같이, 사람의 感覺이나 感情을 他人이 판단할 수 있지만, 日本語는 不可能하다.

그러나, 다음과 같은 경우에 있어서는 他人의 감정을 표현할 수 있다.

　　▽質問의 終助詞「か」가 첨가될 경우

　　　前田さんはさびしいですか。(前田씨는 외롭습니까)

　　▽「がる」가 첨가될 경우

　　　前田さんはさびしがっている。(前田씨는 외로워하고 있다)

　　▽過去形으로 쓰일 경우

　　　前田さんはさびしかった。(前田씨는 외로웠다)

　　▽「のだ」가 첨가될 경우

　　　前田さんはさびしいのだ。(前田씨는 외로운 것이다)

　　▽「そうだ」「らしい」가 첨가될 경우

　　　前田さんはさびしそうだ。(前田씨는 외로운 것 같다)

　　▽連体形로 쓰일 경우

　　　さびしい前田さん。(외로운 前田씨)

그리고, 対象을 수반하는 感情形容詞도 있다.

　　　私は音楽がうるさい。(나는 음악이 시끄럽다)

　　　→私は音楽をうるさがっている。(나는 음악을 시끄러워 하고 있다)

3) 属性形容詞와 感情形容詞 양쪽의 기능을 갖는 形容詞

　　忙しい、寒い、暑い、こわい、つまらない、おもしろい

　　┌私の国では8月が一番暑いです。→属性形容詞
　　└走って来たので暑い。→感情形容詞
　　┌あの建物の形が面白いです。→属性形容詞
　　└私はあの授業が面白いです。→感情形容詞

4) 感覚形容詞

　　○감각부위를 나타낸다.

　　　　背中が<u>かゆい</u>。　足が<u>だるい</u>。　歯が<u>痛い</u>。　指先が<u>冷たい</u>。

　　○부상이나 성가심을 나타낸다.

　　　　やけどが<u>痛い</u>。　霜やけが<u>かゆい</u>。

　　　　髪の毛が下がってきて<u>うっとうしい</u>。(머리카락이 내려와서 귀찮다)

　　○대상에 대한 감각을 나타낸다.

　　　　光が<u>まぶしい</u>。　音が<u>うるさい</u>。　刺身が<u>うまい</u>。

5) 그 밖의 形容詞

　　○태도나 상황을 나타낸다.

　　　　彼は子供に<u>やさしい</u>。　彼女なら代表に<u>ふさわしい</u>。

　　　　あの先生は女子学生に<u>甘い/きびしい</u>。

　　○관계를 나타낸다.

　　　　彼は私と<u>親しい</u>。　下宿は駅から<u>近い</u>。　彼は歴史に<u>明るい/詳しい</u>。

　　○상태를 나타낸다.

　　　　この問題は私には<u>易しい</u>。　この靴は私には<u>大きい/小さい</u>。

　　　　近頃のネズミは<u>大きい/小さい</u>。

　　○분량이나 정도를 나타낸다.

　　　　迷惑も<u>はなはだしい</u>。(폐도 이만저만이 아니다)

　　　　<u>軽く</u>いなされた。(가볍게 돌려보냈다)

　　　　食料が<u>乏しい</u>。

　　　　日本には地下資源が<u>少ない</u>。

6) 複合形容詞

　　2개 이상의 단어로 합성된 형용사를 말하는 데, 이때 뒤에 오는 형용사는 연탁
　　현상을 일으키는 것이 보통이다.

　　○명사＋형용사

　　　　気<u>まずい</u>。(서먹서먹하다)　　　　　　心<u>ぼそい</u>。(허전하다)

　　　　力<u>づよい</u>。(마음 든든하다)

　　　　口<u>うるさい</u>/口<u>やかましい</u>。(잔소리가 많다/까다롭다)

　　　　耳<u>新しい</u>。(금시초문이다)　　　　　　肌<u>寒い</u>。(으스스 춥다)

奥深い。(뜻이 심오하다)

○동사의 연용형+형용사

住みよい。(살기 좋다)

考え深い。(생각이 깊다)

恐れ多い。(송구하다/황공하다)

○형용사의 어간+형용사

薄暗い。(어둑어둑하다)

青白い。(창백하다)

悪賢い。(교활하다)

細長い。(가늘고 길다)

○접두어가 붙은 것

たやすい。(손쉽다)

まっ白い。(새하얗다)

うら悲しい。(서글프다)

○접미어가 붙은 것

大人っぽい。(어른 같다)

油っこい。(느끼하다)

差し出がましい。(주제넘다)

丸っこい。(동그스름하다)

未練がましい。(아쉬워하다)

気難しい。(성미가 까다롭다)

むし暑い。(무덥다)

寝苦しい。(잠들기 어렵다)

甘酸っぱい。(새콤달콤하다)

古くさい。(오래 된 것 같다)

重苦しい。(답답하다)

面白可笑しい。(재미있고도 우습다)

真新しい。(아주 새롭다)

ものさびしい。(어쩐지 쓸쓸하다)

お忙しい。　お美しい。

男らしい。(남자답다)

飽きっぽい。(싫증을 잘내다)

わざとがましい。(부자연스럽다)

後ろめたい。(떳떳치 못하다)

7) 転成形容詞

○名詞에서 전성된 것

刺々しい。(심술궂고 모나다/표독스럽다)

事々しい。(허풍스럽다)

○動詞에서 전성된 것

悩ましい。(고통스럽다/괴롭다)

望ましい。(바람직하다)

○イ形容詞에서 전성된 것

荒々しい。(몹시 거칠다)

弱々しい。(허약하다)

軽々しい。(경솔하다/경망스럽다)

空々しい。(시치미 떼다)

物々しい。(장엄하다/삼엄하다)

誇らしい。(자랑스럽다)

涙ぐましい。(눈물겹다)

痛々しい。(애처롭다/딱하다)

若々しい。(생기발랄하다)

○ナ形容詞에서 전성된 것

ばかばかしい。(매우 어리석다)　　　　　まめまめしい。(바지런하다)

8) 形容詞적인 句

言うまでもない。(말할 것도 없다)　芸がない。(재주가 없다)

心にもない。(마음에도 없다)　願ってもない。(바라지도 못할 만큼 좋다)

仕方がない。(할 수 없다)　ひとたまりもない。(잠시도 버티지 못하다)

しようがない。(도리가 없다)　手がない。(방법이 없다)

とんでもない。(어처구니없다)　抜け目がない。(빈틈이 없다)

根も葉もない。(아무 근거도 없다)　くだらない。(가치 없다/쓸데없다)

申し訳ない。(변명할 여지가 없다)　つまらない。(하찮다/시시하다)

見る影もない。(볼품없다/처참하다/초라하다)

(2) ナ형용사

1) 属性形容詞 ; 사람이나 사물의 性質, 状態를 나타낸다.

勤勉だ、静かだ、にぎやかだ、元気だ、親切だ、簡単だ、高価だ、有名だ、きれいだ、便利だ、不便だ、上手だ、下手だ、すてきだ、まじめだ…

父は元気だ。　K先生は親切だ。　夕日が真っ赤だ。

日本人は勤勉だ。　この問題は簡単だ。

2) 感情形容詞 ; 話者의 主観的인 感情・感覚・評価를 나타내므로, 感情形容詞를 述語로 하는 文의 主体는 보통 1인칭이다.

いやだ、すきだ、きらいだ、退屈だ、残念だ、不思議だ、面倒だ、大変だ…

이들 感情形容詞는 一般的으로 話者自身의 感情을 이야기할 때 쓰이므로, 話者는 他人의 감정을 단정할 수 없다.

私はあの人がきらいだ。(나는 저 사람이 싫다)

*あなたは残念だ。

그러나,「好きだ」「嫌いだ」는 文의 主体가 1인칭이 아니어도 文이 成立하는 경우가 있다.

吉田は順子が好きだ。　妹は前田さんが嫌いだ。

3) 漢字語와 外来語에서 借用된 ナ形容詞

　　日本語는 본래 ナ形容詞의 語彙가 적고, 漢語에서 많이 借用되어 왔다.
　　그러나 지금 現在는 外来語가 ナ形容詞로 많이 借用되고 있다.

　　　幸福だ、必要だ、複雑だ、正確だ、重要だ、敏感だ、…
　　　カラフルだ、ユニークだ、シンプルだ、ナチュラルだ、スリムだ、…

4) 派生語의 ナ形容詞

　　接頭語가 붙어 있는 것

　　　お静かだ、お元気だ、大好だ、…

　　「漢字語+的だ」의 形態

　　　科学的だ、文化的だ、一般的だ、女性的だ、
　　　衛生的だ、積極的だ、健康的だ、男性的だ、…

❹-2. 형용사의 活用表

	イ形容詞	ナ形容詞	단정의 유무
사전형(기본형)	暑い	好きだ	○
정중형(です형)	あついです	すきです	○
부정형(ない형)	あつくない	すきではない すきじゃない	○
과거형(た형)	あつかった	すきだった	○
과거부정형 (なかった형)	あつくなかった	すきではなかった すきじゃなかった	○
접속형(て형)	あつくて	すきで	×
접속형(なる형)	あつく	すきに	×
예시형(たり형)	あつかったり	すきだったり	×
조건형(ば형)	あつければ	すきであれば	×
조건형(たら형)	あつかったら	すきだったら	×
중지형/부사형	あつく	すきで、すきに	×

❹-3. 형용사 語幹의 用法

(1) イ形容詞

1) 어간+명사 ; 名詞가 된다.
   青空(푸른 하늘)   高値(비싼 값)   近道(지름길)   赤子(적자)

2) 어간+동사의 전성명사 ; 名詞가 된다.
   遠回り(우회)   早起き(일찍 일어남)   高跳び(높이뛰기)

3) 명사+어간 ; 名詞가 된다.
   意地悪(심술궂음)   気短(성급함)

4) 어간+동사 ; 動詞가 된다.
   近寄る(다가서다)   長引く(오래 끌다)

5) 어간+접미어 ; 名詞가 된다.
   重さ(무게)   重み(무게)   寒さ(추위)
   寒け(오한)   深さ(깊이)   深み(깊이)

6) 감동사+어간 ; 형용사의 어간은 단독으로 述語가 된다.
   ああ、痛。(아 아파)
   おお、寒。(오오 춥다)
   ああ、さびし。(아 외롭다)

7) 어간+そうだ ; 형용사의 어간이 양태의 조동사 「そうだ」에 연결된다.
   おいしそうだ。(맛있는 것 같다).
   楽しそうだ。(즐거운 것 같다).
   外は寒そうだ。(밖은 추운 것 같다)

8) 어간+어간 ; 형용사의 어간이 중복되어 副詞가 된다.
   軽々(가볍게)   広々(널찍하게)   近々(근일 중에)

(2) ナ형용사

1) 語幹 단독으로 쓰인다.
いや、いや。(싫어, 싫어)
まあ、きれい。(어머나, 예뻐라)
ああ、たいへん。(아, 큰일 났다)

2) 語幹+接尾辞(さ) ; 名詞가 된다.
おだやかだ(온화하다) → おだやか<u>さ</u>(온화함)
のどかだ(한가하다) → のどか<u>さ</u>(한가함)
あざやかだ(선명하다) → あざやか<u>さ</u>(선명함)

3) 助動詞「らしい(추정)」「です(정중)」「そうだ(양태)」등에 연결된다.
丈夫らしい、 丈夫です、 丈夫そうだ(튼튼할 것 같다)
不便らしい、 不便です、 不便そうだ(불편할 것 같다)

❹-4. 形容詞를 둘러싸고 있는 諸問題

(1) イ形容詞로도 ナ形容詞로도 活用하는 것

あたたかい、あたたかだ。(따뜻하다)
やわらかい、やわらかだ。(부드럽다)
こまかい、こまかだ。(잘다, 자세하다)
きいろい、きいろだ。(노랗다)
まっしろい、まっしろだ。(새하얗다)
まんまるい、まんまるだ。(둥그렇다)
四角い、四角だ。(네모지다, 고지식하다)
まっくろい、まっくろだ。(새까맣다)
手軽い、手軽だ。(손쉽다, 간단하다)

(2) ナ形容詞와 「名詞+だ」의 区別方法

1) 연체형이 가능하면 ナ形容詞이고, 불가능하면 「名詞+だ」이다.
    彼は<u>日本人だ</u>。→*日本人な方。日本人の方。
    花子は<u>先生だ</u>。→*先生な方。先生の方。
    場所は<u>安全だ</u>。→<u>安全な</u>場所。
    用法が<u>一般的だ</u>。→<u>一般的な</u>用法。

2) 副詞로 修飾이 가능하면 ナ形容詞이고, 불가능하면 「名詞+だ」이다.
    *<u>とても</u> 日本人だ。 <u>とても</u> 安全だ。

3) 格助詞를 취할 수 있으면 「名詞+だ」이고, 그렇지 못하면 ナ形容詞이다.
    「山だ」와 「静かだ」을 비교해 볼 때, 「山だ」는 格助詞 「が, を, に」등을 자
    유롭게 취할 수 있으나, 「静かだ」는 格助詞를 취할 수 없다.
    山<u>が</u>見える。 山<u>を</u>見る。 山<u>に</u>登る。
    *静か<u>が</u>〜   *静か<u>を</u>

(3) イ形容詞, ナ形容詞, 名詞의 境界가 曖昧한 것

1) 명사를 수식할 때, [−な, −の]의 両形을 취하는 것.
    いろいろ<u>な</u>話   いろいろ<u>の</u>話
    特別<u>な</u>関係   特別<u>の</u>関係
    わずか<u>な</u>希望   わずか<u>の</u>希望
    別<u>な</u>方法   別<u>の</u>方法

2) 명사를 수식할 때, [−い, −な]의 両形을 취하는 것.
    大き<u>い</u>問題   大き<u>な</u>問題
    小さ<u>い</u>物   小さ<u>な</u>物
    おかし<u>い</u>話   おかし<u>な</u>話

3) 「同じ」는 助詞 「が」「は」를 수반해서 主語가 되지 못하므로 名詞가 아니
    며, 「同じくない, 同じい本」이라고도 하지 않으므로 형용사도 아니다.

「-ので, -のに」에 접속할 때만, 「な」가 나타나는 特殊한 ナ形容詞이다.
同じなので (같으므로)　　同じなのに (같은데도)

(4) 연용수식과 연체수식

1) イ形容詞+イ形容詞+名詞의 경우
　　연용수식은 「-くて」의 形態를, 연체수식은 「-い」의 形態를 취한다.
　　　安くて美味しい店。 (싸고 맛있는 가게)
　　　明るくてやさしい少年。 (온순하고 밝은 소년)
　　　近くて広い公園。 (가깝고 넓은 공원)
　　　軽くて小さいデジカメ。 (작고 가벼운 디지털카메라)

2) ナ形容詞+ナ形容詞+名詞의 경우
　　연용수식은 「-で」의 形態를, 연체수식은 「-な」의 形態를 취한다.
　　　きれいですてきなお店。 (깨끗하고 멋진 가게)
　　　親切でまじめな先生。 (친절하고 성실한 선생님)
　　　静かで便利な公園。 (조용하고 편리한 공원)
　　　簡単で便利なデジカメ。 (간단하고 편리한 디지털카메라)

3) ナ形容詞+イ形容詞가 쓰일 경우 ; ナ形容詞가 「で」의 形態를 취한다.
　　　元気で明るい少年。 (건강하고 밝은 소년)
　　イ形容詞+ナ形容詞가 쓰일 경우 ; 形容詞가 「くて」의 形態를 취한다.
　　　新しくてきれいな自動車。 (새롭고 예쁜 자동차)

(5) 「AはBがイ形容詞」의 문형과 의미

1) 「Aには」의 의미로 쓰일 경우
　　　私は金がない。 (내게는 돈이 없다)
　　　日本は砂漠がない。 (일본에는 사막이 없다)

2) 「AのBは」의 의미로 쓰일 경우
　　　私は髪が黒い。 (내 머리는 검다)

彼は手が冷たい。(그의 손은 차갑다)
彼女は背が高い。(그녀의 키는 크다)

3)「Bが」가 対象格의 의미로 쓰일 경우
私は母が恋しい。(나는 어머니가 그립다)
僕は靴がほしい。(나는 구두가 필요하다)

4) 対象, 部位에 있어서의 感覚의 의미로 쓰일 경우
私は歯が痛い。(나는 이가 아프다)
友人は胸が苦しいと言っている。(친구는 가슴이 답답하다고 한다)

5)「Bがイ形容詞」부분이 관용구의 의미로 쓰일 경우
彼女は鼻が高い。(그녀는 자부심이 강하다)
彼は口がうるさい。(그는 말이 많다)

(6) 特別活用을 하는 ナ形容詞

1)「こんなだ, そんなだ, あんなだ, どんなだ」의 活用
이들은 연체형이 없고, 체언에 연결될 때에만, 語幹을 사용한다.
こんな時、なぜ来たの。(이럴 때 왜 왔니)
そんな話があるものか。(그런 말이 있겠는가)

2)「同じだ」의 活用
체언에 연결될 때는 어간이 사용되지만, 助詞「の, のに, ので」에 연결될 때에
는 活用語尾「だ」가「な」로 바뀐다.
二人は同じ日に生まれた。(두 사람은 같은 날에 태어났다)
身長が同じなのに、体重は重い。(키가 같은데 체중은 무겁다)
ぼくも同じなのがほしい。(저도 같은 것이 필요하다)
クラスが同じなので、仲がよい。(반이 같아서 사이가 좋다)

5. 副詞

부사는 述語를 修飾하는 것을 원칙으로 하며, 文의 意味를 자세히 설명해 준다. 또, 부사가 「~だ」의 형태로 述語가 되는 경우와 「~の」의 형태로 명사를 수식하는 경우는 명사와 같이 기능하는 것도 있다.

> もう<u>少し</u>だ。　<u>しばらく</u>ですね。　かなり<u>ゆっくり</u>だなあ。
> <u>かねて</u>の計画。　<u>せっかく</u>の日曜日。　<u>かなり</u>の長時間。
> <u>かなり</u>の損害。　<u>すべて</u>の社員。　<u>もしも</u>の話。

❺-1. 状態副詞

정태부사는 동작성의 속성개념을 수식하는데, 주로 동사를 수식하며 動作·作用·事態의 推移를 나타낸다.

(1) 助詞를 수반하는 것

1) 「~に」를 수반 ; 観念的으로 말할 때 使用한다.
   ついに、まれに、ないないに、ひさびさに、いやに、ばかに、わりあいに、さすがに、とくに
   > <u>ついに</u>完成した。<u>まれに</u>見る天才だ。
   > <u>ないないに</u>打診する。(은밀히 타진하다)
   > <u>ひさびさに</u>映画を見る。(오랜만에 영화를 보다)
   すぐに, さすがに 等은 「~に」를 수반하지 않아도 좋다.
   > <u>すぐ</u>(に)行く。　　<u>さすが</u>(に)天才だ。

2) 「~と」를 수반 ; 외모적으로 말할 때 사용한다.
   さっと、おのずと、きちんと、からりと、すらりと、ゆうぜんと、たんたんと、ふと、ばくぜんと、どうどうと、ゆっくりと、ひらひらと、のんびりと、はっきりと
   > <u>ゆうぜんと</u>構える。(유연한 태도를 취하다)

たんたんと語る。どうどうと盗む。

ゆっくり(と), ひらひら(と), のんびり(と), はっきり(と)等은 ~と를 수반하지 않아도 좋다.

ゆっくり歩く。はっきり言う。

3) 「~に」도 「~と」도 수반하지 않는 것

すたこら、いちいち、ちかぢか、どんどん、…

すたこら挑げ出す。 (후닥닥 도망치다)

ちかぢか結婚する。 (곧 결혼한다)

(2) 畳語形인 것

おそるおそる、かねがね、思い思いに、赤赤と、生き生きと、着着と、めいめいに

おそるおそる前に出る。 (두려워하면서 앞으로 나오다)

思い思いに自分の道を進む。 (제각기 자기의 길을 나아가다)

(3) 擬声語, 擬態語

1) 擬態語 ; 사람이나 동물, 사물의 樣態를 묘사한 것이다.

そよそよ、どしどし、にっこり、すやすや、よろよろ、のそのそ、じろじろ、きらきら、くるくる、のろのろ、ぱらぱら、ざあざあ、しとしと、ぽつりぽつり

風がそよそよ(と)吹く。 (바람이 살랑살랑 불다)

雨がしとしと(と)降る。 (비가 부슬부슬 내리다)

目がくるくるまわる。 (눈이 뱅글뱅글 돌다)

牛がのろのろと歩く。 (소가 느릿느릿 걷다)

2) 擬声語 ; 동작을 행하는 과정에서 일어나는 소리, 즉 音声을 文字로 표현한 것으로, 보통 カタカナ로 表記한다.

ワンワン、モー、トントン、ヒヒーン、バタバタ、コケコッコー、ジャンジャン

犬がワンワンとほえる。 (개가 멍멍 짖다)

戸を<u>トントン</u>たたく。(문을 탕탕 두드리다)

鳥が<u>バタバタ</u>と音を立てる。(새가 푸드득 푸드득 소리를 내다)

鍾が<u>ジャンジャン</u>なる。(종이 땡땡 울리다)

○의성어나 의태어는 단어구조를 반복하거나, 2가지 요소에서 생긴 것이 많다.

　がーがー、ぬるぬる、ゆらゆら、めきめき、もりもり、

　からころちらほら、のらりくらり、しっとり、どっきり、ぼんやり

(4) 시간이나 수량을 나타내는 것

いつも、かつて、あらかじめ、しばらく、すぐ、すっかり、まるまる

　　<u>いつも</u>勉強する。<u>あらかじめ</u>言っておく。(미리 말해 둔다)

　　<u>すっかり</u>飲む。(죄다 마신다)

(5) 意志를 나타내는 것

わざと、ことさら(に)、あえて、わざわざ、せっかく

　　<u>わざと</u>負けてやった。(일부러 져 주었다)

　　<u>ことさら</u>知らぬ顔をする。(짐짓 모른 체하다)

(6) 無意志를 나타내는 것

うっかり、思わず

　　<u>うっかり</u>約束を忘れた。(깜박 약속을 잊어버렸다)

　　<u>思わず</u>笑ってしまった。(무심코 웃어 버렸다)

(7) 動詞나 形容詞에서 파생된 부사

1) 동사에서 파생된 것 ; とんで、いそいで、いさんで、よろこんで

　　どんな事でも<u>よろこんで</u>お引き受け致します。

　　(어떤 일이라도 기꺼이 감당하겠습니다)

2) イ形容詞에서 파생된 것 ; はやく、うつくしく、さびしく、元気よく

　　彼女は<u>元気よく</u>答えた。(그녀는 힘있게 대답했다)

3) ナ形容詞에서 파생된 것 ; きれいに、りっぱに、まっすぐに、いっしょに

もっと<u>きれいに</u>踊りなさい。(좀 더 예쁘게 춤추세요)

❺-2. 程度副詞

정도부사는 일반적으로 狀態述語에 붙어서 대상이 되는 사물의 정도나 양적개념을 수식하는데, 用言이나 副詞에 걸려 動作이나 狀態의 정도를 나타낸다.

(1) 狀態의 정도를 나타내는 경우
かなり、わりあい、すこし、とても、かなり、よく
　　田中さんの部屋は<u>かなり/わりあい/すこし</u>ひろい。
　　ここは<u>とても</u>静かだ。　彼女は<u>かなり</u>うるさい。
　　あそこからは<u>よく</u>見える。(저기서부터는 잘 보인다)
　　彼は数学が<u>よく</u>できる。(그는 수학을 잘한다)
　　母親は日本語が<u>よく</u>分かる。(어머니는 일본어를 잘 안다)

(2) 狀態가 비교되는 정도
はるかに、もっと、いっそう、ずっと、断然、一番、最も、一層、比較的
　　田中さんの部屋は(吉田さんの部屋のひろさより)<u>はるかに/もっと/いっそう</u>ひろい。
　　今日は昨日より<u>ずっと</u>疲れた。(오늘은 어제보다 훨씬 지쳤다)
　　今は一年でも<u>っとも</u>忙しい時期だ。(지금은 1년중 가장 바쁜 시기다)
　　この靴は前のものより<u>比較的</u>軽い。(이 구두는 전에 것보다 비교적 가볍다)

(3) 述語의 否定形과 함께 쓰이는 경우
あまり、さほど、たいして、ぜんぜん、まったく、さっぱり、少しも、ちっとも
　　<u>さほど</u>問題ない。(별로 문제는 없다)
　　試験は<u>あまり</u>難しくなかった。(시험은 그다지 어렵지 않았다)
　　<u>さっぱり</u>分からない。(전혀 모른다)
　　<u>たいして</u>苦しくはない。(그다지 괴롭지는 않다)

(4) 동작/현상의 量的, 時間的, 心理的 정도
たっぷり、たくさん、いっぱい、だいぶ、ずいぶん、ちょっと、じゅうぶ

ん、どっさり、とても、かなり、すごく

> パンにジャムを<u>たっぷり</u>ぬる。(빵에 잼을 듬뿍 바르다)
> みかんを<u>たくさん</u>食べた。(귤을 많이 먹었다)
> <u>どっさり</u>お土産をもらった。(잔뜩 선물을 받았다)
> <u>とても</u>疲れた。　<u>かなり</u>働いた。　<u>ずいぶん</u>頑張った。
> <u>すごく</u>張り切っている。(매우 기운이 넘쳐있다)

(5) 全体中에 大部分을 나타내는 경우

だいたい、おおよそ、ほぼ、あらかた、ほとんど

> 仕事は<u>だいたい</u>終わった。(일은 대강 끝났다)
> 宿題のことを<u>ほとんど</u>忘れていた。(숙제를 거의 잊고 있었다)

(6) 방향, 시간, 간격, 数 등의 정도

わずか、やや、だいぶ、かなり、すこし

> <u>わずか</u>の時間。　<u>やや</u>北。　<u>だいぶ</u>以前。
> <u>かなり</u>の額。　<u>少し</u>左。

❺-3. 陳述副詞

진술부사는 述語의 특별한 陳述방식을 수식하기 때문에, 文의 끝부분과 호응한다.

(1) 否定을 진술하는 것

1) 頻度가 거의 없을 때

ぜんぜん、さっぱり、ちっとも、めったに、あまり、とうてい

> 順子は<u>ぜんぜん/さっぱり/ちっとも</u>学校へ行か<u>ない</u>。
> こんな機会は<u>めったに</u>ない。(이런 기회는 좀처럼 없다)
> 東大はお前には<u>とうてい</u>無理だよ。(동경대는 너에게는 도저히 무리요)

2) 拒否나 禁止를 진술할 때

断じて、絶対に、けっして、あながち、いちがいに

> 順子は<u>断じて/絶対に/けっして</u>学校へ行か<u>ない</u>。

子供の非行は<u>一概に</u>親のせいにはでき<u>ない</u>。
(아이의 비행은 몰아 부모의 탓으로 할 수 없다)
<u>あながち</u>そうとは限ら<u>ない</u>。(반드시 그렇고는 할 수 없다)
<u>断じて</u>/<u>絶対に</u>/<u>けっして</u>ゆるす<u>な</u>。(절대로 용서하지 말거라)

(2) 推量이나 推定을 진술하는 것

1) 推量을 진술 ; 「だろう/でしょう」와 호응
<u>さぞ</u>行きたい<u>だろう</u>/<u>でしょう</u>。(필시 가고 싶을 것이다)
<u>きっと</u>/<u>かならず</u>/<u>絶対に</u>明日は雨が降る<u>だろう</u>/<u>でしょう</u>。
<u>たぶん</u>/<u>おおかた</u>/<u>おそらく</u>明日は雨が降る<u>だろう</u>/<u>でしょう</u>。

2) 推定을 진술 ; 「らしい/そうだ(様態)」와 호응
<u>どうやら</u>明日は雨が降り<u>そうだ</u>。(아무래도 내일은 비가 올 것 같다)
<u>どうも</u>明日は雨が降る<u>らしい</u>。

3) 仮定推量을 진술 ; 「かもしれない」와 호응
<u>あるいは</u>/<u>もしかしたら</u>/<u>ひょっとしたら</u>明日は雨が降る<u>かもしれない</u>。
<u>もしかすると</u>/<u>ひょっとすると</u>彼女が明日来る<u>かもしれない</u>。

(3) 願望이나 依頼를 진술하는 것

1) 의뢰나 권유를 진술 ; 「ください、ちょうだい、なさい」와 호응
<u>どうか</u>おすわり<u>ください</u>。(부디 앉아 주십시오)
<u>どうぞ</u>食べて<u>ちょうだい</u>。(제발 드십시오)
<u>なにとぞ</u>お許し<u>ください</u>。(제발 용서해주세요)
<u>なるべく</u>本を読むようにし<u>なさい</u>。(가능한 한 책을 읽도록 하세요)

2) 희망이나 당위를 진술 ; 「たい、ほしい、ねばならない」와 호응
<u>ぜひ</u>日本語を教えて<u>ほしい</u>。(꼭 일본어를 가르쳐 주었으면 한다)
<u>せめて</u>彼女の声だけでも聞き<u>たい</u>。
(하다못해 그녀의 목소리만이라도 듣고 싶다)

優勝するにはぜひとも今日勝たねばならない。

(우승하기 위해서는 반드시 오늘 이기지 않으면 안된다)

(4) 比喩나 様態를 진술하는 것

「ようだ、らしい、そうだ」와 호응

まるで夢のようだ。(마치 꿈과 같다)

日ざしがあたかも春のようだ。(햇살이 마냥 봄과 같다)

ちょうど絵のようだ。(마치 그림과 같다)

彼女はさも悲しそうに話した。(그녀는 정말 슬픈 듯이 얘기했다)

彼の態度はいかにも男らしかった。(그의 태도는 과연 남자다웠다)

(5) 仮定이나 条件을 진술하는 것

「ば、たら、なら、としても、でも」와 호응

たとえ大地震が来たとしても。(설령 대지진이 일어난다 하더라도)

かりに戦争が起きたとしても。(가령 전쟁이 일어났다고 하더래도)

もし雨なら運動会は中止だ。(만약 비라면 운동회는 중지다)

いくら子供でも悪いことは知っている。

(아무리 아이라도 나쁜 것은 알고 있다)

もしか雨が降ったら洗濯物を取り込んでね。

(만약 비가 오면 빨래를 거둬들여줘)

家内にもしものことがあったらどうしよう。

(아내에게 무슨 일이 일어나면 어떻게 하지)

(6) 否定의 推測을 진술하는 것

「ないだろう/でしょう、まい」와 호응

まさか君は言うまい。(설마 자네는 말하지 않을 것이다)

まさか今日は雪が降らないだろう。(설마 오늘은 눈이 내리지 않겠지)

こんな大きな石は、とても一人では運べないだろう。

(이렇게 큰돌은 도저히 혼자서는 운반할 수 없을 것이다)

よもや例の約束を忘れちゃいないだろうね。

(설마 약속을 잊어버리고 있지는 않겠지요)

(7) 疑問, 反語, 감탄의식을 진술하는 것

「のか, のだ, のだろうか」와 호응

　　なぜ彼女は来ない<u>のか</u>。 (왜 그녀는 오지 않는 걸까)

　　どうしてこんな事故が起こった<u>のだ</u>? (어째서 이러한 사고가 일어났단 말인가)

　　彼の証言は<u>はたして</u>信憑性がある<u>のだろうか</u>。

　　(그의 증언은 과연 신빙성이 있을까)

(8) 強調를 진술하는 것

　　<u>さすがに</u>炎天下のマラソンはこたえたよ。

　　(정말이지 염천하의 마라톤은 힘들었어요)

　　私たちも<u>やはり</u>反対だ。 (우리들도 역시 반대다)

(9) 断定이나 강한 意志를 진술하는 것

「はずだ, にちがいない」 등과 호응

　　<u>もちろん</u>だれにも言わない。 (물론 누구에게도 말하지 않는다)

　　彼は<u>必ず</u>成功する<u>はずだ</u>。 (그는 반드시 성공할거다)

　　彼女は<u>きっと</u>来る<u>にちがいない</u>。 (그녀는 꼭 옴에 틀림없다)

　　彼は<u>絶対に</u>友人を裏切るような男<u>じゃない</u>。

　　(그는 절대로 친구를 배신하는 남자가 아니다)

(10) 評価를 진술하는 것

あいにく, さいわい(に), ふしぎにも, ありがたくも, おどろいたことに,
しつれいにも, しんせつにも, おせっかいにも

　　<u>あいにく</u>父は留守をしております。 (공교롭게도 아버지는 부재중입니다)

　　<u>親切にも</u>彼は娘を家まで送ってくれた。

　　(친절하게도 그는 딸을 집까지 데려다주었다)

　　車に跳ねられたが, <u>さいわい</u>怪我はなかった。

　　(차에 치였지만 다행히 부상은 없었다)

(11) 배타적 限定을 진술하는 것

ただ, 単に, もっぱら, ひとえに

今回の事故の責任はひとえに私にある。
(이번 사고의 책임은 전적으로 내게 있다)
彼はもっぱら研究に打ち込んでいる。(그는 오로지 연구에 몰두하고 있다)
彼女とはただの友達です。(그녀와는 단지 친구입니다)

(12) 選択指定을 진술하는 것

まさに、まさしく、ほかでもなく

彼女の実力はまさしく評判通りだ。(그녀의 실력은 확실히 평판대로다)
これこそまさに長い間求めていたものだ。
(이것이야말로 정말 오랫동안 찾고 있었던 것이다)
彼の話はほかでもなくお金のことだ。(그의 이야기는 다름이 아니라 돈이다)

(13) 特立을 진술하는 것

とくに、ことに、とりわけ、なかんずく、なかでも

なかんずくこれが一番美しい。(그중에서도 이것이 가장 아름답다)
とくに申し上げることはありません。(특별히 말씀드릴것은 없습니다)
私は冬が好きだが、とりわけ12月が好きだ。
(나는 겨울을 좋아하지만, 특히 12월을 좋아한다)
今年の夏はことに暑さがきびしい。(올 여름은 특히 더위가 심하다)
私は兄弟のなかでも一番背が低い。(나는 형제중에서도 가장 키가 작다)

(14) 比較選択을 진술하는 것

むしろ、どちらかといえば、いっそ

休みの日はむしろ家でゆっくりしたい。(휴일은 오히려 집에서 쉬고 싶다)
治療で苦しむのならいっそ楽になりたい。
(치료로 고생하느니 차라리 죽고 싶다)
どちらかといえば田舎に住みたい。(어느쪽이냐하면 시골에 살고 싶다)

(15) 어림이나 견적을 진술하는 것

すくなくとも、せいぜい、たかだか、たかが

平社員の給料じゃたかが知れてるよ。(평사원의 봉급으로는 기껏해야 뻔하죠)
毎日少なくとも三千歩は歩いたほうがいい。
(매일 적어도 3000보는 걷는게 좋다)

もうけは<u>せいぜい</u>5百円ぐらいだよ。(이익은 고작 500엔 정도예요)

❺-4. 時制(Tense)와 局面(Aspect)을 나타내는 副詞

(1) 시제(tense)의 副詞 ; 발화당시의 事態의 位置를 말한다.
かつて、いずれ、いまに、もうすぐ、これから、さきほど、のちほど
　　　彼は<u>かつて</u>強打者だった。(그는 예전에 강타자였다)
　　　<u>いずれ</u>また来ます。(언젠가 또 오겠습니다)
　　　<u>のちほど</u>うかがいます。(잠시후 방문하겠습니다)

(2) 국면(aspect)의 副詞 ; 事態의 發生, 展開에 관한 사항을 나타낸다.
すでに、まだ、しだいに、ますます、ついに、ようやく、やがて、
まもなく、しばらく、あらかじめ
　　　<u>まもなく</u>出発します。(바로 출발합니다)
　　　<u>ずっと</u>雨が降っている。(계속 비가 내리고 있다)
　　　<u>あらかじめ</u>言っておく。(미리 말해둔다)
국면(aspect)의 副詞중에는, 事態가 일어나는 頻度를 나타내는 것도 있다.
いつも、きまって、つねに、たえず、しばしば、たびたび、しきりに、
ときどき、たまに
　　　<u>いつも</u>そう言っています。(언제나 그렇게 말합니다)
　　　<u>ときどき</u>調べている。(때때로 조사하고 있다)
　　　<u>つねに</u>勉強している。(늘 공부하고 있다)

❺-5. 複合副詞

2개 이상의 語의 결합에 의한 一語의 부사를 말한다.

(1) 自立語+自立語
運悪く、折あしく、予想どおり
　　　出かけようとしたところへ<u>折あしく</u>客が来た。
　　　(나가려고 하는데 공교롭게도 손님이 왔다)

甥は<u>予想通り</u>ソウル大学に合格した。(조카는 예상대로 서울대학에 합격했다)

(2) 自立語+接尾辞

ついでながら、少しずつ、残念ながら、散歩がてら、我ながら

<u>我ながら</u>よくやったと思う。(나 스스로도 잘 했다고 생각한다)

<u>散歩がてら</u>花見をした。(산책을 겸하여 꽃구경을 했다)

(3) 畳語형식

知らず知らず、泣く泣く、思い思いに、返す返す、恐る恐る

<u>かえすがえす</u>思うに、あの時彼は身の潔白を主張しておくべきだった。

(아무리 생각해도 그때 그는 결백을 주장했어야 했다)

彼は<u>なくなく</u>愛蔵品を手放した。(그는 어쩔 수 없이 애장품을 처분했다)

叱れると思って、<u>恐る恐る</u>前に出た。

(꾸중을 들을 줄 알고 두려워하면서 앞으로 나왔다)

(4) 自立語+助詞

少なくとも、必ずしも、惜しくも、思うに、うかつにも、皮肉にも、

いくらかは、基本的には、あくまでも、さいわいにも、考えるに

<u>迂闊にも</u>口を滑らしてしまった。(경솔하게도 실언해버렸다)

<u>皮肉にも</u>自ら定めた法に裁かれた。(얄궂게도 손수정한 법에 재판 받았다)

(5) 「の」의 결합

念のため、結局のところ、案の定、実のところ、およそのところ

危ないと思ったら、<u>案の定</u>だ。(위험하다고 생각했더니 예측대로다)

どこかで見た顔だと思ったので、<u>念のために</u>名前を聞いてみた。

(어디서 본 얼굴이라고 생각해서, 행여나 하여 이름을 물어보았다)

(6) 慣用句

遅かれ早かれ、とにもかくにも、ためつすがめつ、いやでも応でも

<u>とにもかくにも</u>健康が第一だ。(하여간 건강이 제일이다)

彼女はその子犬を<u>ためつすがめつ</u>見てから買った。

(그녀는 그 강아지를 꼼꼼히 살펴본 다음 샀다)

<u>いやでもおうでも</u>行かねばならない。(싫든 좋든 간에 가야한다)

(7) 句형식을 취하는 接続語
早い話が、もとを正せば、正直言って、ことによると、実を言うと、
もしかすると、言ってみれば

  <u>もとを正せば</u>、彼は貴族の出身だ。(근원을 밝힌다면 그는 귀족출신이다)
  <u>早い話が</u>、それはこうだ。(요컨대 그것은 이렇다)
  <u>ことによると</u>、家にないかも知れない。(어쩌면 집에 없을는지도 모른다)

(8) 句형식을 취하는 連用語
言うまでもなく、悪しからず、嬉しいことに、少なからず、妙なことに、
驚いたことに、ありがたいことに、疑いもなく、知らぬまに

  出席できませんから、<u>悪しからず</u>。(출석 못 하오니 양해해 주십시오)
  同じ例が<u>少なからず</u>発見された。(같은 예가 적지 않게 발견되었다)

6. 接続詞

❻-1. 接続詞의 역할

접속사는 単語와 単語, 文節과 文節, 文과 文을 연결하는 語이다.

(1) 単語와 単語를 接続

日本語<u>および</u>フランス語を勉強する。
<ruby>京都<rt>きょうと</rt></ruby><u>および</u><ruby>奈良<rt>なら</rt></ruby>は、日本の旧都である。
電話<u>または</u>FAXを送る。タクシー<u>もしくは</u>バスが便利だ。

(2) 文節과 文節을 接続

金さんは英語もできるし、<u>また</u>中国語もできる。
花もさき、<u>それに</u>鳥もなく。日は暮れて、<u>しかも</u>雨まで降ってきた。
薬はぬるい湯<u>あるいは</u>冷たい水で飲みなさい。
(약은 미지근한 물 또는 차가운 물로 마시세요)

(3) 文과 文을 接続

約束の時間になった。<u>しかし</u>、彼は来なかった。
金はある。<u>けれども</u>、ひまがない。
この本はむずかしい。<u>だが</u>、おもしろい本だ。
風がぴたりとやんだ。<u>すると</u>、雨が降ってきた。
(바람이 딱 멈추었다. 그러자 비가 내렸다)

❻-2. 接続詞의 分類

(1) 形態的으로 볼 때

1) 接続助詞에서 유래된 것 ; 앞의 文의 省略形으로 생각된다.
「が、けれど(も)、ところが、ところで、だから、なのに、すると、一方、反面」

ドアの前に立った。<u>すると</u>、ひとりでに開いた。

(문앞에 섰다. 그러자 저절로 열렸다)

私はあんなに引きとめた。<u>なのに</u>、あなたは行ってしまった。

(나는 그렇게 말렸다. 그런데도 당신은 가버렸다)

2) 指示詞에서 유래된 것 ;「そ」의 部分에서 앞의 文을 받고 있다.

「それで、それでは、それに、それから、それとも、そこで、そのため、
そして」

天気はいいし、<u>それに</u>休日だ。(날씨가 좋고, 거기다 휴일이다)

このまま進むか、<u>それとも</u>ひくか。

(이대로 진행할까, 그렇지 않으면 그만둘까)

3) 動詞에서 유래된 것

「したがって、つまり、つづいて、おって、あわせて、および」

私に過失はない。<u>したがって</u>、賠償するつもりはない。

(내게 과실은 없다. 따라서 배상할 생각은 없다)

彼女の言いたいことは、<u>つまり</u>こうなんですよ。

(그녀가 말하고 싶은 것은 결국 이렇습니다)

4) 名詞+助詞에서 유래된 것

「おまけに、ゆえに、ちなみに」

風が強い。<u>おまけに</u>雨まで降り出した。

(바람이 강하다. 게다가 비까지 내리기 시작했다)

彼は医師です。<u>ちなみに</u>彼の弟さんもやはり医師です。

(그는 의사입니다. 아울러 그의 동생도 역시 의사입니다)

5) 副詞에서 유래된 것

「また、かつ、さらに、なお、ただし、または、あるいは、もしくは、
しかも、さて、すなわち」

この村から<u>さらに</u>３キロほど行くと温泉がある。

(이마을에서 다시 3Km정도가면 온천이 있다)

漢字はとなりの国、<u>すなわち</u>中国から伝えられたものです。

(한자는 이웃나라, 즉 중국에서 전해진 것입니다)

6) 句的인 성분을 가지는 것

「なんとなれば、なぜかっていうと、なぜなら(ば)、はなしかわって、
それはそうとして、言い換えれば、言ってみれば」

  引っ越しは反対だ。なぜなら、ここよりよい所は絶対ないからだ。
  (이사는 반대다. 왜냐하면 여기보다 좋은 곳은 절대로 없기 때문이다)
  それはそうとして、奥さんの具合いはどうですか。
  (그건 그렇고, 부인의 상태는 어떻습니까)

(2) 意味的으로 볼 때

1) 並列을 나타낼 경우

「および、ならびに、かつ、また」

  国語、英語および数学は必修科目だ。
  優勝者には賞状ならびに賞金が授与される。
  行く先は遠いし、かつ時間もない。(갈길은 멀고 더구나 시간도 없다)
  父は医者であり、また小説家でもある。
  (아버지는 의사이고 또 소설가이기도 하다)

  「および、ならびに」는 명사의 병렬이나 첨가에만 사용되는 사무적인 딱딱
한 표현이다.「かつ」는 주로 사물이나 사람의 성질이나 양태를 동시에 성립시
키는 것으로서 병렬적으로 말할 때 사용된다.「また」는 하나의 사항에 관한
다른 정보를 부과해서 말할 때 사용된다.

2) 添加를 나타낼 경우

「そして、それに、それから、しかも、そのうえ、さらに、おまけに、あ
わせて、ちなみに、そればかりか、そればかりでなく、のみならず、それ
どころか」

  天気もいいし、そのうえ風も涼しい。
  (날씨도 좋고 거기다 바람도 시원하다)
  君はふまじめで、しかもなまけ者だ。
  (자네는 불성실하고 게다가 게으름뱅이다)
  彼はハンサムで頭もよく、おまけに大金持ちだ。
  (그는 미남이고 머리도 좋고, 게다가 큰부자다)

彼女は美人だ。そして/それから/それにおしゃれだ。

牛肉と野菜を買ってきてください。それから(?そして/?それに)ビールもよろしく。

私は彼女と映画を見た。それから/そして(?それに)食事に行った。

少しはやせた? それどころか、2キロ太ったよ。

「そして、それに、それから」는 사물이나 사항을 附加的으로 나열할 때 사용된다. 그런데, 회화체에서 잊은 것을 뒤에 덧붙일 경우에는 「それから」가 가장 자연스럽다. 또, 順次的인 행동을 나타낼 때는 「そして、それから」가 자연스럽다. 「しかも、そのうえ、さらに、おまけに」는 「~만이 아니라 ~도」라는 강조적인 감정을 포함해 첨가할 경우에 사용된다.

3) 選択을 나타낼 경우

「それとも、または、もしくは、あるいは、ないしは」

　バスもしくは地下鉄が便利だ。

　質問にはイエスあるいはノーで答えよ。

　テレビまたは新聞紙上でお知らせします。

　バターないしはサラダ油で牛肉を炒めてください。

　(버터 또는 샐러드유로 소고기를 볶아주세요)

　コーヒーにしますか、それとも紅茶にしますか。

　(커피로 할까요 아니면 홍차로 할까요)

「それとも」는 선택의문문에서 어느 쪽인가를 선택할 때 사용된다. 「もしくは、あるいは、ないしは」는 「または」와 거의 같은 의미로 딱딱한 표현이다. 그런데, 「あるいは」는 가능성을 나타내는 표현과 함께 사용되어 「もしかすると」에 가까운 의미를 나타낼 수도 있다.

4) 順接을 나타낼 경우

①原因/理由와 帰結을 나타낸다.

「だから、そこで、それで、したがって、で、ゆえに、ですから、
それゆえ(に)、そのため(に)、その結果」

　体調が悪いんです。だから(*それで/*そのために)早退させてください。

　昨日はひどく疲れた。そこで、早く寝た。

君は努力家だ。<u>したがって</u>、成績も優秀だ。

韓国はアメリカを破った。<u>その結果</u>、3勝1敗となった。

「だから」는 後件에 사실은 물론, 判断 命令 依頼 意志 등 여러 가지 표현이 가능하지만, 「それで、そのため(に)」는 後件에 사실만을 표현할 수 있다. 「そこで」는 後件에 화자가 이미 행한 의지적 행위를 나타내는 표현에 한정되어 사용된다. 「その結果」는 前件에 원인, 後件에 귀결되는 사실을 말할 경우에 사용된다. 「したがって、ゆえに」는 논리적인 설명에 사용되는 접속사로, 화자의 판단을 말하는 것이 보통이다. 또한, 前件과 後件의 관계를 「したがって」는 客観的으로 나타내지만, 「だから」는 話者의 생각에 의해 관련짓는다. 그리고 「だから」와 「それで」는 会話의 경우, 상대의 발언을 받아서 사용할 수도 있다.

○상대방에게 이유를 듣고 납득한 경우

　　A; 順子さんは五歳の時からピアノを習っているそうですよ。

　　B; なるほど。<u>だから/それで</u>、音感がいいのか。

○상대방에게 発言의 계속을 재촉하는 경우

　　部下; 今日は結婚記念日なんです。

　　<u>上司</u>; <u>だから/それで</u>。

　　部下; 早く帰らせてもらえないでしょうか。(빨리 돌아갈 수 없을까요)

○자기주장을 재차 강조할 경우

　　子; お小遣い足りないんだ。あと3,000円ちょうだい。

　　母; <u>だから</u>、今日はお金ないの。昨日も言ったでしょ。

②条件과 帰結을 나타낸다.

「すると、それなら、だったら、それでは(それじゃ/では/じゃ)」

　　ふと横を見た。<u>すると</u>、彼が立っていた。

　　窓を開けた。<u>すると</u>、遠くに雪山が見えた。

　　お金を入れた。<u>すると</u>、中から切符が出て来た。

　　よく分かった。<u>それなら</u>、君のいうとおりにしよう。

　　(잘 알았다. 그렇다면 네 말대로 하자)

　　A; 週末、遊びに行かない?

　　B; 本当。<u>それなら/それじゃ</u>準備しておこう。

「すると」는 전건이 계기가 되어 후건이 일어나거나, 후건을 발견한다는 관계를 나타낸다. 「それでは(それじゃ/では/じゃ)」「それなら」는 전건을 전제로 추론한 귀결을 후건에서 말하는 접속사로, 주로 会話속에서 상대방의 발언을 받을 경우에 사용된다. 또한, 회화체에서 「それなら」는 「そんなら」「だったら」로, 「それでは」는 「それじゃ/では/じゃ」가 되기도 한다.

5) 逆接을 나타낼 경우
앞의 内容과 反対되는 内容을 이야기할 때 사용된다.
「それでも、しかし、だが、が、ところが、けれども、しかしながら、だけど、それなのに、にもかかわらず、それが、とはいえ、とはいうものの」

　　　　風はやんだ。それでも、外はまだ寒い。
　　　　みんなでがんばった。しかし、試合には負けた。
　　　　彼はよく勉強する。だが、成績はよくない。
　　　　新聞は軽く扱っていたようだね。ところが、これは大事件なんだ。
　　　　この本は難しい。けれど、おもしろい本だ。
　　　　彼女は美人ではない。だけど、私は好きだ。
　　　　A; 林先生は厳しいね。
　　　　B; けれど(*それなのに)、普通はやさしいのよ。
　　　　A; 昨日のコンサートどうでしたか。
　　　　B; それが、急用ができて行けなかったんですよ。
　　　　　（그것이 급한 일이 생겨 갈 수 없었어요）
　　　　天気はよかった。とはいうものの、渋滞で5時間もかかった。
　　　　大学は勉強するところだ。とはいえ、勉強だけでは楽しくない。
　　　　精一杯勉強した。それなのに、試験に合格できなかった。
　　　　彼は努力した。にもかかわらず失敗した。

　「けれども」는 단지 전건과 후건을 상반되는 사항, 対比的인 사항으로서 말할 때 사용된다. 「だけど」는 회화체이고, 「けれども、だが、が」는 문서체이며, 「しかしながら」는 딱딱한 표현이다. 「しかし」도 「ところが」도 전건의 内容에 위배되는 것을 나타내지만, 예상과는 달리 뜻하지 않는 방향으로 전개될 경우에는 「ところが」가 사용된다. 또, 「ところが」는 화자가 전건과 후

건의 차이나 예상외의 전개를 미리알고 연출한 뉘앙스가 있다. 또 「けれど
も」는 상대방의 発言을 받아 사용할 수 있지만, 「それなのに」는 불가능하다.
「それが」는 기본적으로 상대방의 発言을 받아 사용하는 접속사이다. 「とはい
え、とはいうものの」는 전건을 올바른 것으로 인정한 후, 그것에 대한 화자
의 판단이나 감정을 후건에서 표현한다. 「それなのに、にもかかわらず」는
전건의 예상과는 달리 후건이 성립하는 것에 대한 놀람이나 불만 등을 나타낸다.

6) 転換을 나타낼 경우
   앞의 内容과는 관계없이 話題를 바꿀 때 사용된다.
   「さて、ところで、それでは、では、じゃあ、それより、それはそうとし
   て、それはさておき、話は変わりますが」
        以上で提案は終わりです。さて、次の討論に入ります。
        発表は終わりです。ところで、質問はありませんか。
        ところで、あの件はどうなりましたか?
        それでは、これから始めます。
        さて、そろそろ帰ろうか。
        話は変わるけど、コンサートに行かない?

   「ところで」는 화제전환의 접속사로, 후건에 質問文이 온다. 「それでは、で
   は、じゃあ」는 장면을 전환하는 접속사로 새로운 행위에 들어간다는 것을 선
   언할 때 사용된다. 「さて」는 혼자 말로도 사용할 수 있다. 「話は変わります
   が」는 전혀 다른 화제로 이행할 때만 사용된다. 「それはそうとして、それは
   さておき」는 회화체에서 주로 사용된다.

7) 対比를 나타낼 경우
   「一方、逆に、反対に」
        兄は高校の先生だ。一方、弟は社長だ。
        カーテンは夏には日除けになる。
        逆に/反対に、冬には防寒の機能を果たす。
        (커텐은 여름에는 차양이 된다. 반대로 겨울에는 방한의 기능을 다한다)

   2가지 사항이 서로 相反되는 경우에만 사용된다.

8) 理由나 説明을 나타낼 경우

「なぜなら、なぜかというと、というのは、だって」

これは論文とは言えない。なぜなら、論の前提が正しくないから。

彼はりっぱな人物だ。なぜなら、責任感が強く度量があるのだ。

車を持って来なかった。なぜかというと、ここはいつも込むから。

彼女は私と行きたくないらしい。というのは、私が嫌いだからだ。

どうして食べないの。だって、美味しくないんだもの。

(어째서 안먹니. 맛이 없는걸)

　　이들은 후건에 이유를 말하므로, 文末은 「からだ」「のだ」의 형태를 취한다. 「というのは」는 엄밀한 이유만이 아니라, 전건의 배경이 되는 상황을 말할 때도 사용된다. 「だって」는 소탈한 회화에서 사용되며, 주로 상대방에게 이유를 질문 받고 대답할 경우에 사용된다.

9) 換言이나 例示를 나타낼 경우

「つまり、すなわち、要するに、例えば、言わば」

A; 帰りに一杯どうだ。

B; 今日はちょっと体調が…。それに先約が…。

A; 要するに、だめってことだな。

私は今から10年前、すなわち1996年に博士学位をもらった。

彼は私の義理の兄の子、つまり甥だ。

体に害のあるものは、例えば煙草お酒などがある。

人生はいわば朝露のようなものだ。

(인생은 말하자면 아침이슬과 같은 것이다)

　　「要するに」는 말하고 싶은 것을 요약해서 말할 때 사용된다. 「すなわち」는 보충설명을 위해 다른 말로 바꿔 말할 때 사용된다. 「つまり」는 요약과 보충설명 양쪽 모두 사용된다. 「例えば」는 구체적인 예를 들 때 사용된다. 「言わば」는 비유를 사용해서 단적으로 설명할 경우에 사용된다.

10) 補足을 나타낼 경우

「なお、ただし、ただ、もっとも、ちなみに、といっても」

発表は以上です。なお、質問があれば聞いてください。

彼女はきれいだ。ただ、ちょっと性格ねえ。

入場料は500円だ。ただし、子供は半額だ。

十日で締め切りです。ただし、十日の消印のものは有効です。

牛乳を飲まなきゃだめだ。もっとも、お父さんも嫌いだったけど。

明日は初滑りだ。もっとも、雪があればの話だが。

(내일은 첫 활강이다. 하긴 눈이 있어야 하지만)

新入生は123名だ。ちなみに、そのうち6割が女性だ。

ビデオの作品を見た。といっても、せいぜい10分の短い作品だが。

「なお」는 전건에 관련해서 비교적 중요한 정보를 보충할 경우에 사용된다. 「ただし、ただ」는 전건에서 말한 것의 예외나 단서를 말하는 접속사이다. 「もっとも」는 전건의 내용을 일부 訂正하거나 조건을 붙이는 경우에 사용된다. 「ちなみに」는 참고가 되는 정보를 보충할 때 사용된다.

11) 결론이나 결말을 나타낼 경우

「このように、以上のように、こうして」

このように、本製品は洗い方が違います。

以上のように、教師が注意すべき所は次の三点です。

こうして、二人は結ばれた。(이렇게 해서 두사람은 맺어졌다)

「このように、以上のように」는 이제까지 말한 구체적이고 세부적인 내용을 총괄할 때 사용된다. 「こうして」는 세부적인 경위를 말한 후, 결말을 나타낼 때 사용된다.

❻-3. 接続詞와 他品詞와의 区別

(1) 助詞와의 区別

接続詞는 自立語이기 때문에 文頭에 올 수 있으나, 助詞는 附属語이기 때문에 文頭에 올 수 없다.

登りは苦しい。けれども山頂はすばらしい。<接続詞>

登りは苦しいけれども、山頂はすばらしい。<助詞>

みんな帰ってしまった。でも私は残った。<接続詞>
それは子供でも知っている。<助詞>

(2) 指示詞+助詞와의 区別

文의 内容을 정확히 把握해서 区別해야 한다.

お金が少しある。それでお酒を買おう。<指示詞+助詞>
お金がなかった。それで何も買えなかった。<接続詞>
研究室へ行った。そこで一日中勉強した。<指示詞+助詞>
明日は試験がある。そこで今日は勉強するつもりだ。<接続詞>

(3) 動詞+助詞와의 区別

そんなことをするといけません。<動詞(する)+助詞(と)>
兄が泣いた。すると、弟も泣き出した。<接続詞>
彼女にしたがって海へ行った。<動詞(したがう)+助詞(て)>
一日中運動した。したがってとても疲れた。<接続詞>

(4) 助動詞+助詞와의 区別

これは重要ですから、大切にしてください。<助動詞(です)+助詞(から)>
これは重要です。ですから大切にしてください。<接続詞>
これは安いペンですが、とても書きやすい。<助動詞(です)+助詞(が)>
これは安い。ですが、とても書きやすい。<接続詞>

(5) 副詞와의 区別

接続詞는 文과 文을 接続시키는 데, 副詞는 뒤에 오는 用言을 修飾한다.

明日また来ます。<副詞>
今日は行かない。また明日も行かない。<接続詞>
彼は今もなお現役だ。<副詞>
彼は頭がいい。なお顔もきれいだ。<接続詞>

❻-4. 接続詞의 용법차이

(1)「だから、したがって、ゆえに」

「だから」는 당연한 결과를 도출할 때,「したがって」는 이유보다는 결과를 강조할 때,「ゆえに」는 문어적인 표현으로 원인과 결과를 나타낼 때 사용된다.

お金がない。だから旅行に行けない。

彼女はまじめだ。したがって成績もいい。

夏は暑い。ゆえにあせも出る。 (여름은 덥다. 게다가 땀까지 난다)

(2)「そこで、それで、それでは」

「そこで」；의지적인 상황을 서술하거나 화제의 내용을 바꿀 때

部屋が暗くなった。そこで電気をつけた。

そこで、本論にもどって。 (그러면, 본론으로 돌아와서)

「それで」；前件이 이유가 될 때만 사용하며, 상대의 이야기를 재촉할 경우

天候が不順になった。それで登頂を断念した。

それでどうした。 (그래서 어찌되었어)

「それでは」；상대의 이야기를 듣고, 자기의 의견과 판단을 말할 때

よくわかりました。それではこうしましょう。

(3)「それから、そして」

「それから」；시간적 순서를 강조하거나, 追加의 意味를 가질 때, 또는 화제를 바꿀 때 사용된다.

顔をあらって、それからご飯を食べる。

学校がある。それから会議もある。

今日の話しはここまでだ。それから明日はどうする。

「そして」；추가 보충하는 기분이 강하고, 하나의 화제에 대해 말할 때 쓰인다.

歴史そして教育と幅ひろく活躍する。

あたりが暗くなった。そして雨が降りはじめた。

7. 助詞

❼-1. 조사의 분류

조사의 종류	접속과 역할	例
格助詞	명사에 접속	が、を、の、に、へ、から、より、で、と
取り立て 조사	명사 등에 접속	は、も、こそ、さえ、でも、しか、だけ、ばかり のみ、まで、など、なんか、なんて、ほど、ぐらい
準体助詞	명사 대신	の
並列助詞	語와 語를 연결	と、か、とか、や、の
接続助詞	文과 文을 연결	と、ば、たら、なら、から、ので、けれども、 が、のに、ても(でも)、ながら、たり、つつ
間投助詞	文節의 최후	や、な、ね(ねえ)、さ、よ
終助詞	文의 최후	か、な(なあ)、わ、ぞ、ぜとも、かしら の(こと、もの)、て(で)、とも

❼-2. 格助詞

격조사는, 명사의 述語에 대한 格関係를 나타내는 조사로, 주로 체언에 붙어 文節関係를 나타낸다.

田中さん<u>が</u>市内<u>で</u>友達<u>に</u>会った。

(1)「が」

1) 動作 変化 状態의 주체
  ①動作의 주체
    学生<u>が</u>本を読む。　先生<u>が</u>授業を始める。
  ②変化의 주체
    雨<u>が</u>降る。　財布<u>が</u>落ちる。　花<u>が</u>咲く

③状態의 主体

　　目が赤い。　　人が多い。　　背が高い。

2) 상태술어의 対象

　　水が欲しい。　　りんごが食べたい。　　英語が上手だ。
　　緑色が好きだ。　私はピアノが出来ない。

이 경우, 述語에는 可能・所有・必要・感情의 意味를 나타내는 動詞「でき
る、できない、わかる、ある、要る」나, 形容詞「上手だ、下手だ、必要
だ、好きだ、きらいだ、多い、ほしい、たい」등과, 可能動詞가 使用된다.
※참고 병열조사나 준체조사 접속조사로 사용되는 경우와 혼동해서는 안된다.

　　○並列조사나 準体조사로 사용되는 경우
　　　ビールも好きだが焼酎も好きだ。　　牛肉も食べないが豚肉も食べない。
　　　わが家(＝私の家)。
　　○접속조사로 사용되는 경우
　　　▽逆接이나 対比를 나타낸다.
　　　　走ったが、間に合わなかった。　　声をかけたが、来なかった。
　　　　夏は涼しいが、冬は寒い。　　ビールは好きだが、焼酎は嫌いだ。
　　　▽序頭나 慣用例를 나타낸다.
　　　　もしもし、田中ですが…。(여보세요, 다나카입니다만)
　　　　降ろうが降るまいが、かまいはしない。(비가 오든 말든 상관없다)
　　　　泣こうがわめこうが知らない。(울든 아우성치든 모르겠다)

(2) 「を」

1) 動作, 作用이나 感情의 対象

　　物を落す。　　そろそろ会議をはじめます。
　　字を書く。　父は、新聞を読んでいる。
　　関係者は事件の発覚を恐れる。

2) 移動의 場所

　　歩道を歩く。　　坂道を下る。　　階段を上がる。
　　空を飛ぶ。　　橋を渡る。　　家を出る。　　車を降りる。

港を離れる。　自動車で高速道路を走る。

3) 経過하는 시간
　　楽しい一時を過ごす。　夏休みをアメリカで過ごす。
　　まる一日をテニスで過ごす。

4) 使役의 의미를 가지는 動作의 主体
　　父が息子を走らせる。　部長が課長を行かせる。

(3)「の」

1) 所有格으로 명사를 수식
　　소속관계 ;　私の学校。　学校の建物。
　　소유관계 ;　先生のかばん。　私の机。
　　인물관계 ;　日本人の先生。　吉村さんのお兄さん。
　　속성과 내용 ;　真珠の指輪。　野菜のスープ。　歴史の本。
　　전체와 부분 ;　冷蔵庫のドア。　来年の春
　　작성자 ;　ゴッホの絵。　森山さんの論文
　　동격 ;　イギリスの首都のロンドン。　私が部長の林です。

2) 主語文節
　　花見の人がむらがっている。(꽃놀이하는 사람이 모여있다)
　　目の大きい少女が立っている。(눈이 큰 소녀가 서 있다)
　　父の書いた文書はいつみてもりっぱだ。
　　米のほしい人がむらがっている。

(4)「に」

1) 存在의 장소
　　駅の前に大学がある。　私はこのホテルに泊まっている。
　　生徒が運動場に集合する。　この計画には問題がある。
　　川に魚がいる。　図書館に朝日新聞がある。

2) 動作, 作用의 시간

　　3時に会議がある。　勉強会は毎週水曜日に開かれる。

　　私は毎夜、10時に寝る。　朝7時に起きる。

　　山田が最後に着いた。　5年前に彼から金を借りた。

일반적으로 「2000年」「7月」「13日」「木曜日」와 같이 절대적인 시점을 나타내는 것은 「に」를 수반하지만, 「きょう」「きのう」「さっき」「先月」「来週」「最近」과 같이 발화시점에 있어서 상대적인 시점을 나타내는 것은 「に」를 수반하지 않는다.

　　┌中村は今日学校へ行かなかった。
　　└順子は2000年に大学を卒業した。

그러나, 일시(때)의 名詞를 文頭에 두면, 「に」를 수반하지 않는다.

　　2000年、順子は大学を卒業した。

3) 動作의 상대

　　恋人に会う。　私は先生に相談する。

　　田中さんに聞く。　父親に金をもらう。

　　この仕事を君に頼もう。(이 일을 자네에게 부탁하자)

4) 用途, 目的

　　映画に行く。　父はつりに出かけた。

　　海水浴に行く。　北海道へ行くのに飛行機を使う。

　　泳ぎに行く。　京都へ行くには新幹線がいい。

5) 目的場所, 移動場所

　　山に登る。　私のところに来てください。

　　椅子に座る。　壁にカレンダーを貼る。

　　駅に着く。　私達は目的地に到着した。

　　花子は大阪で飛行機に乗った。

6) 受動과 使役에 있어서 動作主

　　先生にしかられる。　赤ちゃんにミルクを飲ませる。
　　弟が犬にかまれた。　彼にこれをやらせよう。(그에게 이것을 시키자)
　　社長に誉められた。　子供に行かせる。

7) 範囲나 対象, 対象物

　　親に逆らう。　提案に賛成する。
　　田中は母に泣きついた。(다나까는 어머니에게 울며 매달렸다)
　　花に水をやる。　吉田はみんなに親切だ。
　　私は数字に弱い。　彼は文法に詳しい。
　　花子は中村に冷たい。　人間関係に悩む。

　범위나 대상에는, 方向性을 가지는 動作動詞「ほえる、泣きつく」나, 対人的態度의 動詞「逆らう、遠慮する、味方する」, 事物에 대한 態度의 動詞「賛成する、努める、悩む、慣れる」등이 사용된다.
　또, 대상물에는 対人的態度를 나타내는 形容詞「親切だ、冷たい」, 事物에 대한 態度를 나타내는 形容詞「満足だ、熱心だ」, 能力을 나타내는 形容詞「強い、詳しい」등이 여기에 해당한다.

8) 原因

　　酒に酔う。　試験の結果に失望する。
　　寒さに震える。　難病に苦しむ。
　　恋に悩む。　失敗の原因は資金不足にある。

9) 変化의 結果

　　学者になる。　信号が赤に変わる。
　　息子を医者にする。　すべてが失敗に終わった。
　　氷が溶けて水になった。

10) 反復이나 追加 列挙

　　用心に用心を重ねる。(조심에 조심을 거듭하다)
　　言うに言われぬ苦しみ。(말로 다 할 수 없는 고통)

考え<u>に</u>考えた末。(생각하고 생각한 끝에)
パン<u>に</u>ミルク<u>に</u>卵を食べた。
国語<u>に</u>数学に英語の試験がある。
原さん<u>に</u>水島さん<u>に</u>時枝さん<u>に</u>、吉本さんもいました。

11) 状態나 選択 決定
　　ぴかぴか<u>に</u>光る。　髪を長め<u>に</u>のばす。(머리를 길게 늘이다)
　　僕はこれ<u>に</u>する。　私はコーヒー<u>に</u>する。(나는 커피로 한다)

12) 所有者, 비교의 기준
　　兄は父<u>に</u>似ている。　彼は私<u>に</u>くらべて体が丈夫だ。
　　AはB<u>に</u>等しい。　私<u>に</u>は子供が3人ある。
　　我われ<u>に</u>は金も暇もない。(우리에게는 돈도 시간도 없다)

(5)「へ」

1) 方向이나 目的地
　　故郷<u>へ</u>帰る。　この電車は京都<u>へ</u>向っている。
　　研究室<u>へ</u>入る。　私の方<u>へ</u>来てください。

2) 帰着点
　　向こう<u>へ</u>着いたら、手紙をくださいね。
　　イギリス<u>へ</u>午後3時に着く。

(6)「と」

1) 共同動作의 相対
　　友達<u>と</u>会う。　母<u>と</u>買い物に出かける。
　　花子<u>と</u>結婚する。　彼女<u>と</u>喧嘩する。
　　他校<u>と</u>試合をする。　金さんは花子<u>と</u>再会を約束した。

2) 比較의 対象

　　以前と違う。　この問題はあの時の問題と同じだ。

　　本物と似ている。　実物と異なる。

　　あの山は、この山と岩石の成分が違う。

　　ソウルと東京はどちらが人口が多いか。

3) 変化의 結果

　　雪が雨となる。　氷が水となる。

　　試合は延期となった。

4) 引用

　　彼は「行く」と答えた。　「危ない」と叫んだ。

　　外国へ行ったということだ。

(7)「で」

1) 動作이 행해지는 場所

　　図書館で勉強する。　会議は日本で開かれる。

　　中村は近くの工場で働いている。

　　今夜、公園で音楽会が開かれる。

2) 手段, 道具

　　歯で噛みきる。　自動車で通学する。

　　ボルペンで書く。　パソコンで書類を作る。

　　箸でものを食べる。　足で字を書く。

3) 材料

　　紙で飛行機を作る。　シャンプ-で髪を洗う。

　　試験の結果で判断する。　セーターは毛糸で編む。

4) 原因, 理由

　　寒さで震える。　病気で学校を休む。

今試験勉強<u>で</u>忙しい。　胃ガン<u>で</u>亡くなった。
大雪<u>で</u>電車が止まる。

5) 範囲, 限度

25人<u>で</u>募集を締め切る。　一週間<u>で</u>終わらせる。
来年<u>で</u>父は還暦を迎える。　日本<u>で</u>は中学まで義務教育だ。
彼の提案は3つの点<u>で</u>間違っている。

6) 様態

裸足<u>で</u>歩く。　大声<u>で</u>叫ぶ。
1人<u>で</u>暮らす。

7) 動作의 集団

その仕事は我われ<u>で</u>やる。　会社<u>で</u>補償する。
後は私の方<u>で</u>やります。　皆<u>で</u>飲みましょう。
店<u>で</u>は次の催しを計画している。

8) 基準, 合計

3枚<u>で</u>100エンなら買います。　二つ<u>で</u>千円だ。

(8)「から」

1) 時間, 期間의 起点

授業は明日<u>から</u>始まる。　朝<u>から</u>ずっと待っている。
今日は9時<u>から</u>営業する。　子供の時<u>から</u>彼を知っている。

2) 場所의 起点

太陽は東<u>から</u>昇る。　彼女の家<u>から</u>出た。
海<u>から</u>離れている。　駅<u>から</u>タクシ-で行った。

3) 経由

ドアが閉まっていたので窓<u>から</u>入った。

前は人が多かったので後ろ<u>から</u>入った。
前<u>から</u>乗って後ろ<u>から</u>降りる。

4) 動作主

その件は私<u>から</u>彼に伝える。

中村さんにはあなた<u>から</u>伝えてください。

彼女には私<u>から</u>お礼を言っておきます。

(그녀에게는 제가 사례를 말해두겠습니다)

沼本先生は皆<u>から</u>尊敬されている。(누모또선생님은 모두에게 존경받고 있다)

5) 原因, 理由, 判断의 根拠

かぜ<u>から</u>肺炎を引き起こす。　別の観点<u>から</u>考える。

不注意<u>から</u>事故を起こす。　彼の話し<u>から</u>判断する。

6) 原料, 材料

塩は海水<u>から</u>取る。　ワインは葡萄<u>から</u>作られる。

酒は米<u>から</u>作られる。　ビールは麦<u>から</u>作る。

(9) 「より」

1) 比較, 選択의 対象

彼は私<u>より</u>金持ちだ。　今年の夏は去年<u>より</u>暑かった。

車で行く<u>より</u>も地下鉄で行った方が早い。

2) 期間, 場所의 起点

これ<u>より</u>先は行き止まり。(이 앞은 통행금지)

3時<u>より</u>会議を始めます。

ただいま<u>より</u>卒業式を行ないます。

3) 限定 ; 뒤에 否定의 語가 온다.

待つ<u>より</u>仕方がない。　あきらめる<u>より</u>方法がない。(단념할 수 밖에 없다)

試合に勝つには練習する<u>より</u>ほかはない。

(10)「まで」

1) 動作이나 事態가 끝나는 時間, 場所
    8時<u>まで</u>待ちます。　東京<u>まで</u>飛行機で行った。
    係<u>まで</u>申し出る。(담당자에게 신청하다)
    彼のいる所<u>まで</u>歩いて行った。
    雨が<u>止むまで</u>ここにいる。　小説の本を100ページ<u>まで</u>読んだ。

2)「から～まで」의 形態로 範囲를 나타냄
    火曜<u>から</u>木曜<u>まで</u>働く。　3時<u>から</u>6時<u>まで</u>寝る。
    ここ<u>から</u>東京駅<u>まで</u>車で5時間かかる。
    <u>家から学校まで</u>歩いていく。

7-2-1. 格助詞相当句

(1) 格助詞「に」를 포함하는 것
について、に関して、にとって、によって、に対して、において、に向かって、に沿って、につれて、にしたがって、にしては、につき、に際して、にあたって
    先生の言葉は私<u>にとって</u>大きなはげみになった。
    (선생님 말씀은 나에게 커다란 격려가 되었다)
    国<u>によって</u>風俗や習慣は異なる。(나라마다 풍속과 습관은 다르다)
    上司は部下<u>に対して</u>公平でなければならない。
    (상사는 부하에 대해서 공평하지 않으면 안된다)

(2) 格助詞「を」를 포함하는 것
をめぐって、をともなって、を通して、を通じて、を介して
    今日は教育制度<u>をめぐって</u>議論が繰り広げられる。
    (오늘은 교육제도를 둘러싸고 토론이 펼쳐진다)
    試験の結果は先生<u>を通して</u>、ぼくたちみんなに伝えられた。
    (시험결과는 선생님을 통해서 우리들 모두에게 전해졌다)

(3) 格助詞 「と」를 포함하는 것

として、といっしょに、とともに、といった、というような

　　母は私の友達を客<u>として</u>もてなした。

　　(어머니는 내 친구를 손님으로 접대했다)

　　どんなに反対されようとも、私はあの人<u>と一緒</u>になるつもりです。

　　(아무리 반대하더라도 나는 그 사람과 결혼할 생각입니다)

(4) 格助詞 「まで」를 포함하는 것

までに

　　15日午前中<u>までに</u>レポートを提出してください。

　　(15일 오전중까지 report를 제출해 주세요)

7-2-2. 格助詞用法의 差異

　┌平和<u>を</u>論じる。→동작의 대상
　└平和<u>について</u>論じる。→어떤 테마를 가지고 동작이 이루어짐
　┌友人の車はトラック<u>と</u>ぶつかりました。→서로 달려와서 충돌했다.
　└友人の車はトラック<u>に</u>ぶつかりました。→친구쪽에서 트럭에 충돌했다.
　　友人は車を運転していて電柱<u>に</u>(*<u>と</u>)ぶつかりました。
　┌先生<u>と</u>相談する。→共同動作의 相対
　└先生<u>に</u>相談する。→일방적인 動作의 相対
　┌花子は先生<u>と</u>会いました。→花子도 先生님도 서로 상대를 만나고 싶었을 때
　└花子は先生<u>に</u>会いました。→만나고 싶다는 희망을 가지고 있었던 것은 花子
　┌年下の者<u>と</u>似ている。
　│　　兄/姉は私<u>と</u>似ています。私は弟/妹<u>と</u>似ています。
　└年上の者<u>に</u>似ている。
　　　　私は兄/姉<u>に</u>似ています。弟/妹は私<u>に</u>似ています。
　┌XはY<u>と</u>等しい。XはY<u>と</u>異なる。→대칭적인 관계
　└XはY<u>に</u>等しい。*XはY<u>に</u>異なる。→유사성, 관련성, 무관함
　┌事務局<u>に</u>問い合せる。→動作을 향하는 상대
　└事務局<u>まで</u>問い合せる。→移動이 끝나는 場所
　　「まで」가 취하는 動詞에는 「申し出る, 伝える, 知らせる, 連絡する, 申し込

む, 請求する」 등이 있고, 依頼文・命令文에 사용되는 경우가 많다.

```
┌ 木で船を作る。→物理的変化 ; 재료・원료가 製品의 형태로 남아있다.
└ 米から酒を造る。→化学的変化 ; 재료・원료가 製品의 형태로 남아있지 않다.
┌ お酒は米からつくる。→변화의 과정을 重視
└ お酒は米でつくる。→변화의 과정은 度外視
┌ 表情で精神状態を見分ける。→判断의 재료
└ 表情から心の状態を推測する。→判断의 出所
┌ 花子は病気で、一週間仕事を休んだ。→일반적인 原因
└ つまらないことから、けんかになった。→사건의 出所
┌ 人間関係で悩む。→일반적인 原因
└ 人間関係に悩む。→일시적인 감정을 가지게 하는 原因
  Xとの関係に(*で)悩んだことがある。
┌ 辞書を調べる。→동작의 대상
└ 辞書で調べる。→手段이나 道具
┌ 玄関に入る。→着点
├ 玄関を入る。→経路
└ 玄関から入る。→経由点
┌ 私たちがやります。→동작의 主体
└ 私たちでやります。→意志的인 동작의 主体
┌ 5時に始まる/終わる。→동작이나 사건이 일어나는 時間.
├ 5時で終わる。→계속되던 동작이 끝나는 것을 나타낸다.
│              끝나는 것을 기대한다. 아쉬워하는 기분이 든다.
└ 5時から始まる。→계속하는 동작의 시작을 나타낸다.
┌ その本を8時まで読んだ。
│   →계속되고 있는 동작・상태가 끝나는 시간을 나타낸다.
└ その本を8時までに読んだ。→동작의 期限, 마감의 시간을 나타낸다.
┌ 子供が車道にいます。→存在의 장소
├ 子供が車道で遊んでいます。→動作을 행하는 장소
└ 子供が車道を歩いています。→通過하는 장소
┌ 東へ行く。こちらへ来る。向こうへ帰る。→동작이 행해지는 方向
└ 学校に行く。会社に来る。向こうに帰る。→동작의 到着点, 帰着点
  「~へ行く」는, 도착점이 없는 [東、西、南、北] [こちら、そちら、あち
```

ら、どちら] [向こう] 等の 語に 사용되고 「〜に行く」는, 거기에 도착하는 것
을 목적으로 행동하는 [入る、乗る、座る、書く、着く] 등의 語에 사용된다.

┌飲み水に利用する。→用途나 目的의 의미가 관계할 때
└飲み水として利用する。→資格, 身分, 役割, 機能의 의미를 가질 때
　彼は非常勤講師として(の身分で)教えている。
　私は代表として(という資格で)あいさつした。

❼-3. 取り立て助詞

　取り立て助詞는 명사 등에 붙어 다양한 意味를 부여하고, 어떤 사항을 부각시키
는 역할을 한다. 여기에는 「は、も、こそ、さえ、でも、しか、すら、だって、
まで、だけ、ばかり、のみ、など、なんか、なんて、くらい、ぐらい、やら、
ほど」 등이 있다.

7-3-1. 提題助詞

主題를 提示하는 역할을 하는 조사로,「は、なら、って、ったら」 등이 있다.

(1) 「は」

1) 主題, 題目
　　富士山は姿が美しい。　　太陽は東から出る。
　　東京は人が多い。　　僕はウナギだ。
　　日本では消費税が3%から5%になった。

2) 対比
　　風は強いが、雨は降っていない。
　　彼女は美しくはあるが、若くはない。
　　日本語は上手だが、英語は下手だ。

3) 程度의 上限/下限

ぼくは泣きはしない。　一人でもさびしくはない。

一万円はしない。　あれは千円はする。

4) 認定과 不認定

彼は毎日は出席しませんでした。

あのテストはかなりできたけど、全部はできなかった。

今日の会に百人は来た。いや、百人は来なかった。

(2)「なら、って、ったら」

私なら海へ行く。　花なら桜だ。

ほら、「故障中」って紙が張ってあるでしょう。

森山さんったら、案外正直ですね。

이들은 주로 회화체에서 사용된다.

7-3-2. 係助詞

係助詞에는「も、こそ、さえ、でも、しか」등이 있다.

(1)「も」

1) 同質, 添加

私も分かりません。　ピアノも引く。

僕も帰る。　英語の他に日本語も話す。

2) 並列, 並立

昨年も今年も赤子だ。　この頃は肉も野菜も高い。

山も海も人でいっぱいだ。　京都にも東京にも行った。

日に焼けて、顔も手足もまっ黒になった。

(햇볕에 타서 얼굴도 손발도 새까맣게 되었다)

3) 感動이나 表現을 부드럽게

　　夜も更けたので、町が静かになった。

　　(밤도 깊었으므로 마을이 조용해졌다)

　　秋も深まりましたね。(가을도 깊어졌네요)

　　その件も私は知っています。(그 일도 저는 알고 있습니다)

　　娘も大人になったな!　　夏休みもあと一週間だ。

4) 極端的인 例

　　少しも知らなかった。　忙しくて食事の時間もない。

　　雪が3メートルも積った。　親にも話せない秘密。

　　十円二十円の金も使い惜しんだ。(10엔 20엔의 돈도 아까워했다)

5) 多量을 示唆

　　1時間も待たされた。　もう3キロも歩いたでしょうか。

6) 全面的인 否定

　　だれも知らない。　何もできない。

　　いつも留守だ。　どの方もいない。

(2) 「さえ」

1) 意外性(期待以下)

　　この問題は子供さえ分かる。　水さえ、のどを通らない。

　　年を取ると、自分の年齢さえ忘れてしまう。

　　日本語の先生でさえ漢字は時々間違える。

2) 十分条件

　다른 것은 생각하지 않는다는 意味를 나타낸다.

　　辞書さえあれば、一人で本を読むことができる。

　　それを見つけさえすればよい。(그것을 찾기만 하면 좋다)

　　彼に言いさえすれば、それでことはすむ。

　　(그에게 말하기만 하면 그것으로 끝난다)

水分さえあれば、サボテンは何ヵ月でも枯れない。
(수분만 있으면 선인장은 몇 개월이라도 시들지 않는다)

3) 添加

「そのうえに」와 같은 意味를 나타낸다.

風も強く、雨さえ降ってきた。

暗いうえに、あかりさえついていない。

(어두운데다 조명조차 설치되어 있지 않다)

親兄弟ばかりでなく、妻にさえ死に別れた。

(부모형제뿐만 아니라 아내조차 사별했다)

雨だけでなく、雷さえ鳴り出した。

(비뿐만이 아니라 천둥조차 치기 시작했다)

(3) 「しか」

1) 限定 ; 否定의 의미를 강조한다.

たった一つしかない。

これしかありません。

ぼくしか知らない話しだ。

彼は、音楽はクラシックしか聴かない。

背が低いので、相手の顔しか見えません。

2) 다른 방법이 없다는 것을 나타낸다.

駅までは歩くしか方法がない。

お前はもう彼女と結婚するしかないだろう。

(4) 「こそ」

1) 特立 ; 특히 어떤 사항을 내세우는 의미로 強調를 나타낸다.

勉強こそ大事だ。　今度こそ成功するだろう。

今年こそあなたとの約束を果したいと思っている。

2) 主題

　　君こそ、行け。

　　ライオンこそ最も強い動物だ。

3) 一時的인 肯定

　　가정형 또는 「が、けれども」 등을 수반하여 쓰인다.

　　痛みこそするが、歩くことはできる。(통증은 있지만 걸을 수는 있다)

　　感謝こそすれ、怒ることはなかろう。(감사할지언정, 화낼 것은 없지 않나)

　　苦しみこそあれ、決して楽しい毎日ではなかった。

　　(괴로웠을지언정, 결코 즐거운 나날은 아니었다)

(5) 「でも」

1) 選択的 例示

　　今度、食事でも行こう。　　歌でも歌って楽しく過ごそう。

　　お茶でも飲みませんか。　　犬でも恩は知っている。

2) 逆接条件

　　明日は雨でも行く。　　何度やっても失敗する。

　　先生でも知らないことがある。

　　彼の声は2キロ先からでも聞こえたそうだ。

　　(그의 소리는 2Km 밖에까지도 들렸다고 한다)

3) 全面的肯定

　　誰でも知っている。　　何でもできる。

　　いつでもおいでください。(언제라도 와 주세요)

　　彼に言えば何でもしてくれる。(그에게 말하면 뭐든지 해준다)

　　うちの娘は誰とでもよく遊ぶ。(우리딸은 누구와도 잘 논다)

7-3-3. 副助詞

　副助詞에는 「すら、だって、まで、だけ、ばかり、のみ、など、なんか、なんて、やら、くらい/ぐらい、か、ほど、きり、なり、だの」 등이 있다.

(1)「ばかり」

1) 限定 ; 표현자의 부정적인 가치판단을 나타낸다.
　　勉強ばかりしている。　こればかりは確かだ。(비것만은 확실하다)
　　今度ばかりは驚いた。(이번만은 놀랐다)
　　漫画ばかり読んでいる。(만화만 읽고 있다)
　　先週から雨ばかり降っている。(지난주부터 비만 내리고 있다)
　「のみ」도 限定을 나타내지만, 文語的이다.
　　高橋さんは委員会の席でのみ弁明することを許された。
　　(다까하시씨는 위원회자리에서만 변명하는 것을 허락받았다)
　「しか」도 限定을 나타내지만, 否定의 意味를 강조한다.
　　高橋さんは、音楽はクラシックしか聴かない。

2) 程度나 分量
　　約30分ばかり待った。　米は少しばかり残っている。
　　費用は五百円ばかりかかった。(비용은 오백엔 정도 들었다)
　　五分ばかり立っていると、彼女がやってきた。
　　(5분 정도 서 있으니 그녀가 왔다)

3) 直前時点, 直後時点
　　雨が今にも降らんばかりだ。(비가 지금이라도 내리지 않을 것 같다)
　　あとは出かけるばかりだ。(이후는 나가는 것 뿐이다)
　　卒業するばかりになって辞めさせられた。(졸업하지 직전에 그만두게 되었다)
　　コーヒーを飲んだばかりだ。　買ったばかりの時計。(방금 산 시계)
　　今、出発したばかりだ。(지금 막 출발했다)
　　ただいま、帰って来たばかりです。(지금 막 돌아왔습니다.)

4) 添加, 追加
　　英語ばかりか、中国語もできる。
　　サッカーばかりでなく、野球も上手だ。
　　殴ったばかりか、服まではがして行った。
　　(때렸을 뿐만 아니라 옷까지 벗겨가 버렸다)

5) 反復 ; 「てばかりいる」의 형태로 쓰임

　　彼女は笑ってばかりいた。(그녀는 웃기만 했다)

　　今日はよい知らせばかり入る。(오늘은 좋은 소식만 들어온다)

　　泣いてばかりいないでこっちに来なさい。(울고만 있지말고 이쪽으로 오세요)

　　休んでばかりいないで少しは働きなさい。

　　(쉬고 있지만 말고 조금은 일하세요)

6) 原因, 理由 ; 「ばかりに」의 형태로 쓰임

　　腹を立てたばかりに損をした。(화를 내는 바람에 손해를 보았다)

　　お金がないばかりに馬鹿にされた。(돈이 없는 바람에 바보취급 당했다)

　　ひとこと口を滑らしたばかりに命まで落とすことになった。

　　(한마디 하는 바람에 죽게 되었다)

(2) 「すら、だって」 ; 並列이나 全部를 나타낸다.

　　赤ん坊ですら泳げる。　それは私だって分かるよ。

　　友人の名前すら思い出せなかった。(친구 이름조차 기억해 낼 수 없었다)

　　横綱だって負けることはある。(요코즈나라도 지는 일은 있다)

　　馬だって牛だって家畜だ。　なんだって食べる。(뭐라도 먹는다)

(3) 「まで」

1) 限界, 極限

　　二十人まで乗れる。　そんなことまで言う必要がない。

　　親友まで裏切った。(친구까지 배신했다)

　　学生にまで馬鹿にされる。(학생들에게 까지 무시당한다)

　　親にまで見離される。(부모에게까지 버림받다)

　　社長が乗り出すまでもない商談。(사장이 나설것까지도 없는 거래)

　　小さな子供にまで笑われた。(어린아이에게까지 조롱당했다)

　　下着までずぶぬれだ。(속옷까지 흠뻑 젖었다)

2) 到達点

　　地球から月までの距離。　月曜から木曜まで出張だ。

　　広島まで船で行く。　雨が止むまでここにいる。

3) 程度가 그 이상 미치지 않음

　　行けばよかったのにと思った<u>まで</u>さ。(가면 좋았을 텐데 생각했을 뿐이다)
　　忙しい時期は休日<u>まで</u>働いている。(바쁠때는 휴일까지 일하고 있다)
　　いやなら行かない<u>まで</u>のことだ。(싫으면 안가면 그만이다)
　　そんな話は断わる<u>まで</u>だ。(그런 이야기는 거절할 따름이다)
　　考える<u>まで</u>もないことだ。(생각할것까지도 없는 것이다)

(4) 「だけ」

1) 限定, 限界

　　ボタンを押す<u>だけ</u>です。　　南側の部屋から<u>だけ</u>湖が見える。
　　千円<u>だけ</u>あれば足ります。　　見る<u>だけ</u>で、買わずに帰ります。
　　歩く<u>だけ</u>でもいい運動になる。　この部屋は先生<u>だけ</u>が使える。

2) 程度(上限, 下限)

　　すきな<u>だけ</u>食べる。　　できる<u>だけ</u>努力する。
　　それ<u>だけ</u>わかれば、問題はない。(그것만 알면 문제는 없다)
　　食べたい<u>だけ</u>取ってください。(먹고싶은 만큼 가져가세요)
　　あの人に聞いてみる<u>だけ</u>聞いてみよう。(저 사람에게 물어보기라도 하자)

3) 慣用的表現
　①「すればするだけ」; 比例의 可能性
　　　書けば書く<u>だけ</u>うまくなる。　　食べたら食べた<u>だけ</u>太ります。
　　　練習すればする<u>だけ</u>上手になる。(연습하면 하는만큼 능숙해진다)
　　　古ければ古い<u>だけ</u>で価値がある。(오래되면 오래된 만큼 가치가 있다)
　②「~だけあって」; 플러스 評価의 당연한 理由
　　　がんばった<u>だけあって</u>、成績が上がった。(애쓴보람이 있어 성적이 올랐다)
　　　若い<u>だけあって</u>、さすが体力がある。(젊어서 역시 체력이 있다)
　　　中島さんは学者<u>だけあって</u>物知りだ。(나까지마씨는 학자여서 박식하다)
　③「~だけのことはある」; 強調를 나타냄
　　　専門家<u>だけのことはある</u>。(전문가는 역시 다르다)
　　　時間をかけた<u>だけのことはあって</u>、この本はよくできている。
　　　(시간을 들인만큼 이책은 잘되어 있다)

④「~だけに」；강조의 理由를 나타냄
　　期待していた<u>だけに</u>、失望も大きい。(기대한만큼 실망도 크다)
　　高級レストラン<u>だけに</u>、ボーイーのサービスがよい。
　　(고급 레스토랑인만큼 웨이터의 서비스가 좋다)
　　年を取っている<u>だけに</u>、父の病気は治りそうにない。
　　(나이가 많은 만큼 아버지 병은 낳을 것 같지 않다)
　　好成績が期待された<u>だけに</u>、棄権が悔やまれる。
　　(좋은 성적이 기대된 만큼 기권이 후회된다)
⑤「~だけでなく」；追加를 나타냄
　　子供<u>だけでなく</u>、大人も楽めます。
　　(아이뿐만 아니라 어른도 즐길 수 있습니다)

(5)「くらい/ぐらい」

1) 最低限
　　簡単なあいさつ<u>くらい</u>は分かる。(간단한 인사정도는 안다)
　　自分の進路<u>くらい</u>自分で決めたい。(자신의 진로정도는 자신이 정하고 싶다)
　　せめて基本的なルール<u>くらい</u>守ってほしい。
　　(적어도 기본적인 규칙정도는 지켰으면 한다)
　　先生に呼ばれたら、返事<u>ぐらい</u>せよ。(선생님에게 호명되면 대답정도는 해라)

2) 分量, 程度
　　3万人<u>くらい</u>集まった。　昨日は4時間<u>ぐらい</u>勉強した。
　　駅まで20分<u>ぐらい</u>かかる。　来週まで本を三冊<u>くらい</u>読みたい。
　　今頃は名古屋<u>ぐらい</u>まで行っているかな。
　　(지금쯤은 나고야정도까지 가고 있을까)

3) 例示나 比喩
　　親指<u>ぐらい</u>の大きさ。　休む暇がない<u>ぐらい</u>働く。
　　ネコの額<u>くらい</u>の広さ。(손바닥만한 넓이)
　　お茶<u>ぐらい</u>飲んで行きませんか。(차라도 마시고 가지 않겠습니까)

4) 대수롭지 않다는 話者의 判斷

　　風邪ぐらい何でもありません。(감기정도 아무것도 아닙니다)

　　もう一人ぐらい乗れるでしょう。(한 사람정도는 더 탈 수 있지요)

　　おれにぐらい見せてよいだろう。(나 정도는 보여줘도 좋겠지)

5) 慣用的表現

　　①「Nぐらいのもの(こと)はない」; 最高의 限度를 나타냄

　　　彼女くらい純情な娘はいない。(그녀처럼 순수한 여자는 없다)

　　　金剛山ぐらいきれいな山はない。(금강산처럼 아름다운 산은 없다)

　　　これぐらい珍しい物を見たことがない。

　　　(이 정도 귀한 물건을 본적이 없다)

　　②「～ぐらいならば、しないほうがいい」; 強調를 나타냄

　　　下手なぐらいなら、しないほうがいい。

　　　(서투른 편이라면 하지 않는 쪽이 낳다)

　　　途中で止めるくらいなら、やらないほうがましだ。

　　　(도중에 그만둘거라면 하지 않는게 낳다)

(6)「など/なんか/なんて」;「なんか」와「なんて」는 口語的이다.

1) 否定的 評価 ; 否定을 강조한다.

　　子供になど分かる話しではない。　音楽なんかは私には分からない。

　　私がうそなどつくものですか。(제가 거짓말 따위 하겠습니까)

　　危険なことなんか絶対してはいけないよ。

　　お金なんか、受け取るわけには行きません。

　　(돈 따위 받을 수 없습니다)

2) 부드러움, 겸손

　　私のことなども時々は思い出してほしい。

　　私のことなどどうぞご心配なく。(저 따위는 부디 걱정마세요)

　　私の妹などお役に立ちません。(제 여동생 따위 도움이 되지 않습니다)

3) 代表例

　　国会などで問題になった。　映画など見ませんか。

ホテルや病院なんかは日曜でも休めない。
(호텔이나 병원 등은 일요일이라도 쉴 수 없다)

4) 引用, 婉曲

彼は死ぬなども言っている。(그는 죽는다고 말했다)

なぜあんな所に行きたいなどと言うのでしょう。

(왜 저런곳에 가고 싶다고 말하는 걸까요)

5) 軽蔑

金などあっても何の解決にもなりません。

(돈 따위가 있어도 아무런 해결도 안됩니다)

ソウルなどうるさくて、大嫌いです。

(서울 따위 시끄러워서 가장 싫어합니다)

女だからなんて、人を馬鹿にしてるわね。

(여자니까라니 사람을 바보취급하고 있네요)

(7)「ほど」

1) 程度의 比較

昨日ほどは寒くない。(어제 만큼은 춥지 않다)

酷い頭痛で医者へ行くほどだった。(심한 두통으로 의사한테 갈 정도 였다)

彼は憎らしいほど絵がうまい。(그는 얄미울정도로 그림을 잘 그린다)

食べ物は多過ぎて余るほどだ。(먹을 것은 너무 많아서 남을 정도다)

ヨガの修行僧は死ぬほど苦しい修行をする。

(요가의 수행승려는 죽을 정도로 고단한 수행을 한다)

2) 시간적 · 공간적 範囲

待つほどもなく彼は現われた。(기다릴 틈도 없이 그는 나타났다)

大学までは一時間ほどかかる。(대학까지는 1시간정도 걸린다)

車に乗るほど遠くはない。　三日ほどかかって仕事は完成した。

3) 가치, 분수

身のほどを知らない。(자기 분수를 모른다)

財産というほどのものはない。(재산이라고 할것까지는 없다)

4) 慣用的인 表現
① 「~すればするほど」；比例를 나타냄
勉強すればするほど実力がつく。(공부하면 할수록 실력이 는다)
計画は考えれば考えるほど理解できなくなる。
(계획은 생각하면 할수록 이해할 수 없게 된다
この本は読めば読むほどおもしろい。(이 책은 읽으면 읽을수록 재미있다)
② 「~ほど~もの(こと)はない」；最上級을 나타냄
日本ほど面白い国はない。(일본처럼 재미있는 나라는 없다)
これほどうれしいことはない。(이처럼 기쁜 일은 없다)
子供に死なれるほど悲しいことはない。
(아이를 잃는 것만큼 슬픈 일은 없다)

(8) 「か」

1) 不確実
何か食べたいです。　どこかへ行ってみたい。
誰かいませんか。　犬はどこかへ行ってしまった。

2) 択一
するかしないかを決めなさい。(하든지 말든지를 결정하세요)
行くか行かないか明日返事します。(가든 말든 내일 대답하겠습니다)
勉強かクラブ活動かをする。(공부나 동아리활동을 한다)
駅に着いたのか着かないのかはっきりしない。

(9) 「きり」

1) 限定
十分間勉強したきりだ。　最初の一回きりでやめてしまった。
一人きりで家にいると退屈です。(혼자서 집에 있으면 심심합니다)
さっき寝たきり起きてこない。(아까 잔 이후로 일어나지 않는다)

2) 最後

　　父はそれきり何もいいませんでした。

　　(아버지는 그후로 아무말도 하지 않았습니다)

　　もうこれきりにしてほしい。(이제 이것을 끝으로 했으면 한다)

(10)「なり」; 並立을 나타낸다.

　　勉強するなり寝るなり、はっきりしなさい。

　　(자든지 공부하든지 분명히 하세요)

　　お父さんなりお母さんなりに相談しなさい。

　　(아버지나 어머니에게 의논하세요)

　　山なり海なり、好きなところへ行くがよい。

　　(산이든지 바다든지 좋아하는 곳에 가는 것이 좋다)

(11)「やら」; 不確実한 것을 나타낸다.

　　どんな勉強やらわからない。(어떤 공부인지 모른다)

　　どこへ行くのやらわからない。(어디로 가는건지 모른다)

(12)「だの」; 並立을 나타낸다.

　　予習だの復習だのと、いそがしいことだ。

　　(예습이니 복습이니 하며 바쁘다한다)

　　行くだの行かないだのと、すぐ気持ちが変わる。

　　(가니 안가니 하며 금방 마음이 바뀐다)

　　さびしいだのつらいだのと、不平ばかり言っている。

　　(쓸쓸하다느니 괴롭다느니 하며 불평만 늘어놓고 있다)

7-3-4. 副助詞用法의 差異

(1)「だけ」와「しか」의 差異

1) 助数詞와 함께 사용될 경우

　「だけ」; 수량에 限度, 制限이 있는 경우

　　私の国では、外国から無税で持ち込めるお酒は2本だけです。

(우리나라에서는 외국에서 세금 없이 들여올 수 있는 술은 두 병뿐입니다)
「しか」; 그 수량으로는 [부족하다, 不充分하다] 라는 話者의 기분을 나타냄
昨日は3時間しか勉強しませんでした。
(어제는 3시간밖에 공부하지 못했습니다)
수량이 一般的水準보다 적다는 것을 표현할 경우에도 「しか」가 사용된다.
お宅はお子さんが何人いますか。(댁은 자녀가 몇 명입니까)
うちは一人しかいません。(저희는 한명밖에 없습니다)

2) 名詞와 함께 사용될 경우
「だけ」; 그것을 限定한다.
山田さんだけまだ来ていません。(야마다씨만 아직 안 왔습니다)
「しか」; 그것 以外에는 없다.
私は日本語しか話せません。(저는 일본어밖에 말할 수 없습니다)

(2) 意外性을 나타내는 「まで」와 「さえ」의 差異

1) 累加의 의미가 강한 경우, 「まで」는 可能, 「さえ」는 不可能
てんぷらの他に、ステーキまで(?さえ)食べてしまった。
(튀김 외에 스테이크까지 먹어 버렸다)

2) 期待한 以上의 予想外일 경우, 일반적으로 「まで」가 사용된다.
山田選手は優秀で、全国大会の決勝にまで(?さえ)勝ち残った。
(야마다선수는 우수해서 전국대회 결승까지 진출했다)

3) 期待에 反하여 予想以下일 경우, 일반적으로 「さえ」가 사용된다.
山田選手は不調で、予選にさえ(?まで)勝ち残れなかった。
(야마다선수는 부진해서 예선조차 진출할 수 없었다)

(3) 그 밖의 差異
┌ほど; 보통이상의 정도, 感歎의 意識
│   そ彼ほどの人なら、必ず成功する。
└くらい; 보통이하의 정도, 軽視의 意識

それくらいの事ではだめだ。
ごろ ; 時刻 날짜 年月등을 나타내는 語에 붙어서, 대강의 시간을 나타냄.
　　3時頃。　　今年の5月8日頃。　　来月の下旬頃。　　秋の始め頃。
くらい ; 時間이나 期間 혹은 助数詞에 붙어서, 대강의 数量을 나타냄.
　　7時間ぐらい。　　10個月ぐらい。　　8年間ぐらい。　　6人ぐらい。
　　3杯ぐらい。
新聞だけを読む。; 累加의 否定(다른 것은 곁들이지 않는다)
　　明日は君だけ来なさい。
新聞ばかりを読む。; 부정적 가치판단(항상 新聞이다)
　　職場の先輩はみんないい人ばかりだ。모두 좋은 사람뿐이다.
新聞しか読まない。뒤에 반드시 否定의 語가 온다.
　　「のみ」는 「だけ」보다 오래된 형태로, 文章語的인 딱딱한 느낌이 든다.
君の意見こそ間違っている。; 特立
君の意見など間違っている。; 否定的特立
　　疲れた時に難しい本など(なんか/なんて/なんぞ)読みたくない。
注射だけで治る。; 주사로 충분히 낳기 때문에 다른 방법은 필요 없다.
注射でだけ治る。; 주사이외의 다른 수단으로는 낳지 않는다.
日本語は話せるけど、英語は話せない。「が」대신에 사용되는 경우
富士山はここからが一番よく見える。다른 곳이 아닌 [여기]
私だって、彼に負けないように頑張るぞ。「も」나 「でも」에 가까운 의미

❼-4. 準体助詞

준체조사에는 「の」가 있는데, 名詞의 자격으로 사용된다.

　　それは私のです。　　この本はあなたのですか。
　　走るのが速い。　　この山は登るのが大変だ。
　　先生が受賞されたのを新聞で知りました。
　　私は彼が真由美さんと話しているのを見た。

強調를 나타내는 경우에도 사용된다.

　　何を食べるのですか。　　何時に起きるのですか。

あの人が好きな<u>の</u>は人柄がいいからです。

이 경우, 회화체에서는 「の」가 「ん」으로 바뀐다.

何を食べ<u>る</u>んですか。
何時に起き<u>る</u>んですか。

❼-5. 並列助詞

병렬조사에는 「と、か、の、とか、や」 등이 있는데, 주로 열거할 때 사용된다.
「と、か、の」는 複数를,「とか、や」는 多数를 列挙할 때 쓰인다.

春<u>と</u>夏<u>と</u>秋<u>と</u>冬。　鉛筆<u>と</u>ノートを買う。　大根<u>と</u>白菜をもらう。
行く<u>か</u>行かない<u>か</u>はっきりしなさい。(가는 건지 마는 건지 분명히 하세요)
早くできる<u>か</u>どうか<u>か</u>分からない。(빨리 할 수 있을지 어떨지 모른다)
どう<u>の</u>こう<u>の</u>不平ばかりいう。(이러쿵저러쿵 불평만 한다)
狭い<u>の</u>汚い<u>の</u>と文句ばかり言う。(좁으니 더러우니 불평만 한다)
結婚する<u>の</u>しない<u>の</u>で、大騒ぎした。(결혼하느니 마느니로 큰소동을 벌였다)
休日には掃除<u>とか</u>洗濯などをします。(휴일에는 청소나 빨래 등을 합니다)
小遣いは交通費<u>とか</u>昼食代<u>とか</u>でなくなってしまう。
(용돈은 교통비나 점심값으로 없어져 버린다)
つくえの上に辞書<u>や</u>ワープロ<u>や</u>書類箱などがあります。
米<u>や</u>麦の産地である。　電車<u>や</u>バスが通っている。
桜<u>や</u>梅<u>や</u>松の樹がある。

❼-6. 接続助詞

접속조사는 語와 語, 文節과 文節을 접속하거나, 주로 用言이나 조동사에 붙어서,
前後의 문절을 연결해 주는 역할을 한다. 접속조사가 붙은 文節은, 대부분 접속어가
되는 것이 커다란 특징이다.
접속조사에는 「と、たら、なら、ば、ので、から、のに、て、にもかかわら
ず、が、けれども、ても(でも)、ながら、し、たり(だり)、ものの、つつ、とこ

ろで」등이 있다.

7-6-1. 仮定의 順接

(1) 「と」

1) 習慣的, 自然発生的인 관계 ; 前件이 발생하면 同時에 後件이 발생한다.
　　春になると、花がさく。　　冬になると、雪が積もる。
　　朝起きると、冷水を飲む。

2) 発見
　　トンネルを通り抜けると、そこは雪国だった。
　　窓を開けると、富士山が見えた。
　　ドアを開けると、彼女が立っていた。

3) 必然의 結果
　　無理をすると、病気になる。　　勉強しないと落ちる。
　　早く行かないと、母にしかられる。
　　走っていくと、10分ぐらいかかります。

4) 契機
　　兄が殴ると、弟は泣き出した。
　　父が帰ると、子供達が飛び出してきた。
　　カメラを向けると、皆にこにこした。
　　夜になると、だんだん寒くなってきた。

5) 動作의 連続
　　ポケットから鍵を取り出すと、ドアを開けた。
　　コートを脱ぐと、ハンガーに掛けた。
　　客は足を組み、煙草をくわえると、雑誌をめくった。

6) 意志

　　　行こうと行くまいと、かまわない。(가든 말든 상관없다)

　　　なんと言われようと、私は平気だ。(뭐라 말하든 나는 상관없다)

　　　雨が降ろうと雪が降ろうと出かける。(비가 오든 눈이 오든 외출한다)

(2)「たら」

1) 実現完了로서의 仮定 ; 前件이 完了한다음 後件이 발생한다.

　　　家に着いたら、電話してください。

　　　お金が余ったら、銀行にいれてください。

　　　冬休みになったら、ヨーロッパへ行こう。

2) 発見

　　　家に帰ったら、宅配が来ていた。　　ドアを開けたら、母が倒れていた。

　　　駅に着いたら、友達はもう迎えに来ていた。

　　　私が何も言わないでいたら、先生は突然怒り始めた。

　　　(내가 아무말하지 않고 있자 선생님은 갑자기 화내기 시작했다)

3) 契機

　　　電気がついたら、明るくなった。　　薬を飲んだら、だいぶ良くなった。

　　　餌をやったら、犬は喜んで食べた。

　　　(먹이를 주자 개는 기뻐하며 먹었다)

(3)「なら」

1) 話者의 立場 ; 화자가 어떤 사실을 仮定해, 그것이 成立할 경우의 結果에 대한
　입장을 말할 때 쓰인다.

　　　あなたが行くなら、私も行くわ。(네가 가면 나도 갈께)

　　　忙しいんなら、また後でかけなおすよ。(바쁘면 잠시후 다시 걸께요)

　　　私なら、適当にごまかすわ。(나라면 적당히 얼버무려요)

　　　あまり気が進まないなら、この計画は中止しよう。

　　　(그다지 내키지 않으면 이계획은 중지합시다)

こんなにやりがいのない仕事<u>なら</u>、もうやりたくありません。
(이렇게 보람없는 일이라면 이제 하고 싶지 않습니다)

2) 話題의 提示
    雨<u>なら</u>、今日の試合は中止だ。　パソコン<u>なら</u>、秋葉原が安いよ。
    広島まで<u>なら</u>、船が安い。　家賃<u>なら</u>、昨日銀行に振り込みましたよ。
    A社が倒産した<u>なら</u>、子会社のB社も危ない。
    ワインを飲む<u>なら</u>、赤ワインが健康にいい。

3) 並列
    銀座が東京の中心<u>なら</u>、心斎橋は大阪の中心だ。
    赤ワインが健康にいい<u>なら</u>、日本酒は美容にいい。

(4) 「ば」

1) 予想되는 結果
    冬になれ<u>ば</u>、もっと寒くなるだろう。　大人になれ<u>ば</u>、分かるでしょう。
    台所が便利であれ<u>ば</u>、料理が楽しみになるでしょう。
    営業時間を伸ばせ<u>ば</u>、売り上げが上がると思います。
    (영업시간을 늘리면 매상이 오를 거라고 생각합니다)
    宿題が多くなけれ<u>ば</u>、夏休みは天国だ。

2) 어떤 制限
    やる気があれ<u>ば</u>、成功するだろう。　時間があれ<u>ば</u>、手伝ってください。
    資金が足りなけれ<u>ば</u>、これ以上事業を拡大するべきではない。
    (자금이 부족하면 이 이상 사업을 확대하는 것이 아니다)
    スイッチを入れれ<u>ば</u>、すぐ使えます。

3) 並列
    電車もあれ<u>ば</u>、バスもある。　子供もいれ<u>ば</u>、大人もいる。
    馬もいれ<u>ば</u>、牛もいる。　庭には梅もあれ<u>ば</u>桜もあった。
    あいつは顔もよけれ<u>ば</u>、頭もいい。

世の中には金持ちもい<u>れ</u>ば、貧乏人もいる。

(세상에는 부자도 있지만 가난뱅이도 있다)

7-6-2. 仮定의 逆接

(1)「ても」

1) 구속받지 않는 조건

雨が降っ<u>ても</u>出発する。　仕事がつらく<u>ても</u>がまんしよう。

いくら苦しく<u>ても</u>、ぼくはがんばります。

(아무리 괴로워도 저는 분발하겠습니다)

2) 対比 ; 前件을 [수많이 했음에도 불구하고]라는 의미로, 後件에 連結된다.

タクシーはいくら待っ<u>ても</u>来ない。　いくら呼ん<u>でも</u>、返事はなかった。

盗みはし<u>ても</u>殺しはしない。(도적질은 해도 살인은 하지 않는다)

この本は何回読ん<u>でも</u>分からない。(이 책은 몇 번 읽어도 모른다)

いくらダイエットし<u>ても</u>、ぜんぜん痩せない。

(아무리 다이어트해도 전혀 빠지지 않는다)

(2)「ところで」

「〜たところで(〜했다 하더라도)」의 형태로 쓰인다.

歩いた<u>ところで</u>、五分で行ける。

薬を飲んだ<u>ところで</u>、治らないでしょう。

(약을 먹어보았자 낫지 않겠지요)

あやまった<u>ところで</u>、許してはくれまい。

(사과해 봤자 용서해주지는 않을 것이다)

たとえだめにした<u>ところで</u>、惜しくはないものだ。

(설사 잘못됐다 하더라도 아까울것이 없는 것이다)

今から行った<u>ところで</u>、間に合わないだろう。

(지금 가 보았자 시간에 대지 못할 것이다)

7-6-3. 確定의 順接

(1) 「ので」; 客観的인 表現

1) 「原因・理由」ので, 「現実의 行動이나 状況이 発生」 구문으로 사용되어, 前件成立後 自然的인 因果関係로 後件이 成立한다.
　　花子は今日病気なので、学校を休んでいます。
　　運動会は雨が降ったので、中止になった。
　　風が強いので、ほこりがひとい。

2) 前件을 이유로, 온화한 依頼나 勧誘, 命令이 後件에 나타낸다.
　　あぶないので、気をつけてください。

3) 「ます、ません、ました、ませんでした、ています、ていません」라는 述語는 「ので」를 使用한다.
　　フランス語で話しましたので、よく分りませんでした。

4) 現実状況의 事情説明
　　ドルが高いので、海外旅行はやめました。

(2) 「から」; 主観的인 表現

1) 「原因・理由・根拠」から, 「話者의 意志나 생각」 구문으로 사용되어, 前件을 原因・理由로서, 強引하게 後件에 연결시킨다.
　　星が出ているから、あすもいい天気でしょう。
　　機械が古いから、たびたび故障する。
　　私は今日頭が痛いから、早く帰ろうと思っています。

2) 後件에 강한 命令・勧誘를 나타낼 때
　　「~のだから, ~からは, ~からこそ」의 형태로 사용된다.
　　明日旅行に行くのだから、今日中に宿題をすませなさい。

3) 「~からです」의 형태로 述語에 사용된다.
   それは君が悪いからです。

4) 話者가 自身의 생각을 청자에게 이해받고 싶을 때 사용된다.
   今日は忙しいから、約束はできません。

※ 依頼나 禁止의 내용을 전할 경우, 「から」를 사용하면 話者의 생각이나 意志
   가 강해지기 때문에 청자에게 反感을 가지게 할 염려가 있다.

7-6-4. 確定의 逆接

(1) 「のに, にも関わらず」

1) 前件과 後件이 강하게 충돌하는 条件
   雨天にもかかわらず、外出する。
   彼は何にも知らないのに、知ったふりをする。

2) 不満이나 서운함
   あるのに、ないという。　まだ早いのに、もう帰るのですか。

(2) 「が, けれども」

1) 拒絶이나 양해적인 条件
   前に読んだことはあるけれども、よく覚えていませんね。
   雨が降っているけれど、出かけよう。

2) 対比
   金もないけれども、ひまもない。　よくできるが、体が弱い。
   風はないが、花が散る。　夏は日が長いけれど、冬は短い。

3) 序頭
   すみませんけれど、道を教えてください。

その話です<u>が</u>、私も聞きました。　　雨は降った<u>が</u>、少しだった。

(3)「ものの」

前件의 사태를 인정하면서 後件의 사태와 양립하지 않는 관계에 있다는 것을 나타낸다. 또, 대립하는 2개의 사태가 병존하는 것을 나타내기도 한다.

そうはいう<u>ものの</u>、実行しない。（그렇게는 말하지만 실행하지 않는다）

昼は暖かな<u>ものの</u>、夜は寒い。（낮에는 따뜻하지만 밤에는 춥다）

待った<u>ものの</u>、だれも来ない。（기다렸지만 아무도 오지 않는다）

7-6-5. 其他

(1)「ながら」

1) 同時動作, 同時의 列挙

音楽を聞き<u>ながら</u>勉強する。　　テレビを見<u>ながら</u>御飯を食べる。

彼はにこにこ笑い<u>ながら</u>話した。　　手を振り<u>ながら</u>歩く。

2) 逆接 ;「～にもかかわらず」와 같은 意味이다.

体は小さい<u>ながら</u>、力がある。　　悪いと知り<u>ながら</u>、改めない。

知ってい<u>ながら</u>、知らんぶりする。

3) 存続, 全部

昔<u>ながら</u>のしきたり。（옛날 그대로의 관습）

兄弟三人<u>ながら</u>天才だ。（형제 3명 모두 천재다）

(2)「たり/だり」

1) 並列, 反復

食べ<u>たり</u>飲ん<u>だり</u>する。　　テレビを付け<u>たり</u>消し<u>たり</u>する。

笑っ<u>たり</u>泣い<u>たり</u>する。　　今日は晴れ<u>たり</u>曇っ<u>たり</u>です。

2) 例示

　　悪口をいった<u>り</u>するな。　　日曜日は山へ登った<u>り</u>します。

(3) 「し」

1) 相反열거

　　夏は暑い<u>し</u>、冬は寒い。

2) 共存열거

　　フランス語も習う<u>し</u>、中国語も習う。　　運動もする<u>し</u>、研究もする。
　　何も食べない<u>し</u>、飲まない。　　彼女はきれいだ<u>し</u>、やさしい。
　　雨が降る<u>し</u>、風も吹く。　　掃除もした<u>し</u>、洗濯もした。

(4) 「て」

1) 原因・理由의 順接

　　体が疲れ<u>て</u>、長い返事も書けません。

2) 起点 ;「～てから」와 같은 意味로 쓰인다.

　　長い冬が過ぎ<u>て</u>、春が来た。

3) 並列

　　海は広く<u>て</u>大きい。

❼-7. 終助詞

　종조사는 文末 등에 사용되어, 疑問 禁止 感動등 여러 의미를 더해주거나, 話者
의 기분을 나타내는 역할을 한다. 종조사는 또 述語의 基本形, タ形등에 접속하며,
사용법에는 현저한 男女差가 보인다.

7-7-1. 終助詞의 典型的인 用法

(1) 斷定을 나타내는 것 ;「さ」

私はどうせばかな男さ。　失敗もあるさ。

(2) 疑問을 나타내는 것 ;「か、かい、かな、かしら、の」

あれは何ですか。　そんなことがあるかい。

まだ来ていないかな。　この水、飲めるかしら。

あれでいいかしら。　その人はだれなの。

(3) 確認이나 同意를 나타내는 것 ;「ね、な」

たぶん違うだろうな。　今日はいい天気ですね。(同意要求)

彼女は確か日本人だったね。(確認)

「ね」는 상대방도 같은 知識을 가지고 있다고 想定될 경우 사용된다.

(4) 通知나 알림을 나타내는 것 ;「よ、ぞ、ぜ」

今日はまけないぞ。　早く出かけようぜ。

財布が落ちましたよ。(알림)

早く行かないと、遅刻するよ。(注意、警告)

「よ」는 상대방이 모르는 일에 注意를 喚起시키는 역할을 한다.

(5) 感歎을 나타내는 것 ;「な、なあ、わ、や」

いい車だなあ。　まあ、おどろいたわ。　すばらしいや。

(6) 記憶의 確認을 나타내는 것 ;「っけ」

明日の授業は何時からだったっけ。

これ、なんていう花でしたっけ。　そんな人がいたっけ。

(7) 禁止를 나타내는 것 ;「な」

あそこへ行くな。　芝生に入いるな。　道路で遊ぶな。

(8) 종조사에 준하는 것 ;「なさい、って、っと」

    おやすみ<u>なさい</u>。　妹も行きたい<u>って</u>。　もう帰ろう<u>っと</u>。

7-7-2 間投助詞 ;「や、な、ね/ねえ、さ」

(1)「や」; 주로 남성들이 사용한다.

1) 勧誘

    もう帰ろう<u>や</u>。　みんなでいっしょに行こう<u>や</u>。

2) 強調

    今<u>や</u>、情報化時代だ。

3) 사람을 부를 때

    花子<u>や</u>。

4) 感動

    この景色はほんとうにすばらしい<u>や</u>。

(2)「な」; 주로 남성들이 사용한다.

1) 禁止

    酒を飲む<u>な</u>。　このことは、友達にも話す<u>な</u>。

2) 命令

    あっちへ行き<u>な</u>。　この失敗は、けっして忘れる<u>な</u>。

3) 確認, 同意

    一緒に食べましょう<u>な</u>。　今日は良かった<u>な</u>。

(3)「ね/ねえ」

1) 確認
明日は休日です<u>ね</u>。　彼女が景子さんです<u>ね</u>。

2) 依頼
ちょっとお待ちください<u>ね</u>。　誰にも言わないでください<u>ね</u>。

3) 同意, 主張
今日はいい天気です<u>ね</u>。　行った方がいいと思う<u>ね</u>。

4) 感動, 영탄
あなたがかいた絵は、すばらしい<u>ね</u>。

(4)「さ」; 주로 남성들이 사용한다.

1) 主張, 断定
君だって、そうする<u>さ</u>。　心配することはない<u>さ</u>。
たまには失敗もある<u>さ</u>。

2) 疑問
なぜ、行かないの<u>さ</u>。

3) 변명, 해명하거나 자신의 행위를 인정할 경우
A; バスはまだ来ないわ。　　　　B; そのうちに来る<u>さ</u>。
A; お前はね、わがままなんだよ。　B; 分かっている<u>さ</u>。

7-7-3. 終助詞

「か、なあ、ぞ/ぜ、とも、よ、の/こと/もの、わ、かしら、て/で、けど/けれ
ど、とも」

(1)「か」

1) 疑問, 質問
これはなんです<u>か</u>。　あなたはだれです<u>か</u>。

2) 反語
彼の話しはだれも信じない<u>か</u>。そんなことがあるもの<u>か</u>。
だから、勉強しなかったの<u>か</u>。

3) 勧誘, 依頼
あれはどうです<u>か</u>。　彼もいっしょに行かせる<u>か</u>。

4) 感動, 영탄
なんだ、そうだったの<u>か</u>。

(2)「なあ」

1) 感動, 영탄
ほんとうにきれいだ<u>なあ</u>。　今日はよいお天気だ<u>な</u>。

2) 所望, 여운
雨が降るといい<u>なあ</u>。　だけど<u>なあ</u>、あまりおそいね。

3) 断定
急げば間に合う<u>なあ</u>。　これを壊したのはお前たちだ<u>なあ</u>。

(3)「ぞ/ぜ」
주로 남성들이 사용하는데,「ぞ」는 동료나 아랫사람에게 사용되고,「ぜ」는 친한 사람끼리 사용한다.

1) 주의환기
ぼくの番だ<u>ぞ</u>。　雨が降りだしてきた<u>ぞ</u>。

もう12時だ<u>ぜ</u>。　証明書だって持っているんだ<u>ぜ</u>。

2) 다짐
今日は負けない<u>ぞ</u>。　そんな話しは通用しない<u>ぜ</u>。
感謝してないわけじゃないんだ<u>ぜ</u>。

(4)「とも」
의심, 반대의 여지가 전혀 없음을 나타낸다.
A; この本、借りていいですか。B; 結構です<u>とも</u>。
五キロぐらい歩ける<u>とも</u>。　これから勉強する<u>とも</u>。
私ですか。行きます<u>とも</u>。どうぞご心配なく。

(5)「の」; 주로 여성들이 사용한다.

1) 疑問
そんなに行きたい<u>の</u>。　なぜ、君だけ行かない<u>の</u>。

2) 가벼운 断定
あのひとが悪い<u>の</u>。　いいえ、もう大丈夫です<u>の</u>。

3) 命令
すぐにする<u>の</u>。

4) 確認
私も行く<u>の</u>。

(6)「こと, もの」
「もの」는 불만을 가지고 반박하는 형태로 사용되고,「こと」는 여성어로 감탄하고 있다는 것을 상대방에게 전할 경우에 사용된다.

1) 反問
だって、やってみたい<u>もの</u>。　こいつが先に手を出したんだ<u>もの</u>。

2) 命令, 感歎

　　夜8時までに仕事を終える<u>こと</u>。　まあ、きれいです<u>こと</u>。

(7) 「よ」

화자는 이미 알고 있지만 청자가 모를 경우, 청자에게 인식시킬 필요가 있다고 판단
될 때 사용된다.

1) 通告, 다짐

　　もう12時だ<u>よ</u>。　この車は、とても早い<u>よ</u>。
　　そっちをひぱってみて<u>よ</u>。　もっとちゃんと書きなさい<u>よ</u>。

2) 勧誘, 命令

　　早く行こう<u>よ</u>。　いい加減にしてくれ<u>よ</u>。
　　早くしろ<u>よ</u>。　やめてちょうだい<u>よ</u>。

3) 疑問呼訴

　　何言っている<u>のよ</u>。　おなかがすいた<u>よ</u>。
　　時間を掛けるんだ<u>よ</u>。　ダメだ<u>よ</u>、無理しちゃ。

4) 忠告

　　たばこはすわないほうがいいです<u>よ</u>。　そんなことをしてはいけない<u>よ</u>。

(8) 「わ」

주로 여성들이 자기가 인식/판단한 것을 상대방에게 전할 때 사용한다.

1) 感動, 영탄

　　いいお天気だ<u>わ</u>。　あら、雪が降っている<u>わ</u>。

2) 가벼운 主張

　　私も参加する<u>わ</u>。　知らない<u>わ</u>。
　　私も東京へ行きます<u>わ</u>。

3) 어이없고 놀라움

　　電車は混む<u>わ</u>、台風に会う<u>わ</u>。
　　あ、先の店でお釣りをもらうの忘れた<u>わ</u>。

(9) 「かしら」; 주로 여성들이 사용한다.

1) 疑問

　　これは私のくつ<u>かしら</u>。

2) 부탁, 希望

　　お金を貸してくれない<u>かしら</u>。

3) 혼잣말

　　彼女は今ごろ何をしているの<u>かしら</u>。

(10) 「て, で」; 주로 여성들이 사용한다.

1) 確認

　　よろしくっ<u>て</u>言いました。

2) 断定

　　私、知らなく<u>て</u>よ。

3) 依頼

　　私にも教え<u>て</u>。

(11) 「けど, けれど, けれども, けども」

1) 願望

　　背が高いといいんです<u>けど</u>。

2) 완곡한 기분

　　晴れるといいんです<u>けど</u>。

Tense(時制)

1. Tense를 나타내는 諸形式과 基本用法

Tense(時制)란, 現在의 시점(発話時点)을 기준으로 하여, 그것보다 前(過去)인가 後(未来)인가를 나타내는 문법수단을 말한다.

❶-1. Tense를 나타내는 諸形式

일본어의 Tense는 過去・現在・未来를 나타내는데, ル形와 タ形의 대립, 非過去와 過去의 대립밖에 없다.

「ル形(非過去形)」 ; 현재나 미래, 또는 시간을 초월한 사태를 나타낸다.
「タ形(過去形)」　 ; 과거의 時制를 표현한다.

	ル形(非過去形)	タ形(過去形)
動詞	辞書形 〜ます 〜ません 否定形	〜た 〜ました 〜ませんでした 〜なかった
イ形容詞	〜い(です) 〜くない(です) 〜くありません	〜かった(です) 〜くなかった(です) 〜くありませんでした
ナ形容詞 名詞+だ	〜だ 〜です 〜である 〜ではない 〜ではありません	〜だった 〜でした、〜だったです 〜であった 〜ではなかった 〜ではありませんでした

❶-2. Tense의 基本用法

Tense의 基本原則으로「タ形」은 述語의 種類에 관계없이 過去를 나타내는데 비해,「ル形」은 状態性述語인 경우는 現在, 動作性述語인 경우는 未来를 나타낸다. 또,「タ形」은 過去를 나타내는 용법 외에, 完了를 나타내는 용법이 있는데, 이중에서「タ形」이 現在完了,「テイタ形」이 過去完了,「テイル形」이 未来完了를 각각 나타내고 있다.

> 彼が来た時、けんかは終わっ<u>た</u>。 ; 現在完了
> 彼が来た時、けんかは終わっ<u>ていた</u>。 ; 過去完了
> 彼が来る前に、けんかは終わっ<u>ている</u>。 ; 未来完了

現在完了의 否定은「まだ〜ていない」로 나타내는 것이 보통이다.

> A 昼ご飯食べ<u>た</u>? (점심 먹었니)
> B1 うん、食べた。(응, 먹었어)
> B2 いや、<u>まだ</u>食べ<u>ていない</u>。(아니, 아직 안 먹었어)

2. 상태성 述語의 경우

❷-1. ル形(非過去形)

「ル形」은 一般的으로「現在」를 나타내는데,「未来」나「過去에 관한 것」도 나타낸다.

(1) 現在의 状態
   大きい犬が<u>いる</u>。彼女は<u>独身だ</u>。
   昨日、一緒に歩いていた人は、私の<u>恋人だ</u>。
   (어제 함께 걸었던 사람은 내 애인이다)

(2) 現在까지의 状態存続
   花子はこの一週間ずっと<u>病気だ</u>。(하나꼬는 이번 일주일동안 계속 아프다)
   先週からずっと<u>消化不良だ</u>。(지난주부터 계속 소화불량이다)
   そのカメラは2、3日前からここに<u>ある</u>。
   (그 카메라는 2, 3일 전부터 여기에 있다)

(3) 未来의 状態
실현이 확실한 경우에는 未来의 상태를 나타낸다.
   明日は一日中<u>忙しい</u>。来月から<u>社会人だ</u>。
   今週の土曜日は用事が<u>ある</u>。(이번주 토요일은 일이 있다)

(4) 過去에 관한 것
「ル形」이 過去에 관한 것을 나타내는 경우도 있는데, 이때 「夕形」과는 다음과 같은 차이가 있다.

1)「夕形」은 話者가 体験한 시점에 주목하는데 비해,「ル形」은 発話 시점에도
   그 属性이 남아 있다는 것에 주목한다.

A 先週、パリへ行ったでしょ。どうでした。

(지난주 파리에 갔었지요. 어땠어요)

B1 すごくいい<u>所だった</u>よ。(매우 좋은 곳이었어요)

B2 すごくいい<u>所だ</u>よ。(매우 좋은 곳이어요)

2) 「タ形」은 話者가 過去사태의 시점에 초점을 두고 표현하고 있지만, 「ル形」은 話者가 過去의 사태에 관해 판단한 시점이 発話시점이란 것을 나타낸다.

A 朝は薬を飲んだが、夜は飲まなかった。

B1 それは<u>よくなかった</u>なあ。(그것은 좋지 않았어)

B2 それは<u>よくない</u>なあ。(그것은 좋지 않아)

(5) 本質, 真理를 나타내는 것

北京は中国の<u>首都だ</u>。水素は空気より<u>軽い</u>。

ナイロンは火に<u>弱い</u>。水は100度で<u>沸騰する</u>。

❷-2. タ形(過去形)

(1) 過去의 상태

彼はすばらしい<u>人だった</u>。昨日は一日中<u>雨でした</u>。

先ほどまであそこにだれかが<u>いた</u>。(조금전까지 저기에 누군가가 있었다)

(2) 過去의 어떤 시점까지의 상태존속

友人は昨日までずっと<u>病気だった</u>。去年まで彼女は<u>有名だった</u>。

3ヶ月前までは地下鉄がなくてとても<u>不便でした</u>。

(3개월 전까지는 지하철이 없어서 매우 불편했습니다.)

(3) 어떤 상태를 알아차렸을 때

ああ、お腹が<u>すいた</u>。(아아, 배고프다)

ああ、<u>疲れた</u>。(아아, 피곤하다)

ああ、<u>困った</u>。(아아, 곤란하다)

(4) 再認識을 나타내는 경우

学科会議は<u>今日だった</u>。(학과회의는 오늘이었다)

三日前に会った彼女の名前は<u>何でした</u>っけ。

(3일전에 만난 그녀의 이름은 뭐였지)

┌明日、彼女と<u>会うんだ</u>。; 기다리던 만남을 인식하고 있는 경우

└明日、彼女と<u>会うんだった</u>。; 再認識을 나타내는 경우

3. 동작성 述語의 경우

❸-1. ル形(非過去形)

一般的으로 「未来」를 나타내는데, 「現在」는 「テイル形」으로 나타낸다.

(1) 未来의 사건이나 동작

明日は友達の家で<u>勉強する</u>。夕食はレストランで<u>食べます</u>。
来週の日曜日に運動会が<u>行なわれる</u>。(다음주 일요일에 운동회가 열린다)
私の父は来年で80才に<u>なります</u>。(우리아빠는 내년에 80세가 됩니다)
彼女は大学を卒業するとイギリスに<u>留学する</u>。

(2) 현재의 習慣이나 반복되는 동작

毎朝、7時のニュースを<u>見ます</u>。　私は毎晩12時ごろ<u>寝ます</u>。
最近、よく散歩に<u>出かけます</u>。(최근 자주 산책 나갑니다)
この頃朝6時になると、目が<u>覚めます</u>。(요즈음 아침 6시가 되면 눈을 뜹니다)
ここのところ、三日に一度は雨が<u>降る</u>。(요즈음 3일에 한번은 비가 온다)

이처럼 過去에도 발생했고, 앞으로도 확실히 발생하는 것에는 「ル形」이 사용된다.

医者 ; カゼですね。セキは<u>出る</u>んですか。(감기군요 기침은 합니까)
患者 ; はい、よく<u>出る</u>んです。(예 자주 합니다)

(3) 現在의 知覚이나 思考

男の人の声が<u>聞こえる</u>。(남자 목소리가 들린다)
それは間違っていると<u>思います</u>。(그것은 틀렸다고 생각합니다)

(4) 宣言이나 宣誓와 같은 話者의 意志行為

開会を<u>宣言します</u>。私は必ず<u>成功します</u>。(저는 반드시 성공하겠습니다)
二度とこんなことを<u>しない</u>と<u>約束します</u>。
(두번 다시 이런짓을 하기 않기로 약속합니다)

(5) 現在

동작동사의 ル形(非過去形)는 현재의 동작을 나타낼 수가 없기 때문에, 「～ている」形을 사용해서 現在를 나타낸다.

> ┌*私は今、テレビを<u>見ます</u>。
> └私は今、テレビを<u>見ています</u>。(지금 TV를 보고 있습니다)

❸-2. タ形(過去形)

一般的으로 過去나 完了를 나타낸다.

> A1 : (pm9時ごろ)夕御飯を<u>食べましたか</u>。(過去)
> B1 : はい、<u>食べました</u>。 *はい、もう食べました。
> B2 : いいえ、<u>食べませんでした</u>。
> B3 : *いいえ、まだ食べていません。
> A2 : (pm6時ごろ)夕御飯を<u>食べましたか</u>。(完了)
> B1 : はい、<u>食べました</u>。 はい、<u>もう食べました</u>。
> B2 : *いいえ、食べませんでした。
> B3 : いいえ、<u>まだ食べていません</u>。

(1) 過去의 사건이나 動作

> 昨日昼ごはんを<u>食べましたか</u>。ぼくは1985年に<u>生まれた</u>。
> 夏休みの時友達と海水浴に<u>行きました</u>。
> 先週の日曜日に運動会が<u>行なわれた</u>。
> 昨日は一日中本を<u>読みました</u>。

(2) 完了

1)「タ形」은 現在完了

事態나 動作이 끝난 直後 인 것을 나타낸다. 따라서 「もう・すでに」와 같은 副詞가 사용되는 경우와, 発話時直前의 사건이나 동작이 문제되는 경우에 사용된다.

> その映画は<u>もう見ました</u>。(그 영화는 이미 보았습니다)

もうレポートを提出しましたか。(벌써 레포트를 제출했습니까)

先生はすでに帰りました。(선생님은 벌써 귀가했습니다)

さあ、目的地に着いたぞ。(자, 목적지에 도착했어요)

2)「テイタ形」은 過去完了

動作이 基準時이전에 끝나 있는 경우,「もう~ていた」「まだ~ていなかった」가 된다.

昨日の午後6時頃、彼はもう夕御飯を食べていた。

(어제 오후 6시경, 그는 이미 저녁을 먹었다)

―――――○―――――▽―――――↑―――→(時間)

　　夕御飯を食べる　昨日の午後6時頃　発話時

昨日の午後6時頃、彼はまだ夕御飯を食べていなかった。

(어제 오후 6시경, 그는 아직 저녁을 먹지 않았다)

▽참고로, 未来完了는「テイル形」으로 나타내는데, 基準時가 未来인 경우,「すでに~ているだろう」「まだ~ていないだろう」가 된다.

明日の午後6時頃、彼は既に夕御飯を食べているだろう。

(내일 오후 6시경, 그는 이미 저녁을 먹었을 것이다)

―――――↑―――――▽―――――○―――→(時間)

　　発話時　　夕御飯を食べる　明日の午後6時頃

明日の午後6時頃、彼はまだ夕御飯を食べていないだろう。

(내일 오후 6시경, 그는 아직 저녁을 먹지 않았을 것이다)

▽終結点이 명확하지 않는 부정표현은, 夕形으로 完了의 의미가 困難하다.

┌*まだ、レポートを提出しなかった。
└まだ、レポートを提出していない。(아직 report를 제출하지 않았다)

▽過去나 完了는, 否定形일 때 그 差異가 명확하다.

A; 彼は昨日学校へ来ましたか。　B; いいえ、来ませんでした。(過去)

A; 彼はもう学校へ来ましたか。　B; いいえ、まだ来ていません。(完了)

(3) 過去의 習慣的인 동작이나 反復되는 상태

子供の頃、よく川で遊びました。(어릴적 강에서 잘 놀았습니다)

大学の時はよく旅行に行きました。(대학때는 자주 여행갔습니다)

先月まではほとんど毎日運動を<u>しました</u>。
(지난달까지는 거의 매일 운동했습니다)
今年の夏は二日に一度の割合で雨が<u>降った</u>。
(이번 여름은 이틀에 한번 꼴로 비가 왔다)

(4) 期待의 실현이 명확한 경우

あっ、バスが<u>見えた</u>。やっと<u>来た</u>わ。(아 버스가 보였다. 이제야 왔어)

(5) 가정법에 있어서의 結果의 想定

救急車があと五分遅れていたら、子供は<u>助からなかった</u>。
(구급차가 5分 늦었더라면 아이는 살 수 없었다)

(6) 想起

お住まいはどちらで<u>した</u>か。(사는 곳은 어디셨습니까)
お名前は何とおっしゃいま<u>した</u>か。(이름은 뭐라고 하셨습니까)

(7) 後悔

もっと勉強するべきだっ<u>た</u>。(더 공부했어야 했다)
もう少し頑張ればよかっ<u>た</u>。(좀더 분발했으면 좋았다)

4. 超時制

❹-1. 時間을 초월한 사태를 나타내는 用法

ル形에는 시간을 초월한 사태를 나타내는 용법이 있는데, 이것은 사람이나 사물의 속성을 표현하는 文에 사용되며, 時制(tense)에 관계없는 일반적인 사실을 나타낸다.

　　日本人は勤勉だ。(일본인은 근면하다)
　　カニは横に歩く。(게는 옆으로 걷는다)
　　酒を飲むと酔う。(술을 마시면 취한다)
　　水素が燃焼すると水になる。(수소가 연소하면 물이 된다)
　　オリンピックは四年に一度開かれる。(올림픽은 4년에 한번 열린다)
　　どの時代にも働きたくない人はいる。
　　(어느시대에도 일하고 싶지 않은 사람은 있다)

❹-2. 一般化해서 표현하는 用法

ル形(非過去形)에는 動作을 發話시점에 관련시키는 것이 아니고, 一般化해서 표현하는 용법도 있다.

　　鍋にバターを溶かし、ベーコンを入れてよくいためる。
　　(냄비에 버터를 녹이고 베이컨을 넣어 잘 볶는다)
　　花子、右手から出て来て、舞台中央に止まる。
　　(하나꼬는 오른쪽에서 나와 무대중앙에 멈춘다)

5. タ形의 mood를 나타내는 用法

현재의 상태가 ル形(非過去形)아니라, タ形(過去形)으로 표현되는 경우인데, 크게 4가지로 나누어 생각해 볼 수 있다.

❺-1. 発見, 想起, 反事実

(1) 発見이나 想起
こんなところに財布が<u>あった</u>。　; 존재의 発見
今日は、<u>休日だった</u>。　　　　; 사태의 想起

이처럼, タ形(過去形)으로 존재의 発見이나 사태의 想起를 표현하고 있는 경우, mood적인 용법으로 사용된다.

(2) 反事実
彼女は旅行に行くはず<u>だった</u>。(그녀는 여행갈 예정이었다)
大統領は早く謝罪する<u>べきだった</u>。(대통령은 빨리 사과했어야 했다)

이처럼, 事態가 발생한 시점과 話者가 판단한 시점이 일치하지 않을 경우, タ形(過去形)이 mood적인 용법으로 사용되어 反事実을 나타낸다.

❺-2. 話者의 確認이나 切迫한 기분

(1) 話者의 確認의 기분
会議は明日も二時からですか。　; 보통의 疑問文
会議は明日も二時から<u>でしたか</u>。; 判定詞文

이처럼, タ形(過去形)이 話者의 確認의 기분을 나타내고 있는 경우, mood적인 용법으로 사용된다.

(2) 話者의 切迫한 기분

　　さあ、行った、行った。(자, 가라 가)
　　子供はあっちへ行った、行った。(애는 저리 가라 가)

　이처럼, タ形(過去形)을 사용한 命令表現은, 話者의 절박한 기분을 나타내는데, 이런 경우도 mood적인 용법으로 사용된다.

6. 相対Tense

  従属節속의「タ」는 過去가 아니고, 主節의 시점보다 앞의 시점을 가리킨다. 즉,
従属節의 Tense는 主節의 Tense와는 다른 관점에서 파악해야 한다.

  明日<u>来た</u>人には本を上げます。; 来る→あげる
  日本へ<u>行った</u>時、本を買った。; 行く→買う

❻-1.「～る時」와「～た時」의 差異가 있는 경우

  従属節의「ル形」은 主節에서 나타내는 時点보다 以後의 時点을 나타내고, 従属
節의「タ形」은 主節에서 나타내는 時点보다 以前의 時点을 나타낸다. 즉, 従属節
의 Tense는 主節의 Tense에 따라 상대적으로 결정되므로, 相対Tense라고 불리 우
고 있다.

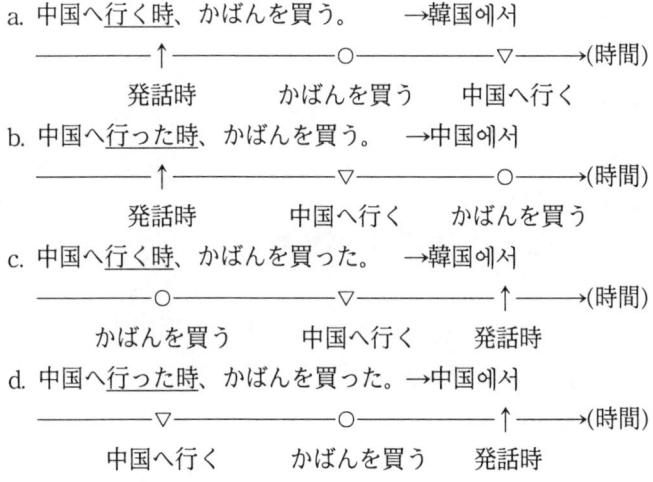

  a. 中国へ<u>行く時</u>、かばんを買う。　　→韓国에서
  ————↑————————○————————▽————→(時間)
　　　　　発話時　　　かばんを買う　　中国へ行く
  b. 中国へ<u>行った時</u>、かばんを買う。　→中国에서
  ————↑————————▽————————○————→(時間)
　　　　　発話時　　　中国へ行く　　かばんを買う
  c. 中国へ<u>行く時</u>、かばんを買った。　→韓国에서
  ————○————————▽————————↑————→(時間)
　　　かばんを買う　　中国へ行く　　発話時
  d. 中国へ<u>行った時</u>、かばんを買った。→中国에서
  ————▽————————○————————↑————→(時間)
　　　中国へ行く　　　かばんを買う　　発話時

  ┌日本へ<u>来る時</u>、カメラを買いました。　→来る前, 来る途中
  │　; カメラを買った 場所는 韓国이나 비행기안으로,
  │　　카메라를 산 시점이 먼저고, 일본에 온 시점이 나중이다.
  └日本へ<u>来た時</u>、カメラを買いました。　→来た後

; 카메라를 산 장소는 日本으로,

일본에 온 시점이 먼저고, 카메라를 산 시점이 나중이다.

┌大阪へ行く時、電話します。　→出発前이나 車안에서

; 전화한 시점이 먼저고, 大阪에 간 시점이 나중이다.

└大阪へ行った時、電話します。　→大阪에 도착한 다음

; 大阪에 간 시점이 먼저고, 전화한 시점이 나중이다.

❻-2.「～る時」와「～た時」의 差異가 없는 경우

이 경우,「～時」앞에는 상태술어나 형용사가 온다.

┌広島大学にいる時、沼本先生に会った。

└広島大学にいた時、沼本先生に会った。

(히로시마 대학에 있을 때 누모또선생님을 만났다)

┌若い時、深見先生に会いました。

└若かった時、深見先生に会いました。

(젊었을 때 후까이 선생님을 만났습니다)

❻-3. 視点의 原理

　従属節의 Tense가 相対Tense로 보기 어려운 경우, 三原健一(1992)는 主節과 従属節의 Tense形式을 視点의 原理에 입각해서 다음과 같이 설명하고 있다.

　(1) 主節과 従属節이 같은 Tense形式(ル形ール形、タ形ータ形)일 때, 従属節의 Tense는 発話시점과의 時間的인 前後関係에서 결정된다. 따라서 従属節의 Tense는 絶対Tense가 된다.

　越前海岸で自殺した女性は、タクシーでそこへ行った。

　(越前해안에서 자살한 여성은 택시로 거기로 갔다)

―――――○――――――▽――――――↑――→(時間)

　　　そこへ行く　　　自殺する　　　発話時

⑵ 主節과 従属節이 다른 Tense形式(ル形－タ形、タ形－ル形)일 때, 従属節의 Tense는 主節의 시점과의 時間的인 前後関係에서 결정된다. 따라서 従属節의 Tense는 相対Tense이다.

제6장
Aspect(局面)

1. Aspect에 대하여

Aspect라고 하는 것은, 動作이 時間的으로 어떠한 局面에 있는가를 나타내는 문법 형식을 말한다.

❶-1. Aspect를 나타내는 諸形式

Aspect를 나타내는 形式은, 크게 3가지로 나누어진다.

(1) 「動詞의 て形 + いる, ある, おく, しまう, いく, くる」의 複合動詞의 形式
(2) 「動詞의 連用形 + 始める, 続ける, 終わる」등과 같이 움직임의 開始, 継続, 終結 등을 나타내는 複合動詞의 形式
(3) 「Aspect를 나타내는 語句+ところだ, ばかりだ」
「動詞의 意志形 + とする, としている」
「動詞의 連用形 + つつある」등이 있다.

❶-2. Aspect表現

(1) 開始直前
これから<u>行くところだ</u>。(이제부터 가려던 참이다)
母は夕食を<u>作ろうとしていた</u>。(엄마는 저녁을 하려고 하고 있었다)

(2) 開始
論文を書き<u>始める</u>。(논문을 쓰기 시작하다)
雪が降り<u>出す</u>。(눈이 오기 시작하다)

(3) 進行, 継続
生徒が運動場を走っ<u>ている</u>。(학생이 운동장을 달리고 있다)
レポートを書い<u>ているところ</u>だ。(레포트를 쓰고 있는 중이다)
課長はただいま会議<u>中</u>です。(과장님은 지금 회의중입니다)
アパートを探しに歩き<u>続ける</u>。(아파트를 구하러 걸어다니다)

(4) 中断, 終結
<u>読みかけた</u>本。(읽다가 그만둔 책)
仕事を<u>やりかけた</u>ままにしておく。(일을 하다 만 채로 두다)
人々が<u>並び終わった</u>。(사람들이 줄지어 섰다)

(5) 完了, 結果
今来<u>たばかり</u>だ。(지금 막 왔다)
丁度今来<u>たところ</u>だ。(마침 지금 막 왔다)
名前が書い<u>てある</u>。(이름이 적혀있다)
全部飲ん<u>でしまった</u>。(전부 마셔 버렸다)
人が殺され<u>ている</u>。(사람이 죽어 있다)

(6) 変化
これまで平和憲法を守っ<u>て来た</u>。(지금까지 평화헌법을 지켜왔다)
これからもそうし<u>ていく</u>だろう。(이제부터도 그렇게 해나갈것이다)

❶-3. 動詞와 Aspect

우선, 金田一春彦(1976)가 提示한 動詞의 分類에 입각해, Aspect와의 관련성을 생각해 보기로 하자.

(1) 継続動詞 ; 飲む, 食べる, 歩く, 走る, 読む, 書く, 聞く 등
동작이 일정이상의 시간이 걸리는 동사이며, 「食べる→食べている→食べた」와 같이, 현재형으로 표현되는 사태와, 과거형으로 표현되는 事態사이에 「ている」로 표현되는 사태가 존재해, 「～ている」가 進行을 나타낸다.

(2) 瞬間動詞 ; 死ぬ, 終わる, 行く, 消える, 閉まる, 起きる, 開く, 結婚する 등
동작이 한순간으로 완료하는 동사이며, 보통 「～てある」가 붙지 않는다. 또, 「死ぬ→死んだ→死んでいる」처럼, 현재형으로 표현되는 사태에서 과거형으로 표현되는 사태에의 변화가 순간적으로 행해지므로, 「～ている」가 完了를 나타낸다.

(3) 状態動詞 ; ある, できる, いる, 小さすぎる, 要る 등 상태를 나타내는 동사이며, 「～ている」의 形態로 사용할 수 없다.

(4) 第4種의 動詞 ; そびえる, すぐれる, ばかげる 등
이러한 동사는 述語에 있어서, 항상 「～ている」의 形態로 사용된다. 그러나 連体修飾의 형태로 사용되면, 다음과 같은 예가 可能하다.
眼前にそびえるアルプスの山々。(눈앞에 솟아오른 알프스의 산들)
すぐれた人物。(뛰어난 인물)
ばかげた小説。(재미없는 소설)

▼ 계속동사와 순간동사의 구별이 어려운 것도 있다.
彼女はいい服を着ている。 →完了, 結果
今、便衣室で服を着ている。 →進行
그러나, 변화가 순간적이지 않아도 「ている」의 형태가 진행의 상태를 나타내지 않고 完了의 상태를 나타내는 동사가 있다.
「やせる→やせた→やせている」의 경우, 「やせている」는 「やせた」 결과

의 상태를 말하는 것이지, 「やせる」 과정을 말하고 있는 것은 아니다. 그렇다
고, 「やせる」와 「やせた」의 사이가 순간적으로 행해지는 것도 아니다. 이것
은 동작이 순간적인가 어떤가를 말하기보다, 그 동작의 결과가 뒤에 남는지
어떤지를 중시하고 있다고 볼 수 있다.

▼ 「순간동사+ている」가 進行을, 「계속동사+ている」가 完了를 나타내는 경우
도 있다.

자動ドアがゆっくりと閉まっている。 →進行(자동문이 천천히 닫히고 있다)
芥川はこの旅館であの河童を書いている。 →完了
(아쿠타가와는 이 여관에서 갓빠를 섰다)

▼ Aspect 관련표현
1) 間は / 間に
夏休みの間は日本にいます。 →状態
夏休みの間に論文を完成させます。 →完了
2) うちは / うちに
学生のうちは勉強が第一だ。 →状態
学生のうちに将来の計画を立てなさい。 →完了
3) まで / までに
夜までお酒を飲む。 →継続
夜までにお酒を飲む。 →完了

2. 「動詞의 て形+いる」의 用法

「ている」의 基本的인 意味는 動詞의 의미에 의해 결정되지만, 状態動詞에는「ている」가 붙지 않는다. 즉, 存在를 나타내는 動詞「ある・いる」나, 可能形과 같은 状態를 나타내는 動詞에는 사용할 수 없다.

❷-1. 動作의 進行

「계속(동작)동사+ている」의 形態로 사용되면, 동작이 進行中인 것을 나타낸다. 즉, 問題의 시점이전에 動作이 시작되어, 아직 動作이 끝나지 않은 상태를 나타낸다.

> 選手が運動場を走<u>っている</u>。友人が論文を書<u>いている</u>。
> 花子は今テレビを見<u>ている</u>。レストランでコーヒーを飲<u>んでいる</u>。

이처럼, 「ている」形이 움직임의 계속상태를 나타내기 위해서는, 계속동사가 사용되지 않으면 안 된다.

❷-2. 結果, 残存

「순간(변화)동사+ている」의 形態로 사용되면, 変化의 結果, 또는 状態의 残存을 나타낸다. 즉, 問題의 시점이전에 움직임이 終結하고, 움직임의 주체에 그 결과가 残存하고 있는 상태를 나타낸다.

> 窓が閉ま<u>っている</u>。(창문이 닫혀있다)
> 窓ガラスが割れ<u>ている</u>。(유리창이 깨져 있다)
> 彼は先週から東京に来<u>ている</u>。(그는 지난주부터 도쿄에 와 있다)

「ている」形이 結果의 상태를 나타내기 위해서는, 동사가「止まる, 消える, 開く」와 같은 움직임의 주체의 상태변화를 표현하는 것이 아니면 안 된다.

> 車が二台止ま<u>っている</u>。(차가 두 대 서 있다)

동작대상의 상태변화를 나타내는 동사도, 受動表現에서는「ている」형태로 結果状態를 나타낼 수가 있다.

> 門が開けられ<u>ている</u>。(문이 열려있다)
> テーブルに花が飾られ<u>ている</u>。(책상에 꽃이 꽂혀 있다)

❷-3. 完了

基準시점이전에 動作이나 事態가 끝나 있는 용법을 말하는데 基準시점의 차이에 의해 現在完了・過去完了・未来完了가 있다. 또,「もう, すでに, まだ」등의 副詞와함께 사용되면, 完了상태의 意味가 보다 명확해진다.

	긍정	부정
현재완료	(もう)~た、(もう)~ている	(まだ)~ていない
과거완료	(すでに)~ていた	(まだ)~ていなかった
미래완료	(すでに)~ているだろう	(まだ)~ていないだろう

(1) 現在完了
> 夕食は<u>もう</u>食べ<u>た</u>。夕食は<u>もう</u>食べ<u>ている</u>。(저녁은 벌써 먹었다)
> 夕食は<u>まだ</u>食べ<u>ていない</u>。(저녁은 아직 먹지 않았다)
> 先生には<u>もう</u>相談し<u>た</u>。先生には<u>もう</u>相談し<u>ている</u>。
> 先生には<u>まだ</u>相談し<u>ていない</u>。(선생님에게는 아직 의논하지 않았다)

(2) 過去完了
> 午後6時頃、彼は夕食を<u>すでに</u>食べ<u>ていた</u>。
> (오후 6시경 그는 저녁을 이미 먹었다)
> 午後6時頃、彼は夕食を<u>まだ</u>食べ<u>ていなかった</u>。
> (오후 6시경 그는 저녁을 아직 먹지 않았다)
> 私が来た時、会議は<u>すでに</u>始まっ<u>ていた</u>。
> (내가 왔을 때 회의는 이미 시작되었다)

私が来た時、会議はまだ始まっ<u>ていなかった</u>。
(내가 왔을 때 회의는 아직 시작되지 않았다)

(3) 未来完了

その記事は<u>すでに</u>読ん<u>でいるだろう</u>。(그 기사는 이미 읽었을 것이다)
その記事は<u>まだ</u>読ん<u>でいないだろう</u>。(그 기사는 아직 안 읽었을 것이다)
会議は<u>すでに</u>始まっ<u>ているだろう</u>。(회의는 이미 시작됐을 것이다)
会議は<u>まだ</u>始まっ<u>ていないだろう</u>。(회의는 아직 안 시작했을 것이다)

❷-4. 反復, 反事実

(1) 동일동작의 反復을 나타낼 경우

이 경우,「毎日、次々と」등과 같은 副詞와 함께 사용된다.
この美術館は<u>毎日</u>多くの人が訪れ<u>ている</u>。
(이 미술관은 매일 많은 사람이 방문하고 있다)
選手が<u>次つぎと</u>到着し<u>ている</u>。
(선수가 차례차례 도착하고있다)

(2) 反事実을 나타낼 경우

실제는 Y가 実現되지 않았지만, X가 実現되었더라면 Y라는 사태가 발생했다는 의미로 사용된다.
留学の時、妻がいなかったら、僕は失敗し<u>ていた</u>。
(유학 때 아내가 없었더라면 나는 실패했다)
子供がいなかったら、彼女は苦しん<u>でいた</u>。
(아이가 없었더라면 그녀는 괴로웠다)
あの時、お金があれば、株を買っ<u>ていた</u>。
(그때, 돈이 있으면 주식을 사놓았다)
今、お金があれば、株を買っ<u>ている</u>。(지금 돈이 있으면 주식을 사놓았다)

❷-5. 経験, 経歴

(1) 2가지 용법
経験이나 経歴을 나타내는「ている」는, 2가지 용법으로 사용된다.

1) 過去의 영향이 현재도 남아있는 경우
この本は5年前に絶版になっ<u>ている</u>。→だから、その本は買えない。
(이 책은 5년 전에 절판되었다)
田中さんは学生時代に富士山に登っ<u>ている</u>。→だから、登山は自信がある。
(田中씨는 학생시절에 후지산에 올랐다)

2) 어떠한 証拠에 의해 말 할 경우
韓国はこの種目で1988年と1992年に金メダルを取っ<u>ている</u>。
(한국은 이 종목에서 1988년과 1992년에 금메달을 땄다)
去年一度、先生にその話しを聞い<u>ている</u>。
(작년에 한번 선생님에게 그 이야기를 들었다)

(2)「たことがある」와의 差異
「ている」는 発話시점에서 그다지 떨어져 있지 않은 時間이나, 有意味한 경력으로 인정할 때 사용되지만,「たことがある」는 発話시점에서 어느 정도 떨어져 있는 時間이나, 단지 経験을 말할 때 사용된다.

私は昨日彼女に会っ<u>ている</u>。(나는 어제 그녀를 만났다)
*私は昨日彼女に会っ<u>たことがある</u>。
私は犬肉を食べ<u>たことがある</u>。(나는 개고기를 먹은 적이 있다)
??私は犬肉を食べ<u>ている</u>。

(3)「経験・経歴」의 용법과「結果・残存」의 용법
経験이나 経歴의 용법으로 사용되는「ている」는 過去의 사태를 돌이켜보는데 지나지 않지만, 結果나 残存의 용법으로 사용되는「ている」는 過去의 사태의 결과가 発話시점까지 계속되고 있다는 점에서 다르다.

❷-6. 習慣, 本来의 状態, 対象의 属性

(1) 習慣을 나타낼 경우

「ている」가 「毎日, よく, 時々, ごとに, いつも」와 같은 頻度를 나타내는 말과 함께 사용되면, 습관을 나타낸다.

> 毎朝、体操をし<u>ています</u>。(매일아침 체조를 하고 있습니다)
> 私は週末ごとに釜山へ行っ<u>ている</u>。(나는 주말마다 부산에 간다)
> 彼女は時々公園を散歩し<u>ている</u>。(그녀는 가끔 공원을 산책한다)
> 大学の時代、よくあの喫茶店で友達と話し<u>ていた</u>。
> (대학 때, 자주 그 찻집에서 친구와 이야기했다)

(2) 本来의 상태를 나타낼 경우

> 私の部屋は東に面し<u>ている</u>。(제방은 동쪽에 위치하고 있다)
> 山がそびえ<u>ている</u>。(산이 우뚝 솟아 있다)
> 銅貨は丸い形をし<u>ている</u>。(동전은 둥근 형태를 하고 있다)
> 彼は猿に似<u>ている</u>。(그는 원숭이를 닮았다)

(3) 対象의 属性을 나타낼 경우

「ている」 표현은 시간적인 한정이 희박해지면, 대상의 속성을 나타낸다.

1) 進行中인 것에서 대상의 속성으로 移行
> 彼女は会社に勤め<u>ている</u>。(그녀는 회사에 근무하고 있다)
> 漢江はソウルの街を流れ<u>ている</u>。(한강은 서울 시내를 흐르고 있다)

2) 結果状態에서 대상의 속성으로 移行
> この車はハンドルが右側に付い<u>ている</u>。(이 차는 핸들이 우측에 붙어 있다)
> 花子は少しやせ<u>ている</u>。(花子는 조금 여위었다)

❷-7. 「〜ているN」과 「〜たN」이 같은 意味로 쓰일 경우

(1) 「かける、着る、かぶる、はく、しめる、はめる」 等의 着裝動詞

　　┌めがねをかけている男。(안경을 쓰고 있는 남자)
　　└めがねをかけた男。(안경을 쓴 남자)

　　┌ヘルメットをかぶっている人。(헬멧을 쓰고 있는 사람)
　　└ヘルメットをかぶった人。(헬멧을 쓴 사람)

　　┌赤いネクタイをしている課長。(빨간 넥타이를 하고 있는 과장)
　　└赤いネクタイをした課長。(빨간 넥타이를 한 과장)

(2) 一部의 結果動詞

　　┌さめているコーヒー。(식은 커피. *식고 있는 커피)
　　└さめたコーヒー。(식은 커피)

　　┌乾いているハンカチ。(마른 손수건. *마르고 있는 손수건)
　　└乾いたハンカチ。(마른 손수건)

　　┌すんでいる空。(맑은 하늘. *맑고 있는 하늘)
　　└すんだ空 (맑은 하늘)

(3) 本来의 상태를 나타내는 동사

　　┌変わっている人。(별난 사람. *변해있는 사람)
　　└変わった人。(별난 사람)

　　┌順子に似ている人。(順子를 닮은 사람. ?順子를 닮아 있는 사람)
　　└順子に似た人。(順子를 닮은 사람)

　　┌曲がっている道。(구부러진 길. ?구부러져 있는 길)
　　└曲がった道。(구부러진 길)

　　「ル形」와 「タ形」는 事態를 点的으로 파악하고, 「テイル形」와 「テイタ形」는 事態를 線的으로 파악하는 속성을 가지고 있다. 눈앞에서 일어나고 있는 것을 처음부터 끝까지 다 파악할 수 없기 때문에, 「テイル形」이 現在를 나타내고, 「ル形」은 未来를 나타내고 있는 것이다.

　　　　　明日は雪が降ります。　→未来
　　　　　今、雪が降っています。　→現在

3. 「動詞의 て形+ある」의 用法

「<もの>が<他+てある>」나 「<人>が<もの・こと>を<他+てある>」의 文型으로 사용되는 경우, 状況描写文으로 前者는 対象의 変化(結果的인 状態)를, 後者는 어떤 <u>意図的行為의 結果</u>로서 対象의 変化를 나타낸다. 이때, 対象은 「が格」으로 표시되며, 관계하는 동사는 「飾る, 置く, 並べる, 書く, 開ける」와 같은 対象의 状態変化를 표현하는 타동사이다. 그러나 準備의 의미를 수반하는 경우는 이와 같은 動詞의 制限은 없다.

> マンションの扉を叩くのは、とんとんと二つずつ三回と決め<u>てあった</u>。
> (아파트 문을 두드리는 것은 똑똑 두 번씩 세 번으로 정해져 있었다)

❸-1. 設置, 処置・処理완료

(1) 設置를 나타낼 경우
冷蔵庫にビールが入れ<u>てある</u>。(냉장고에 맥주가 들어있다)
金庫にお金がしまっ<u>てある</u>。(금고에 돈이 들어있다)
店先に果物がならべ<u>てある</u>。(가게 앞에 과일이 진열되어 있다)
黒板に英語が書い<u>てある</u>。(칠판에 영어가 쓰여 있다)

(2) 処置・処理완료를 나타낼 경우
そのことはもう調べ<u>てある</u>。(그것은 이미 조사해두었다)
この問題はすでに発表し<u>てある</u>。(이 문제는 벌써 발표되었다)
さきほど彼に言っ<u>てある</u>。(조금 전 그에게 말해두었다)
七時までに店を開け<u>てある</u>。(7시까지 가게를 열어두다)
使った食器が洗っ<u>てある</u>。そして、戸棚に入れ<u>てある</u>。
(사용한 식기가 닦여 있다. 그리고 찬장에 넣어져 있다)
指輪や銀行通帳が金庫にしまっ<u>てあります</u>。
(반지나 은행통장이 금고에 넣어져 있습니다)

❸-2. 準備완료, 放置한 상태

(1) 準備완료를 나타낼 경우

日本へ来る前に日本語を習っ<u>てある</u>。

(일본에 오기 전에 일본어를 배워두었다)

よく練習し<u>てある</u>から大丈夫だ。(많이 연습했으니까 문제없다)

風がよく入るように窓が開け<u>てある</u>。

(바람이 잘 들어오게 창문이 열려있다)

あらかじめ会場を予約し<u>てある</u>。(미리 회장을 예약해 두었다)

(2) 放置한 상태인 것을 나타낼 경우

道にゴミが捨て<u>てあります</u>。(길에 쓰레기가 버려져 있습니다)

水が出しっぱなしにし<u>てあります</u>。(물을 틀어 논 상태로 있습니다)

歩道に自転車が置い<u>てある</u>と、歩行のじゃまになります。

(보도에 자전거가 있으면, 보행에 방해가 됩니다)

❸-3.「自動詞+ている」와「他動詞+てある」의 差異

이들은「狀態의 継続」이라는 점에서는 用法을 같이하고 있지만, 다음과 같은 차이를 보이고 있다.

(1) 自動詞와 他動詞가 대응하는 경우

1)「他動詞+てある」는 動作主의 存在가 含意되어 있는데,「自動詞+ている」는 일이 자연적으로 이루어졌다는 뉘앙스가 있다.

┌窓が開い<u>ている</u> ; 동작주를 排除한 대상의 결과상태

│   자연적인 결과나, 자기 힘으로 그렇게 한 경우를 나타낸다.

└窓が開け<u>てある</u> ; 동작주를 暗示한 대상의 결과상태

누군가의 意図的인 작용이 있고, 그 결과 현재의 상태가 있다는 意味이다. 따라서, 明白한 目的이나 理由를 나타내는 節이 있는 경우에는「他動詞+てある」밖에 사용할 수 없다.

掃除をするため、窓が開けてあります。
*掃除をするため、窓が開いています。
風が強いので、窓が閉めてあります。
*風が強いので、窓が閉まっています。

2) 「他動詞+てある」와 「他動詞+られている」는 거의 같은 意味이다.
　　部屋には鍵がかけてある。(방에는 열쇠가 채워져 있다)
　　　=部屋には鍵がかけられている。
　　テーブルの上に花が飾ってある。(책상 위에 꽃이 놓여 있다)
　　　=テーブルの上に花が飾られている。
　이와 같이, 「他動詞+てある」와 「他動詞+られている」는 動作主의 存在가
　含意되어 있다는 점에서는 같다고 할 수 있지만, 「他動詞+てある」는 動作主
　를 「に/によって」格으로 마크할 수 없다는 점에서 다르다.
　　*部屋には誰かによって鍵がかけてある。
　　部屋には誰かによって鍵がかけられている。
　　(방에는 누군가에 의해서 열쇠가 채워져 있다)
　　*テーブルの上に花が誰かによって飾ってある。
　　テーブルの上に花が誰かによって飾られている。
　　(책상위에 꽃이 누군가에 의해서 장식되어 있다)

3) 「自動詞+ている」는 어떤 상태를 보고, 본 그대로를 말할 때 사용한다.
　　電球が切れている。(전구가 나갔다)
　　人が大勢並んでいる。(많은 사람이 줄지어 있다)

4) 「~が自動詞」「~を他動詞」에 각각 「いる」「ある」가 붙으면, 「~が(自動
　詞)ている」「~が/を(他動詞)てある」가 된다.
　　車が止まる。 →車が止まっている。(차가 멈춰 있다)
　　車を止める。 →車が止めてある。(차가 주차되어 있다)
　　車を止めてある。(차를 주차시켰다)

 (2) 대응하는 자동사가 없는 타동사에 「てある」가 붙은 경우
무언가를 위해 어떤 일이 完了하고 있는 것을 나타낸다. 즉, 어떤 目的을 위해 어

떤 行為를 해서, 그 效果가 지금도 남아 있다는「效果의 継続」의 意味를 지니고
있다.

> 辞書で調べてある。(사전에서 조사했다)
> 彼にはもう話してある。(그에게는 이미 말해두었다)
> 資料は読んである。(자료는 읽었다)
> 試験のため、勉強をしてある。(시험을 대비해서 공부했다)
> 友達のため、料理を作ってある。(친구를 위해 요리를 만들었다)

이 경우,「~てある」앞의 格助詞는「を」를 사용하는 것이 보통이다.

4. 「動詞의 て形+おく」의 用法

「<人>가<もの・こと>를<他+ておく>」文型으로 사용되는 경우, 意図的行為文으로서, 意図的인 행위에 焦点을 두고, 対象의 変化(結果的인 状態)를 묘사하는 意味와 機能을 가지고 있다. 이점에서, 対象의 変化에 焦点을 두고 있는 「~てある」와 다르다. 즉, 「~てある」에는 「어떤 目的을 위해 어떤 行為를 해서, 그 效果가 지금도 남아 있다」고 하는 意味가 있는데, 「~ておく」에는 「어떤 目的을 위해 미리 어떤 行為를 한다」는 意味가 있다.

결국, 先行하는 行為의 発話시점에 있어서 結果的인 状態에 초점을 두면 「~てある」가 사용되고, 先行하는 行為에 초점이 맞춰지면 「~ておく」가 사용된다. 이처럼, 같은 事態를 動作主体가 어디에 視点을 두고 파악하는가 하는 파악방법이 다르므로, 基本的으로 「~ておく」와 「~てある」는 바꿔 말할 수 있다.

그러면, 여기서 山崎 恵(1996)의 研究結果를 토대로, 時間의 흐름상에서 「~ておく」와 「~てある」의 根本的인 差異를 정리해 보도록 한다.

> 「~ておく」; 行為(焦点) → 結果(注目)
> 「~てある」; 結果(焦点) → 行為(注目)

요컨대, 山崎(1996)는 発話時点에 있어서의 事態를 発話時点이전의 先行하는 行為쪽에서 結果를 내다보고 말할 경우에는 「ておく」文이 사용되고, 発話時点의 状態를 그 이전에 이루어진 意図的行為와 관련지어 표현할 경우에는 「てある」文이 사용된다고 한다.

❹-1. 状態持続, 動作持続

(1) 대상을 변화시켜, 그 결과 状態를 持続시키는 것을 나타내는 경우

    店を開けておく。(가게를 열어둔다)
    冷蔵庫にビールを入れておく。(냉장고에 맥주를 넣어둔다)

이들 예문은 「店を開ける」「ビールを入れる」動作과, 그 結果 「店が開いてい

る」「ビールが入っている」状態를 지속시키는 것을 나타내고 있다.

(2) 어떤 시점까지 動作을 지속적으로 행하는 것을 나타내는 경우

　　　明日までに本を読んでおく。夜までに商品を並べておく。
　　　今週までに書類を出しておく。(이번 주까지 서류를 제출해둔다)
　　　面接の前に、資料を暗記しておいた。(면접 전에 자료를 암기해 두었다)

이들 예문은 基準時「明日、夜、今週、面接」보다 以前에 動作을 행한다는 것을 나타내는 用法이다. 이것은, 目的이라고 하는 부분이 希薄化한 것이 라고 생각할 수 있다.

❹-2. 対応・対処行為, 準備行為

(1) 対応・対処하기 위한 행위를 나타내는 경우
　　　来週から煙草の値段が上がるので、今日たくさん買っておきました。
　　　(다음주부터 담배값이 오르므로, 오늘 많이 사 두었습니다)
　　　山の上には水がないから、ここで飲んでおきなさい。
　　　(산위에는 물이 없으니까, 여기서 마셔두세요)
　　　明日は雨が降るそうだから、今日洗濯をしておいたほうがいいですよ。
　　　(내일은 비가 온다고 하니까, 오늘 빨래해두는 편이 좋아요)

(2) 準備를 위한 행위를 나타내는 경우
　　　必要なことがらをあらかじめ調べておく。(필요한 사항을 미리 조사해 둔다)
　　　明日友達が来るから、今日掃除をしておきます。
　　　(내일 친구가 오니까 오늘 청소를 해둡니다)
　　　日本へ来る前に日本語を習っておく。(일본에 오기 전에 일본어를 배워둔다)
　　　切符を買っておく。 (표를 사둔다)
　　　私は買い物に行く前に、メモ用紙に買う物を書いておきます。
　　　(저는 쇼핑가기 전에 메모용지에 살 물건을 적어둡니다)

❹-3. 放置, 一時的인 処置

(1) 放置하는 행위를 나타낸다.

子供を泣かし<u>ておく</u>。(아이를 울게 내버려둔다)
息子を遊ばせ<u>ておく</u>。(아들을 놀게 내버려둔다)
道に車を留め<u>ておく</u>と、交通のじゃまになります。
(길에 차를 세워두면 교통방해가 됩니다)
冷蔵庫を長時間、開け<u>ておいて</u>はいけません。
(냉장고를 장시간 열어두어서는 안됩니다)
電気をつけたままにし<u>ておか</u>ないでください。
(전등을 켠채로 방치하지 말아주세요)

(2) 一時的인 処置나, 処理의 방법을 나타낸다.

とりあえず、この部屋にパソコンを置い<u>ておこう</u>。
(우선 이방에 컴퓨터를 놓아두자)
いちおう、預かっ<u>ておこう</u>。(일단 맡겨두자)
わからない言葉にはとりあえず符号をつけ<u>ておく</u>。
(모르는 말에는 일단 부호를 매겨둔다)
使った食器は洗って、戸棚に入れ<u>ておきます</u>。
(사용한 식기는 씻어서 찬장에 넣어둡니다)
指輪や銀行通帳は金庫にしまっ<u>ておきます</u>。
(반지나 은행통장은 금고에 넣어둡니다)

❹-4. 그 밖의 用法

(1)같은 「~ておく」文이라 할지라도, 그 앞에 「~まで」가 붙으면 放置의 意味
가 되며, 「~までに」가 붙으면 準備의 意味가 된다.

　　┌10時<u>まで</u>、冷房を付けておいてください。　→放置
　　└10時<u>までに</u>、冷房を付けておいてください。→準備
　　　(10시까지 냉방을 해두세요)

(2)「おく」는 자동사에는 연결되지 않고, 타동사에만 연결된다. 「おく」가 붙으면, 「～を(他動詞)ておく」가 된다.

車を止める。→車を止めておく。 (차를 세워두다)

5. 「動詞의 て形+しまう」의 用法

「~てしまう」는 会話体에서는 「~ちゃう(ちゃった)」「~じゃう(じゃった)」의 形態로도 사용되고 있다.

すぐ片付け<u>ちゃう</u>から、ちょっと待ってて。(곧 정리할 테니까 조금 기다려)

❺-1. 完了, 유감

(1) 完了를 나타내는 경우
動作의 終了를 특히 強調해서 표현한 것인데,「読む、書く、話す、食べる」등의 계속동사의 경우가 전형적이며,「ぜんぶ、ひととおり」등의 부사를 수반하는 경우가 많다.

全部書い<u>てしまった</u>。(전부 써 버렸다)
早く食べ<u>てしまい</u>なさい。(빨리 먹어치우세요)
ひととおり話し<u>てしまった</u>。(대강 이야기해 버렸다)
あの映画はもう見<u>てしまい</u>ました。(그 영화는 이미 보았습니다)
今月の小遣いはもう使っ<u>てしまった</u>。(이번 달 용돈은 이미 써버렸다)

「てしまう」가 나타내는 完了는, 動作主가 意志的으로 행하는 것이므로,「てしまおう」의 형태를 취할 수 있다. 이것은, 意志動詞인 것의 특징이기도 하다.

全部書い<u>てしまおう</u>。(전부 써버리자)
ひととおり話し<u>てしまおう</u>。(대강 이야기해 버리자)

(2) 유감을 나타내는 경우
어떤 동작이나 작용이 행해진 결과, 회복 불가능하다는 기분이 들 때 사용된다.

うっかり余計なことを言っ<u>てしまった</u>。(무심코 쓸데없는 이야기를 해버렸다)
紙が破れた。(종이가 찢어졌다)
→紙が破れ<u>てしまった</u>。(종이가 찢겨버렸다)

系が切れた。(실이 끊어졌다)
　　→系が切れ<u>てしまった</u>。(실이 끊겨버렸다)
木が燃えた。(나무가 탔다)
　　→木が燃え<u>てしまった</u>。(나무가 타버렸다)

「～てしまう」의 용법 중에는 「유감」의 뜻으로 사용되는 경우가 가장 많고, 「破れる, 切れる, 燃える, 倒れる, 消える, 折れる, くさる, 死ぬ」 등의 자동사가 「～てしまった」라는 과거형으로 많이 사용된다.

❺-2. 성가심, 後悔

(1) 성가심을 나타내는 경우

紙を破った。(종이를 찢었다)
　　→紙を破っ<u>てしまった</u>。(종이를 찢어버렸다)
系を切った。(실을 끊었다)
　　→系を切っ<u>てしまった</u>。(실을 끊어버렸다)
木を燃やした。(나무를 태웠다)
　　→木を燃し<u>てしまった</u>。(나무를 태워버렸다)

「破る, 切る, 燃やす, 倒す, 消す, 折る, 捨てる, かたづける」 등의 타동사가 이런 의미로 쓰인다.

(2) 無意志的인 동작으로 인한 後悔를 나타내는 경우
무심코, 멍청히, 깜박등의 의미로 쓰인다.

(知らないうちに) あがっ<u>てしまった</u>。(모르는 사이에 긴장해 버렸다)
(うっかり) せきをし<u>てしまった</u>。(무심코 기침해 버렸다)
(うっかり) あくびをし<u>てしまった</u>。(무심코 하품해 버렸다)

「先生、宿題を忘れました」와 「先生、宿題を忘れてしまいました」의 差異는, 前者의 경우, 「宿題を忘れた」라는 사실만을 전하고 있는데, 後者의 경우, 「宿題を忘れたことを反省している、すまないと思っている」라는 기분까지도 나타내고 있다.

6. 「動詞의 て形+いく, くる」의 用法

「~ていく」「~てくる」는 本動詞意味로 쓰일 경우와 補助動詞意味로 쓰일 경우가 있는 데, 前者는 空間的인 移動을 나타내고, 後者는 時間的인 前後관계를 나타낸다. 그런데, 本動詞意味로 쓰일 경우는 本動詞다운 단계가 있고, 補助動詞意味로 쓰일 경우에는 문법적인 意味가 중요하다.

❻-1. 本動詞 意味로 쓰일 경우

「~ていく」「~てくる」가 本動詞 意味로 쓰일 경우, 空間的인 移動을 나타낸다.

(1) 主体의 移動을 나타내는 경우

1) 「いく, くる」前에 하는 동작
　「~ていく」「~てくる」는 動作後에 発生한 移動을 나타내고, 이 경우 て形의 일반적인 의미는 「順次動作」을 나타낸다. 여기에는 「食べる, 買う, 持つ, 預ける…」 동사들이 사용된다.
　　お金を預け<u>てきました</u>。; [預けた 그리고 来た]의 意味
　　本屋へ行って、本を買っ<u>てきました</u>。; [買った 그리고 来た]의 意味
　　お弁当を持っ<u>ていきました</u>。; [持った 그리고 行った]의 意味
　　夕食は軽く食べ<u>ていく</u>よ。; [食べる 그리고 行く]의 意味
　　コンビニでジュースを買っ<u>てきた</u>。; [買う 그리고 来た]의 意味

2) 「いく, くる」의 方法
　移動의 様式을 나타낸다. 여기에는 방향성이 없는 移動動詞가 사용되는데, 그것은 動詞자체만으로는 방향을 나타낼 수 없으므로, 방향을 나타내기 위해서 「~ていく」「~てくる」가 사용되는 것이다. 여기에는 「歩く, 走る, 泳ぐ, 飛ぶ…」 동사들이 사용된다.
　　学生が泳い<u>でいきました</u>。; 가는 방법이 헤엄치는 것이다
　　子供が一人歩い<u>てきました</u>。; 오는 방법이 걷는 것이다

友達が走っ<u>ていきました</u>。 ; 가는 방법이 달리는 것이다

飛行機は西の方へ飛ん<u>でいきました</u>。 ; 가는 방법이 나는 것이다

여기에 사용되는 動詞를 移動동사라고 하는데, 移動動詞란 主体의 위치를 바꾸는 듯한 움직임을 나타내는 동사를 말한다.

3)「いく, くる」時의 상태

動作의 結果, 그러한 상태를 수반해서 移動하는 것을 나타낸다. 여기에는「かつぐ, かかえる, 持つ, 連れる, 着る, (靴を)はく, (眼鏡を)かける…」동사들이 사용된다.

本を持っ<u>ていきました</u>。 ; 가진 상태에서 가다

荷物をかつい<u>できました</u>。 ; 짊어진 상태에서 오다

毛布をかかえ<u>ていきました</u>。 ; 안은 상태에서 가다

パーティーにはスーツを着<u>ていった</u>。 ; 입은 상태에서 가다

4)「くる」는 動作主가 話者쪽으로 접근하는 동작·작용을, 「いく」는 動作主가 話者로부터 멀어지는 동작·작용 즉, 話者를 起点으로 話者의 領域밖으로 移動할 때는「いく」가 사용되고, 話者의 領域밖에서 領域속으로 移動할 때는「くる」가 사용된다.

여기에는 2)와 달리, 방향성이 있는 移動動詞「にげる, あがる, のぼる, おりる, おちる, でる, ちかづく, はいる, かえる, もどる, あつまる…」등이 사용된다.

部屋から出<u>ていきました</u>。(방에서 나갔습니다)

主人は毎朝、7時頃会社へ出かけ<u>ていきます</u>。

(남편은 매일아침 7시경 회사에 나갑니다)

うしろから近付い<u>ていきました</u>。(뒤에서 다가갔습니다)

船は港を離れ<u>ていきました</u>。(배는 항구를 떠나갔습니다)

物資が集まっ<u>てきました</u>。(물자가 모였습니다)

昔の自分にもどっ<u>てきました</u>。(옛날의 자신으로 돌아왔습니다)

図書館へ行って、辞書を借り<u>てきて</u>ください。

(도서관에 가서 사전을 빌려와 주세요)

あの荷物をここまで運ん<u>できて</u>ください。

(저 물건을 여기까지 가져다 주세요)

主人は、毎晩8時頃帰っ<u>てきます</u>。(남편은 매일 밤 8시경 돌아옵니다)

여기에 사용되는 動詞를 方向동사라고 하는데, 方向動詞란 主體는 이동하지 않지만, 어떤 방향에 작용이 미치는 것을 나타내는 동사를 말한다.

▼ 参考

「やる, わたる, とおる, こえる, すぎる…」는 方向性이 있는 移動動詞에 가깝다.

> むこうから人が<u>やってくる</u>。(저쪽에서 사람이 다가오다)
> 仏教が<u>渡ってきた</u>。(불교가 건너왔다)
> 道路の右側を<u>とおっていく</u>。(도로 우측을 지나가다)
> 国境を<u>越えてきた</u>。(국경을 넘어왔다)
> 私の前を<u>過ぎていく</u>。(내앞을 지나간다)

또, 2)의 방향성이 없는 移動動詞와 4)의 방향성이 있는 移動動詞를 연결할 때는 前者가 後者앞에 온다.

> 川を<u>泳いで渡ってきた</u>。(강을 헤엄쳐 건너왔다)
> *川を<u>渡って泳いできた</u>。(*강을 건너 헤엄쳐 왔다)

5) 「(臭いが)する, 聞こえる」+「てくる」知覚情報의 到達을 나타낸다.

> サンマを焼く臭いがし<u>てきた</u>。(꽁치를 굽는 냄새가 났다)
> 授業のベルが聞こえ<u>てきた</u>。(수업종소리가 들려왔다)

이밖에도, 「やってくる」나 「ついていく, ついてくる」와 같이 더 이상 분해할 수 없는 동사는 전체가 하나의 의미를 가진다.

(2) 対象의 移動을 나타내는 경우

「電話をかける、手紙を書く、品物を送る、届ける」등 対象의 移動을 나타내는 動詞는 「てくる」만이 사용된다.

> 友達が私に本を送っ<u>てきた</u>。(친구가 내게 책을 보내왔다)
> 彼女が彼に電話をかけ<u>てきた</u>。(그녀가 그에게 전화를 걸어왔다)
> 学生が手紙を書い<u>てきた</u>。(학생이 편지를 써왔다)
> 父が私に荷物を届け<u>てきた</u>。(아빠가 내게 짐을 부쳐왔다)

❻-2. 補助動詞 意味로 쓰일 경우

「~ていく」「~てくる」가 補助動詞 意味로 쓰일 경우, 時間的인 前後관계를 나타내는 Aspect形式이다.

(1) 변화의 過程

1)「~てくる」; 出現의 過程

　生れてくる　よみがえてくる　現れてくる　うかんでくる

　　ハングルという文字が生れてきました。(한글이라는 문자가 탄생했습니다)

　　幼いごろの記憶がよみがえってくる。(어렸을 때의 기억이 되살아난다)

　　給料はだんだん増えてきた。(봉급은 점차 늘어났다)

2)「~ていく」; 消滅의 過程。

　消えていく　かすんでいく　死んでいく　うしなっていく

　　友人は人込みの中に消えていった。(친구는 인파 속으로 사라져갔다)

　　彼女は自信をうしなっていった。(그녀는 자신감을 상실해갔다)

　　アフリカでは多くの子供達が飢えのために死んでいきます。

　　(아프리카에서는 많은 아이들이 기아로 죽어갑니다)

　이 경우, 밑줄 친「~ていく」「~てくる」부분은, 文의 意味変化에 커다란 영향을 미치지 않으므로,「生れました, よみがえる, 増えた, 消えた, うし なった, 死にます」로도 표현이 가능하다. 다만,「ていく, てくる」가 붙어서 서술어에 구체성을 부여해 낭만적으로 쓰인다.

　　ハングルという文字が生れました。　幼いごろの記憶がよみがえる。

　　給料はだんだん増えた。　友人は人込みの中に消えた。

　　彼女は自信をうしなった。

　　アフリカでは多くの子供達が飢えのために死にます。

　　アフリカでは多くの子供達が飢えのために死にます。

(2) 서서히 변화

増えてくる/いく　減ってくる/いく　やせてくる/いく　太ってくる/いく

よごれてくる/いく　かわいてくる/いく　重くなってくる/いく

이들은 변화를 나타내는 変化動詞에「ていく, てくる」가 쓰이며, 副詞「しだいに, だんだん, ～につれて, どんどん, ますます」등과 함께 사용된다.

> これから、もっと暑くなっ<u>ていきます</u>よ。(이제부터 더욱 더워져요)
> 彼女はしだいにやせ<u>ていった</u>。(그녀는 점차 여위어갔다)
> あの人は、これからもっと、歌が上手になっ<u>ていく</u>でしょう。
> (그 사람은 이제부터 더욱 노래를 잘할 것이다)
> 会社の財産はどんどんふえ<u>ていきます</u>。(회사재산은 자꾸 늘어갑니다)
> 青くきれいだった海もだんだんよごれ<u>てくる</u>。
> (파랗고 깨끗했던 바다도 점점 더러워 진다)
> 時間が経つにつれてのどがますますかわい<u>てきた</u>。
> (시간이 지남에 따라 점차 목이 말라왔다)
> 寒くなると、朝遅刻する学生が増え<u>てきます</u>。
> (추워지면 아침에 지각하는 학생이 늘어갑니다)
> 日本語がだんだん話せるようになっ<u>てきました</u>。
> (일본어를 점점 말할 수 있게 되었습니다)

(3) 動作・作用의 시작

> 見えてくる, 分かってくる, 聞えてくる, ぱらついてくる, 降ってくる

이들은 변화를 나타내는 동사가 아니며,「～てくる」에만 해당된다.

> 雨が<u>降ってくる</u>。(비가 오기 시작하다)
> 雪がぱらつい<u>てくる</u>。(눈이 흩날리기 시작하다)
> 彼女の話を聞いて<u>泣けてきた</u>。(그녀의 이야기를 듣고 눈물이 나왔다)
> 波の音がかすかに<u>聞えてくる</u>。(파도소리가 희미하게 들려온다)

(4) 時間的継続

> ┌ 女性に対する考え方は<u>変わってきた</u>。
> │ 여성에 대한 생각은 과거에 변하기 시작해, 発話시점에도 계속 변하고 있다.
> └ 女性に対する考え方は<u>変わっていく</u>。
> 여성에 대한 생각이 변해 가는 現象이 미래를 향해 점차 나아지고 있다.

1)「～てくる」; 어떤 시점까지의 사태를 문제 삼는다.

──────────────△──────────→(時間)

(以前) ～てくる　　　(基準時)

즉,「～てくる」는 基準時以前부터 基準時에의 推移・変化를 나타내는 경우이다. 代表的인 예로는「成長してきた, 育ててきた, 生活してきた, 発展してきた…」 등이 있다.

二人がはげましあってきた、この三年間。(두 사람이 서로 격려해온 3년간)

あの大学が大きく発展してきたのはここ五年間だ。

(그 대학이 크게 발전해 온 것은 최근 5년간이다)

経済が少し落ち着いてきた。(경제가 조금 안정되었다)

四十年も勤めてきた会社をやめた。

(40년간이나 근무해온 회사를 그만두었다)

2)「～ていく」; 어떤 시점以後의 사태를 문제 삼는다.

──────────────△──────────→(時間)

(基準時) ～ていく　　　(以後)

즉,「～ていく」는 基準時부터 基準時以後에의 推移・変化를 나타내는 경우이다. 代表的인 예로는「成長していく, 育てていく, 生活していく, 発展していく…」 등이 있다.

少年はたくましく成長していく。(소년은 늠름하게 성장해 간다)

これからは二人で助け合っていく。(이제부터는 두 사람이 서로 도와간다)

その時からものをみる確かな目を育てて行った。

(그때부터 세상물정을 보는 확실한 눈을 키워갔다)

これからもその人達を見守っていくつもりだ。

(이제부터도 그 사람들을 보살펴 갈 생각이다)

여기에 사용되는 動詞는, 오랜 기간에 걸친 동작을 나타낸다.

▼ 参考

(2)와 (3)의 구별이 어려운 것

┌やせてきた ; しだいにやせてきた。 →서서히 변화
└やせてきた ; やせはじめた。 →動作・作用의 시작

て形이 意志動詞의 경우에는 動作의 継続을, て形이 無意志動詞의 경우에는 사건의 継続 또는 状態의 변화를 나타낸다.

또,「~てくる」는 話者의 감정을 主觀的으로 파악할 때 사용되며,「~てい
く」는 변화가 話者와는 無관계이며, 客觀的으로 바라보는 態度이다.

> ┌母を亡くした悲しみは深まっ<u>てくる</u>。(어머니를 잃은 슬픔은 깊어만 진다)
> └母を亡くした悲しみは深まっ<u>ていく</u>。

그리고,「増える、変わる、(雪が)解ける」등 変化動詞와 함께「~てく
る、~ていく」가 사용되면, 段階的意味가 나온다.

太陽が出たので、だんだん雪が<u>解けてきた</u>。(해가 나와서 점점 눈이 녹았다)
日本で学ぶ留学生の数が<u>増えてきた</u>。(일본에서 배우는 유학생수가 늘었다)
女性に対する考え方は<u>変ってきた</u>。(여성에 대한 생각은 바뀌어 갔다)

7. 「動詞의 て形+みる」의 用法

「～てみる」의 基本的인 意味는, 시험 삼아 하는 動作을 나타내는데, 実現하는 動作도 나타내고 있다.

❼-1.「～てみる」의 意味

(1) 시험 삼아 하는 動作

어떤 行為를 시험 삼아 행한다는 의미이다. 즉, 시험 삼아 동작을 행하는 것으로, 動作을 행하고 結果에 따라 여러 가지를 판단할 때 사용된다.

> ┌牛肉を少し食べてみたけど、味がおかしい。
> │(소고기를 조금 먹어보았는데 맛이 이상하다)
> └*牛肉を<u>たくさん</u>食べてみたけど、味がおかしい。
> 　一応、飲ん<u>でみて</u>ください。(일단 마셔보십시오)
> 　どんな音がするか、たたい<u>てみた</u>。(어떤 소리가 나는지 두드려 보았다)

(2) 実現하는 動作

> もう一度よく考え<u>てみます</u>。(다시 한번 잘 생각해 보겠습니다)
> 一度アメリカへ行っ<u>てみたい</u>。(한번 미국에 가보고 싶다)
> おれが死ん<u>でみろ</u>、お前たちどうして食っていく。
> (내가 죽어봐라, 너희들 어떻게 생활하니)
> 私もミスワールドと一生に一度恋愛し<u>てみたい</u>。
> (나도 미스월드와 일생에 한번 연애해보고 싶다)

이 경우,「～てみる」가 공손한 표현이 되기도 한다.

> もう一度よく<u>考えます</u>。もう一度よく<u>考えてみます</u>。
> 一度アメリカへ<u>行きたい</u>。一度アメリカへ<u>行ってみたい</u>。

❼-2. 「〜てみる」의 형태로 잘 사용되는 動詞

(1) 감각을 나타내는 동사 ; 見る, 聞く, 味わう, さわる
(2) 감각을 돕는 동작을 나타내는 동사 ; 開ける, 消す, 近付く, つける, のぞく
(3) 思考, 調査활동을 나타내는 동사 ; 調べる, 探す, 考える, 探る

　이와 같은 動詞들에 연결되는 「〜てみる」는 일반적으로 보조동사로 사용되지만, (2)의 동사에 연결되는 「〜てみる」는 본동사로도 해석이 가능하다.

> ┌ 電気をつけてみる。(전기를 켜본다)　　　→보조동사
> └ 電気をつけて見る。(전기를 켜서 본다)　　→본동사
> ┌ ふたを開けてみる。(뚜껑을 열어본다)　　→보조동사
> └ ふたを開けて見る。(뚜껑을 열어서 본다) →본동사

　그러나, 단순동작을 나타내는 동사 「たたく, ふる, 着る, はく」나, 완료까지 노력을 要하는 동사 「合わせる, 直す」등은 본동사로 해석될 가능성이 적다.

> ズボンを着てみる。; 잘 맞는지 어떤지 알아보기 위해 입다.
> やかんをふってみる。; 물이 있는지 어떤지 알아보기 위해 흔들다.
> こわれたかびんのかけらを合せてみた(=合わせようと努力する)が、合わなかった。(깨진 화병조각을 맞추어 보았지만, 맞지 않았다)
> *こわれたかびんのかけらを合せたが、合わなかった。

❼-3. 그 밖의 用法

(1) 「〜てみると、〜」「〜てみたら、〜」는 발견하는 조건을 나타낸다.
　　朝起きてみると、あたり一面まっ白になっていた。
　　(아침에 일어나보니 부근일대가 새하얗게 되어 있었다)
　　帰って来てみると、もう古い家はなかった。
　　(돌아와보니 이미 오래된 집은 없었다)
　　気が付いてみたら、お金がなくなっていた。
　　(정신차려보니 돈이 없어져 있었다)

(2) 본동사「見る」와 보조동사「みる」의 敬語形은「ごらんになる」이다.

　　書いてみる。→書いてごらんになる。(써보시게 되다)

　　読んでみなさい。→読んでごらんなさい。(읽어보세요)

　　見てみる。→見てごらんになる。(봐 보세요)

　　聞いてみなさい。→聞いてごらんなさい。(들어 보세요)

8. 「動詞의 連用形+始める, 続ける, 終わる」의 用法

❽-1. 동작·작용의 開始

동작의 開始를 나타내는 형식은, 「動詞의 連用形+始める/出す/かける」인데, 文 레벨에서의 意味的인 차이는 다음과 같다.

- 雨が<u>降り始めた</u>。; 비가 올 것을 어느 정도 예상한 결과
- 雨が<u>降り出した</u>。; 비가 갑자기 온 경우
- 雨が<u>降りかけた</u>。; 오전에 잠시 비가 왔는데, 오후에 다시 내린 경우

瞬間動詞는 開始의 형식으로 사용할 수 없다.

*セミが死に始めた。
cf) セミが死んだ。セミが死んでいる。(매미가 죽었다)

(1) 「動詞의 連用形+始める」
일반적으로, 開始一般을 나타낸다.

彼は酒を<u>飲み始めた</u>。(그는 술을 마시기 시작했다)
花子は一時間前にセーターを<u>編み始めた</u>。
(花子는 한 시간 전에 스웨터를 짜기 시작했다)

그러나, 「いる、できる」 등의 狀態動詞뒤에는 접속하지 않는다.

*教室の中に学生が<u>い始めた</u>。　cf) 教室の中に学生がいた。
*待ちに待った子供が<u>でき始めた</u>。　cf) 待ちに待った子供ができた。

또, 「行く、来る」와 같은 移動動詞에 「~始める」가 접속하면, 反復行為를 시 작하는 意味가 된다.

子供は昨日から学校へ行き始めた。(아이는 어제부터 학교에 가기 시작했다)

「作る」와 같은 動作動詞에 「~始める」가 접속하면, 個別的인 동작을 나타낸다.

妻は12時頃から昼食を作り始めた。
(아내는 12시경부터 점심을 만들기 시작했다)

끝으로, 変化의 過程에 주목하는 変化動詞는 開始의 형식이 사용된다.

川辺の氷が溶け始めた。(강가의 얼음이 녹기 시작했다)

(2) 「動詞의 連用形+だす」
일반적으로, 事態의 発生을 나타낸다.

突然、雨が降りだした。(갑자기 비가 오기 시작했다)

「だす」는 주어가 無生物이거나, 인간의 生理現象을 나타내는 경우에 사용된다.

赤ちゃんが泣き出した。(아기가 울기 시작했다)
授業のベルが鳴り出した。(수업종이 울리기 시작했다)

또, 「だす」는 어떤 事態가 갑자기 발생한 경우에 사용되므로, 주로 無意志的인 것을 나타내는 動詞에 연결되어 사용된다. 따라서 意志動詞는 「出す」에 연결되지 않고, 「始める」에 연결된다.

*景気が悪くなり出した。
景気が悪くなり始めた。(경기가 나빠지기 시작했다)

(3) 「動詞의 連用形+かける」
일반적으로 변화의 直前의 段階를 나타낸다.

a 中村は重要なメモを破りかけた。(中村는 중요한 메모를 찢으려 했다)

a' 中村は重要なメモを破りかけたが、結局破らなかった。

b 中村は重要なメモを破りかけていた。

(中村는 중요한 메모를 찢으려 하고 있었다)

b' 中村は重要なメモを破ろうとしていた。

a는 a'의 意味로 사용되고, b는 b'의 意味로 사용된다. 따라서「〜かけた」는 動作이나 事態가 실현되지 않았다는 것을 나타내고,「〜かけていた」는 動作이나 事態가 실현되기 直前인 것을 나타낸다.

c 彼女は昼御飯を食べかけた。(그녀는 점심을 먹으려 했다)

c' 彼女は昼御飯を食べかけたが、結局食べなかった。

d 彼女は昼御飯を食べかけていた。(그녀는 점심을 먹으려 하고 있었다)

d' 彼女は昼御飯を食べようとしていた。

여기서도 c는 c'의 意味로 사용되고, d는 d'의 意味로 사용되고 있다.

❽-2. 동작·작용의 継続

(1)「動詞의 連用形＋続ける」

花子はずっと泣きつづけた。(花子는 계속 울어댔다)

彼は3時間も歩き続けた。(그는 3시간이나 계속 걸었다)

이때,「〜続ける」는「〜テイル」와 같이 継続을 나타내지만, 다음과 같은 차이를 보이고 있다.

a (一日中)雪が降っていた。(눈이 내리고 있었다)

b (一日中)雪が降り続けた。(눈이 계속해서 내렸다)

a' 彼女が着いた時、雪が降っていた。

(그녀가 도착했을 때 눈이 내리고 있었다)

b' *彼女が着いた時、雪が降り続けた。

어떤 시점에서, a는 눈이 내리고 있었다는 것을 나타내고, b는 눈이 내리는 것이 끝나지 않았다는 것을 나타낸다. 이것은 a'가 성립하고, b'가 성립하지 않는데서 알 수 있다. 다음 예문을 보자.

> c　友達はレポートの話を<u>していた</u>。 (친구는 리포트이야기를 하고 있었다)
> d　友達はレポートの話を<u>し続けた</u>。 (친구는 리포트이야기를 계속해서 했다)

어떤 특정의 시점에서, c는 이야기가 행해지고 있었다는 것을 나타내고 있고, d는 이야기가 끝나지 않고 행해졌다는 것을 나타낸다. 이것은 c'가 성립하고, d'가 성립하지 않는데서 알 수 있다.

> c'　<u>私が来た時</u>、友達はレポートの話を<u>していた</u>。
> d'　*<u>私が来た時</u>、友達はレポートの話を<u>し続けた</u>。

결국, 時点을 한정하는 표현이 文中에 있을 때는 「～テイル」만이 가능하다.

(2)「動詞의 連用形+つつある」

> e　ダムの水が<u>減りつつある</u>。 (댐의 물이 줄고 있다)
> e'　ダムの水が<u>減っている</u>。 (댐의 물이 줄고 있다)

「～つつある」도 「～ている」와 같이 継続을 나타내지만, 다음과 같은 차이를 보이고 있다. 즉, e는 댐의 물이 줄고 있는 변화의 과정을 중시하는 표현이지만, e'는 댐 물이 줄어든 변화의 결과 상태를 중시하는 표현이다. 이점에서, 両者는 근본적인 차이가 있다. 다음 예문을 보자.

> f　毎年、観光客が<u>増えつつある</u>。 (매년 관광객이 늘고 있다)
> f'　毎年、観光客が<u>増えている</u>。 (매년 관광객이 늘고 있다)

f는 관광객이 늘고 있는 변화의 과정을 중시하는 표현이지만, f'는 관광객이 증가한 변화의 결과상태를 중시하는 표현이다.

❽-3. 동작·작용의 終結

(1) 「動詞의 連用形+終わる」; 終結一般을 나타낸다.

彼らが<u>並び終わる</u>まで待ちなさい。(그들이 다 줄지어 설 때까지 기다리세요)

「死ぬ、割れる」와 같은 瞬間動詞나, 「行く、来る」와 같은 移動動詞는 過程을 가지지 않고 終結点도 없으므로 「~終わる」는 사용할 수 없다.

　*彼女は学校へ<u>行き終わった</u>。　　cf) 彼女は学校へ行った。
　*セミが<u>死に終わった</u>。　　　　cf) セミが死んだ。

(2) 「動詞의 連用形+終える」; 意志的인 동작의 終結을 나타낸다.

　森田は時間内に何とか答案を<u>書き終えた</u>。
　(森田는 시간 내에 간신히 답안을 끝마쳐 썼다)

「~終える」는 意志的인 動詞에만 연결되고, 「走る、遊ぶ」와 같은 명확한 종결점을 가지지 않는 動作動詞나, 「いる、できる」등의 状態動詞, 事態를 나타내는 動詞에는 사용할 수 없다.
　또, 「~終える」는 「~終わる」 보다도 文書体의 성격을 띠고 있다.

　*子供と二人で運動場を<u>走り終えた</u>。
　cf) 子供と二人で運動場を走った。

(3) 「動詞의 連用形+やむ」; 사태의 終結을 나타낸다.

　赤ん坊はなかなか<u>泣きやま</u>なかった。
　(갓난아이는 좀처럼 울음을 멈추지 않았다)

「~やむ」는 無意志的인 事態를 나타내는 動詞에만 연결된다.

授業のベルが鳴りやんだ。(수업종이 울렸다)

授業のベルが鳴り終わった。＊授業のベルが鳴り終えた。

雨が降りやんだ。(비가 그쳤다)

＊雨が降り終わった。＊雨が降り終えた。

(4) 「動詞의 連用形＋きる」

全体量이 정해져 있는데, 그것을 전부 행하는 것이 어느 정도 중요성을 가지는 동작에 연결된다.

私は学校のマラソンで10キロを走りきった。

(나는 학교 마라톤에서 10Km를 완주했다)

＊私は学校の運動場を走りきった。

(5) 「動詞의 連用形＋つくす」

全体量이 정해져 있는 것을 모두 「소비한다」는 동작에 연결된다.

兄は父の財産を使いつくした。(형은 아버지재산을 모두 탕진했다)

監督は作戦タイムを使いつくした。(감독은 작전타임을 다 써버렸다)

友達に彼女のことを語りつくした。(친구에게 그녀의 이야기를 다 말했다)

9. Aspect를 나타내는 語句의 用法

❾-1. 開始直前의 局面을 나타내는 형식

(1) 「動詞의 基本形+ところだ」

　　ちょうど出かける<u>ところだ</u>。 (마침 나가려던 중입니다)
　　これから勉強する<u>ところだ</u>。 (지금부터 공부하려던 중입니다)

　이처럼 「~るところだ」는 動作을 시작하기 直前인 것을 나타내는데, 動作이 過
去인 경우는 「~るところだった」를 사용한다.

　　彼はタクシに乗る<u>ところだった</u>。 (그는 택시를 타려는 중이었다)
　　彼女は家に帰る<u>ところだった</u>。 (그녀는 집에 돌아가는 중이었다)

　「無意志動詞의 基本形+ところだった」는 反事実을 나타내는 文으로서, 실제는
그 일이 일어나지 않았다는 것을 나타낸다.

　　もう少しで大きな事故になる<u>ところだった</u>。 (아차하면 큰사고가 날뻔했다)
　　いたずらが喧嘩になる<u>ところだった</u>。 (장난이 싸움이 될 뻔했다)

(2) 「動詞의 意志形+とする, としている」

　　森田は出かけ<u>ようとした</u>。 (모리타는 나가려고 했다)
　　彼女は夕食を作ろ<u>うとしていた</u>。 (그녀는 저녁을 하려고 하고 있었다)

❾-2. 継続中인 것을 나타내는 형식

(1) 「動詞의 て形+いるところだ」
　動作의 継続이 中心이 되는 표현이다. 주로, 動作이나 事態가 어떠한 단계에 있
는가를 나타내는 의미로 사용되는데, 「ちょうど」와 같은 副詞와 함께 사용된다.

その問題は現在検討し<u>ているところだ</u>。
(그 문제는 현재 검토하고 있는 중입니다)
池の氷が<u>溶けているところだ</u>。 (연못 얼음이 녹고 있는 중이다)
私は本を読ん<u>でいるところだ</u>。 (저는 책을 읽고 있는 중입니다)
今ちょうど雪だるまに鼻を<u>付けているところだ</u>。
(지금막 눈사람에 코를 붙이고 있는 중이다)
先頭集団は今ちょうど15キロ支点を<u>走っているところです</u>。
(선두그룹은 지금 막 15Km지점을 달리고 있는 중입니다)

無意志動詞나 瞬間動詞의 경우, 「ているところだ」를 사용할 수 없다.

*雨が<u>降っているところだ</u>。 *犬が<u>死んでいるところだ</u>。

(2) 「動詞의 連用形+つつある」

変化中인 것을 나타낼 때 사용한다. 즉, 変化의 過程이 継続되고 있다는 것을 나타내는 표현이다.

経済は順調に<u>回復しつつある</u>。 (경제는 순조롭게 회복되어가고 있다)
池の氷が<u>溶けつつある</u>。 (연못 얼음이 녹고 있다)
事件の真相が明らかに<u>なりつつある</u>。 (사건의 진상이 밝혀지고 있다)

「つつある」는 動作動詞나 会話体에서는 사용하기 어렵다.

??彼は本を<u>読みつつある</u>。
??彼女は絵を<u>描きつつある</u>。

❾-3. 終結直後의 局面에 있는 것을 나타내는 형식

「動詞의 た形+ところだ, ばかりだ」; 動作이나 일이 끝난 直後인 것을 나타낸다.

会議は今<u>終わったばかりだ</u>。 (회의는 지금 막 끝났습니다)

=会議は今終わった<u>たところだ</u>。

試験はさきほど終わっ<u>たところです</u>。(시험은 조금 전에 막 끝났습니다)

=試験はさきほど終わっ<u>たばかりです</u>。

事件の全貌を今聞い<u>たところだ</u>。(사건의 전모를 지금 막 들었다)

=事件の全貌を今聞い<u>たばかりだ</u>。

그런데,「~たばかりだ」는 단지 어떤 동작이나 사태가 발생한 直後인 것을 나타
내는데 비해,「~たところだ」는 새로운 동작이나 사태로 이행되기 直前의 단계라
는 뉘앙스가 있다.

제7장
Voice(態)

1. 受動

❶-1. 受動의 特徵

日本語受動은 다음과 같은 形態的·統語的·意味的특징을 가지고 있다.

(1) 形態的특징 ;「動詞의 미연형 + れる/られる」
受動을 나타내는 助動詞 「れる/られる」가 動詞의 미연형에 붙는다.

五段動詞의 경우 ; 動詞의 語幹+areru
  書く (kaku) → 書かれる (kak + areru)
  話す (hanasu) → 話される (hanas + areru)
一段動詞의 경우 ; 動詞의 語幹+rareru
  見る (miru) → 見られる (mi + rareru)
  食べる (taberu) → 食べられる (tabe + rareru)
変格動詞의 경우
  来る (kuru) → 来られる (korareru)
  する (suru) → される (sareru)

1) 「れる/られる」의 형태는 受動전용표현

「動詞의 미연형+れる/られる」의 형태는 수동표현 以外에도 自発, 可能, 尊敬에도 쓰인다. 그러나, 可能表現은「書かれる→書ける」「読まれる→読める」처럼 가능동사에 移行중이며, 自発表現은「思い出す, 考える, しのぶ, 願う, 案じる, 感じる」등 사용되는 동사의 범위가 한정되어 있다. 또, 尊敬表現은「お~になる」의 형태가 존재하기 때문에 이 형태가 존경표현의 중심이 되고 있다. 따라서 일본어에 있어서의「れる/られる」의 형태는 점차 受動表現전용이 되고 있다.

    昨夜は暑くて、よく寝られませんでした。 →可能
    (어제 밤은 더워서 잘 잘 수 없었습니다)
    彼女は難しい漢字も読まれる(読める)。 →可能
    (그녀는 어려운 한자도 읽을 수 있다)
    先生は、毎日何時ごろ学校へ来られますか(おいでになりますか)。 →尊敬
    (선생님은 매일 몇 시경에 학교에 오십니까)
    この絵を見ると、作者の優しい気持が感じられます。 →自発
    (이 그림을 보면, 작자의 아름다운 마음씨가 느껴집니다)
    遭難した飛行機の乗客の安否が心配されます。 →自発
    (조난 당한 비행기승객의 안부가 걱정됩니다)

2) 受動이 되지 않는 動詞

受動의 助動詞「れる/られる」는, 다음과 같은 동사에는 연결되지 않는다.

① 所動詞

三上(1953)는 受動이 되지 않는 動詞를 所動詞라고 했다.

    ある, 見える, 聞える, ~がする, 要る, 似合う, 起こる, 異なる,
    伝わる, できる, 飲める 등

② 相互동사

    花子と結婚する。仲間と競り合う。(동료와 경쟁하다)

③ 再帰동사

    シャワーを浴びる。足を折る。(다리를 부러뜨리다)

④ 受動에 상당하는 어휘가 있는 동사

    貸す(빌다)→借りる(빌리다) 預ける(맡기다) →預かる(맡다)

(2) 統語的특징

- ┌Y(受動者)가 X(行爲者)에 V(ら)れる。
- ├Y(受動者)가 X(行爲者)によって V(ら)れる。
- └Y(受動者)가 X(行爲者)から V(ら)れる。의 문형을 가진다.

日本語에서는 有情物이 수동문의 主語가 되는 것이 伝統이다.

- ┌私は子供にガラスを割られた。(아이가 내 유리창을 깼다)
- └*窓が真由美さんにあけられる。(*창이 真由美씨에게 열리다)

또, 「YがXでV(ら)れる」文型도 存在하지만, 이 文型에서의 「Xで」의 X가 行爲者인지 아닌지, 行爲者라면 어디까지를 行爲者라고 規定해야 하는지 등 논란의 대상이 되고 있다.

(3) 意味的특징

Y(受動者)가 X(行爲者)로부터의 行爲·作用에 의해서, 被害·迷惑(폐)를 입거나 利得이 되었다고 느꼈을 때, Y의 기분을 전하기 위해서 수동표현을 사용한다.

1) 被害·迷惑의 意味

① X의 행위가 直接 Y에게 미칠 경우

太郎が次郎になぐられた。(타로우가 지로우에게 맞았다)

私は先生に叱られました。(저는 선생님에게 야단맞았습니다)

② Y의 立場에 서서 말할 때

被告人は死刑を宣告された。(피고인은 사형을 선고받았다)

友人は自白を強要された。(친구는 자백을 강요받았다)

그러나 Y자신이 처한 상황을 나타낼 때, Y를 主格에 두고 수동표현을 사용하는 것이 日本語의 慣用이다.

私が彼に協力を感謝された。(그가 나의 협력을 감사했다)

*私の協力が彼に感謝された。

2) 利益의 意味

私は先生にほめられた。(나는 선생님에게 칭찬받았다)

花子さんは友達に助けられた。(하나꼬씨는 친구에게 도움 받았다)

3) 中立의 意味

　　英語は多くの人に使われている。(영어는 많은 사람들에게 사용되고 있다)

　　この橋は150年前に建てられた。(이 다리는 150년전에 건설되었다)

▼ 参考

　　「近所の猫がうちの金魚を食った」의 경우, 결과로서 슬픈 것은 「金魚」가 아니라 「私」이기 때문에, 「私は近所の猫に金魚を食われました」라고 말해도, 「うちの金魚は近所の猫に食われました」라고 말하지 않는다.

　　또, 「蛇が蛙を呑んだ」의 경우, 「蛙が蛇に呑まれました」로 말할 수 있는 것은 話者가 「蛙」에 同情해서 가엾다 불쌍하다는 뜻으로 수동표현을 사용하고 있는 것이다.

❶-2. 受動의 分類와 意味

　　受動(受身)은 크게 「直接受動」과 「間接受動」으로 나눌 수 있는데, 이들이 구체적으로 어떠한 受動을 가리키는가를 보면, 学者마다 조금씩 見解를 달리한다.

　　柴谷(1978)는, 意味的인 観点에서 受動文의 主語가 어떤 것의 動作에 의해서 利害관계를 나타내는 「利害의 受身」와 利害関係를 나타내지 않는 「単純의 受身」로 크게 나누고 있고, 또 受動文의 主語의 影響方式을 基準으로, 能動文과 대응을 가지면서 主語가 直接的으로 他人의 動作・行為의 影響을 받는 「直接受動」과, 能動文과 대응을 가지지 않고 主語가 影響을 間接的으로 받기도 하고 느끼기도 하는 「間接受動」으로 크게 나누고 있다.

　　寺村(1982)는, 대응하는 能動表現을 가지고, 主格名詞가 述語動詞에 의해 動作의 直接影響을 받는 것을 「直接受身」, 대응하는 能動表現을 가지지 않고 主格補語의 받는 影響이 間接的인 경우를 「間接受身」이라고 한다.

　　奥津(1987)와 井上(1989)는, 自動詞文으로부터도 他動詞文으로부터도 만들 수 있는 경우를 「間接受動文」, 他動詞文으로만 만들 수 있는 경우를 「直接受動文」이라고 한다.

　　工藤(1990)는, 目的語(補語)가 主語가 되고, 行為를 直接的으로 받는 경우를 「直接受動文」, 行為를 間接的으로 받는 경우를 「間接受動文」이라고 한다.

　　村木(1991)에 의하면, 「直接受動文」은 能動文과 変形関係에 의해 대립하지만, 「間接受動文」은 基本文과 派生関係에 의해 대립한다고 한다.

筆者는 이들의 研究에 따라, 受動文에 直接대응하는 能動文이 있고, 主語가述語動詞의 動作・行為에 의해 直接的인 影響을 받는 경우를 「直接受動」, 受動文에 直接대응하는 能動文이 없고, 主語가 述語動詞의 動作・行為에 의해 間接的인 影響을 받는 경우를 「間接受動」으로 나누어 分類와 用法을 생각해 보고 싶다.

1-2-1. 直接受動

直接受動은 直接대응하는 能動文이 존재하며, 能動文의 目的語(を格/に格의 名詞句)가 수동문의 주어가 된다. 의미적으로는 사태의 내용이 주체와 직접적인 利害관계에 있다.

父親が子供を誉めた。→子供は父親に誉められた。
(아이는 아버지에게 칭찬받았다)
先生が学生に発表を強要した。→学生は先生に発表を強要された。
(학생들은 선생님에게 발표를 강요받았다)

(1) 有情 受動
日本語本来의 受動으로, 어떤 사람에게 무슨 利害나 得失이 있는 경우, 그 사람을 主語로 해서 수동의 형태로 표현하는데 주체가 동작을 직접 받는다.

父親が子供をしかる。→子供が父親にしかられる。
(아이가 아버지한테 꾸중듣다)
兄が弟をいじめた →弟が兄にいじめられた。
(동생이 형에게 구박당했다)

感情의 대상이 주체가 될 경우

順子はだれかに憎まれていた。
(준꼬는 누군가에게 미움 받고 있었다)

동작의 상대가 주체가 될 경우

田中さんは特別賞をおくられた。(다나까씨는 특별상을 수여 받았다)

動作主(行為者)와 被動作主(受動者) 모두 有情名詞의 경우 수동문을 선택하는 이유는 話者가 動作主보다 被動作主의 입장에 서서 무언가를 말하고 싶기 때문이다.

多くの人が彼女を愛した。→彼女は多くの人に愛された。
(그녀는 많은 사람들에게 사랑받았다)

(2) 非情 受動

非情受動은 동작의 대상이 주체가 되는데, 동작주가 有情名詞이고 동작의 대상이 無情名詞인 경우, 일반적으로 동작주X가 주어가 되어 「XがYをVする」文型을 사용하는 것이 일반적이다. 그런데, 동작주를 특정 지울수 없거나, 동작의 대상이 가지는 성질이나, 중대한 에피소드를 말할 경우에는 無情名詞Y를 主語에 두고, 「YがXによってV(ら)れる」文型을 사용하는데, 이러한 文型은 無情名詞Y를 부각시켜 表現效果를 꾀하기 때문에 특정의 表現意図를 가지고 있다.

テーブルが何者かによって壊された。(테이블이 누군가에 의해 부셔졌다)
国際センタービルがテロ集団によって破壊された。
(국제센터빌딩이 테러집단에 의해 파괴되었다)

非情受動은 西欧의 번역문의 영향으로 일본어에 등장한 것으로, 新聞・雜誌등에서 많이 사용되고 있다.

授業のベルが鳴らされた。(수업종이 울리었다)
会議が開かれた。(회의가 열리었다)
雑誌が発行された。(잡지가 발행되었다)

動作主가 표현될 경우는, 주로 「によって」가 사용되는데, 이 경우, 주체의 속성을 진술하는 경우가 많다.

日本語は最近多くの外国人によって学習されている。
(일본어는 최근 많은 외국인에 의해 학습되고 있다)

犯罪が当局によって摘発された。(범죄가 당국에 의해 적발되었다)
会社側によって一方的に閉会が宣言された。
(회사측에 의해 일방적으로 폐회가 선언되었다)
近代オリンピックはクーベルタンによって始められた。
(근대 올림픽은 쿠베르텡에 의해 시작되었다)

(3) 直接受動과「NをVする」表現

일본어에는 受動과 같은 意味를 가지는「NをVする」表現이 있는데, 2가지로 나누어 생각해 볼 수 있다.

1) 「NをVする」表現과「NをVされる」表現이 같은 意味로 쓰이는 경우
彼は国民に支持を集めた。→彼は国民に支持を集められた。
(그는 국민들에게 지지를 받았다)
彼女は同僚に反感を買った。→彼女は同僚に反感を買われた。
(그녀는 동료들에게 반감을 샀다)
韓国は日本に逆転を許した。→韓国は日本に逆転を許された。
(한국은 일본에게 역전을 허용했다)

2) 能動과 受動 모두「NをVする」表現으로 쓰이는 경우
a 監督官が受験生に注意した。受験生が監督官から注意された。
a' 監督官が受験生に注意を与えた。受験生が監督官から注意を受けた。
(수험생이 감독관으로부터 주의받았다)
b 先生が学生に許可した。学生が先生から許可された。
b' 先生が学生に許可を与えた。学生が先生から許可を得た。
(학생이 선생님한테 허가 받았다)
c 与党は野党に批判した。野党は与党から批判された。
c' 与党は野党に批判をあびせた。野党は与党から批判をあびた。
(야당은 여당한테 비판받았다)
a/b/c의 能動과 受動은, 각각 a'/b'/c'의「NをVする」表現과 같은 의미이다.

(4) 直接受動이 사용되는 目的

1) 被動作主의 立場重視

이는 동작주보다 피동작주의 입장에 서서 말하기 위함인데, 동작주의 존재보다
도 화자가 피동작주의 존재에 注目하고 있기 때문이다.

2) 被動作主의 屬性重視

이 경우, 狀態적인 「~ている」 형식을 취하는 경우가 많고, 동작주는 그러한
상태를 유발시킨 존재로서 사용되고 있다.

3) 直接受動과 間接受動의 差異

財布が盗まれた。　直接受動 - 被害의 대상물을 중심으로 말할 경우
財布を盗まれた。　間接受動 - 被害者의 입장에서 말할 경우

1-2-2. 間接受動

間接受動은 直接대응하는 能動文이 존재하지 않고, 동작을 받는 자가 아닌 名詞
句가 수동문의 主語가 된다. 또, 의미적으로는 어떠한 사태를 포함해도 주체가 간접
적인 迷惑(폐)관계에 있다.

　　　a 友達が私のコーヒーを飲んだ。
　　　b 私は友達にコーヒーを飲まれた。
　　　c 私は友達にコーヒーを飲んでもらった。

a는 사실 그 자체를 진술하고 있지만, b는 친구가 커피 마신 것을 被害로 인식하
고 있는 間接受動이다. 또, c는 친구가 커피 마신 것을 고맙게 여기고 있는 授受表
現이다. 이와 같이, 間接受動의 경우는 반드시 迷惑(폐)意味를 수반하고 있다.

　　(私は)友達にコーヒーを飲まれて困っていた。
　　(나는 친구가 커피를 마셔 곤란했다)
　　*私は友達にコーヒーを飲まれて喜んだ。

결국, 어떠한 사태로부터 간접적인 영향을 받고 있다는 것을 나타내는 것이 間接受動文이다. 간접수동은 1人稱 主語가 많은데 보통은 생략된다. 제3자가 주어가 되는 경우는, 文末에 주어의 感情을 나타내는 「困る、怒る、腹が立つ」 등이 연결된다.

課長は中村さんにお茶をこぼされて怒っている。
(과장님은 中村さん이 차를 엎질러 화나있다)
太郎は隣の人に1時間も騒がれて腹が立った。
(太郎는 옆 사람이 1시간이나 떠들어서 화가 났다)

(1) 自動詞受動

「迷惑の受身」라고도 불리어, 主語·主題가 迷惑나 被害를 입었다는 것을 표현하는 日本語受動의 特徵중의 하나이다.

花子は雨に降られた。(花子는 비를 맞았다)
子供の時、父親に死なれた。(어릴 적에 아버지를 여의었다)
昨夜、友達に遊びに来られて、勉強ができなかった。
(어제 밤 친구가 놀러 와서 공부할 수 없었다)
私は昨夜、赤ちゃんに泣かれて眠れなかった。
(나는 어젯밤 갓난아이가 울어서 잘 수 없었다)
店の主人は、忙しいのに、店員に休まれて、困っています。
(가게주인은 바쁜데 점원이 쉬어서 곤혹스러워하고 있습니다)
彼女は食堂で隣のテーブルの人にたばこを吸われて困りました。
(그녀는 식당에서 옆 테이블사람이 담배 피워서 괴로웠습니다)
部長は田中課長に休まれて困っている。
(부장님은 田中과장이 쉬어서 곤란해 하고 있다)
次郎は小林さんと田中さんに笑われてしまった。
(次郎는 小林さん과 田中さん에게 조롱당했다)

이와 같이, 日本語에서는 利害·得失을 부여한 것이 사람이 아니더라도, 행위를 받은 사람이 利害·得失을 받았다고 느낀 경우도 수동문이 사용된다.

(2) 他動詞受動

能動文「XがYのNをVする」構文을 Y의 입장에서 표현할 경우, 受動文「YはXにNをVされる」構文의 형태로 사용되는데, X의 행위가 意図的이든 非意図的이든 결과적으로 Y가 被害를 입었다는 것을 나타내,「～てしまう」를 동반하는 경우가 많다.

森田さんはお母さんに雑誌を捨てられてしまった。
(어머니가 모리타씨 잡지를 버려버렸다)
太郎は次郎にジュースを飲まれてしまった。
(지로우가 타로우 주스를 마셔버렸다)
お父さんは外国人に英語で道を聞かれてしまった。
(외국인이 아버지에게 영어로 길을 물었다)
私は母親に朝早く起こされてしまった。
(어머니가 나를 아침 일찍 깨워 버렸다)
花子は吉田さんにボーイフレンドの写真を見られてしまった。
(요시다씨가 하나꼬의 남자친구 사진을 봐 버렸다)
吉田さんは課長に話を聞かれてしまった。
(과장이 요시다씨 얘기를 들어버렸다)
私は店の人に注文を間違えられてしまった。
(점원이 내 주문을 틀려버렸다)
小林さんは田中さんに鍵をかけられてしまった。
(다나까씨가 (고바야시씨) 열쇠를 채워버렸다)
姉は父親に電話を切られてしまった。
(아버지가 누나 전화를 끊어 버렸다)
私は弟にケーキを食べられてしまった。
(동생이 내 케이크를 먹어버렸다)

1) 部分受動 ; 身体의 일부분이 被害를 입는다.
友達に肩をたたかれる。(친구가 어깨를 두드리다)
犬に手をかまれる。(개한테 손을 물리다)
虫に顔をさされる。(벌레에게 얼굴을 물리다)
知らない人に足をふまれる。(모르는 사람에게 발을 밟히다)

2) 所有受動 ; 所有物이 被害를 입는다.

    スリに財布を取られる。(소매치기에게 지갑을 털리다)

    友達に手紙を読まれる。(친구가 편지를 읽다)

    だれかにフロッピーのデータを消された。

    (누군가에게 플로피디스크 자료를 삭제 당했다)

3) 対象受動 ; 동작을 행하는 대상에 의해 被害를 입는다.

    子供に石を投げられた。(아이에게 돌을 맞았다)

    タクシーにどろ水をひっかけられた。(택시가 흙탕물을 튀기었다)

    デモの人びとに背中に石をぶつけられた。(데모대에게 등에 돌을 맞았다)

4) 関係受動 ; 생활에 관계하는 것에 被害를 입는다.

    その研究者は職をうばわれた。(그 연구자는 일자리를 빼앗겼다)

    従業員は出張を強いられた。(종업원은 출장을 강요당했다)

    課長に言葉づかいを注意された。(과장님에게 말투를 주의 받았다)

    見知らぬ男に子供を連れ去られた。(모르는 남자가 아이를 데려갔다)

(3) 間接受動과「てもらう」文

  間接受動과「てもらう」文 은 사태의 영향을 받는 사람을 주어로 한 표현이란 점에서는 일치한다. 그런데, 間接受動은 主語가 사태를 被害본것으로 파악하고 있지만,「てもらう」文은 사태를 恩恵的으로 파악하고 있다는 점에서 다르다.

    a 母親は知らない人に電話を掛けられた。

      →모르는 사람이 전화한 것을 被害로 여김

     母親は知らない人に電話を掛けてもらった。

      →모르는 사람이 전화를 걸어준 것을 恩恵로 여김

    b 父親は家の前にだれかに車を止められた。

      →집 앞에 누군가가 차를 세워둔 것을 被害로 여김

     父親は家の前にだれかに車を止めてもらった。

      →집 앞에서 누군가가 차를 세워준 것을 恩恵로 여김

1-2-3. 特殊受動(自発)

「感じる, 思う, 偲ぶ, 思い出す, 案じる, 考える」등의 知覚이나 思考를 나타내는 動詞가「(ら)れる」를 수반해서 述語에 사용되면,「나도 모르게 저절로 그와 같은 생각/느낌이 든다」는 의미를 나타낸다. 이와 같은 표현은 自発에 가깝지만, 受動이라고 해석할 수 있는 경우도 있어서 特殊受動으로 생각해 본다.

> 中村はみんなに陽気な人間と思われている。; 일반적인 수동표현
> (中村는 모두에게 밝고 쾌활한 사람으로 여겨지고 있다)
> 故郷がなつかしく思われる。; 自発의 의미를 나타내는 수동표현
> (고향이 그립게 느껴진다)
> 病気で入院している父のことが案じられます。; 自発
> (병으로 입원해 있는 아버지가 염려된다)

❶-3. 行為者를 마크하는 助詞

일본어수동문에 있어서 行為者를 마크하는 助詞는 受動文을 把握하고 理解하는 데있어서 빼놓을 수 없는 重要한 要素이다. 수동문에 있어서 行為·動作을 행하는 主体는「に, によって, から, で」등의 助詞로 표현되는데, 이들에 대해서 언급한 先行研究는 각기 견해를 달리하고 있다. 따라서, 우선 先行研究를 살펴보고 行為者를 마크하는 助詞의 性質에 대해서 필자 나름대로의 견해를 피력해본다.

(1)「に」

1) 井上(1976)
   「に」에는 수동문의 主語에 대한「動作主의 作用」의 意味가 있어서,「に」의 使用은 主語와 動作主가 밀접히 관련된 경우에 限한다. 主語가 그 作用을 느끼지 못하거나, 그 作用에 의해 직접 영향을 받지 않을 경우에는「に」를 사용할 수가 없고, 主語가 無生物일 경우에는「に」를 배척하는 것이 많다.
   花子は子供にぶつかれた。(花子는 아이와 부닥쳤다)
   花子は生徒になつかれた。(花子는 학생들이 따랐다)

*有志に苦しい祖国夏帰運動が続けられてきた。
*代表団に会談が日本時間の16日早朝に予定されている。

2) Kuroda(1979)

「に受動文」에는 「受影性」의 含意가 있고, 話者가 主語(受動者)쪽의 視点에
서 말할 때 사용된다. 또, 複文深層構造를 가지고 있다.

ジョンはもう少しで気を失うところをビルに助けられた。

弟は兄にいじめられた。

3) 益岡(1982)

「に受動文」은 대응하는 능동문의 非主語名詞句가 사태의 結果로서 心理
的・物理的影響을 받는다는 것을 明示的으로 나타내기 때문에, 主語化(昇格)
를 주된 동기로 하는 昇格受動文이다.

あの町は日本軍に破壊された。(日本軍があの町を破壊した)

*あの町は日本軍に建設された。(日本軍があの町を建設した)

その寺は翌年信長に焼き払われた。(信長は翌年その寺を焼き払った)

*その寺は9世紀前半、空海に建てられた。

(空海は9世紀前半その寺を建てた)

4) 砂川(1984)

「に受動文」은 補文속의 名詞와 動詞가 「動作主ー動作」이라는 직접적인 관
계로 맺어져 있는 경우가 아니면 성립하지 않는다.

彼はみんなに好かれている。彼の考えは多くの人々に支持されている。

5) 細川(1986)

수동문에 있어서 「に」로 마크되는 것은 着点, 産物, 動作主에 한정된다. 이 경
우, 動作主라는 것은 직접적인 関与者이다.

赤信号を無視して渡ろうとした人が警官に止められていた。

※ 以上으로, 「に」는 行為者가 主語에 대해서 物理的・心理的으로 작용 할 때
에 사용되므로, 主観的 또는 一方的인 작용의 意味를 나타낸다.

(2)「によって」

1) Kuroda(1979)

「によって受動文」에는 中立的・客観的인 記述에 사용된다.

ジョンはもう少しで気を失うところを<u>ビルによって</u>助けられた。

2) 益岡(1987)

「によって受動文」은 대응하는 능동문의 主語名詞句의 非主語化(降格)를 주된 동기로 하는 降格受動文으로, 降格되는 動作主를 일부러 명시함으로서, 오히려 名詞句를 前景化하는 効果를 낳고 있다.

あの町は<u>日本軍によって</u>建設された。

答案用紙が<u>試験管によって</u>回収された。

3) 砂川(1984)

「によって受動文」은 補文속의 名詞와 動詞가「動作のよりどころ－動作」이라는 관계로 성립되어 있으면 가능하다.

このころ、源氏物語が<u>紫式部によって</u>書かれた。

金閣は<u>義満によって</u>建てられ、銀閣は<u>義政によって</u>作られた。

4) 細川(1986)

수동문에 있어서「によって」로 마크되는 것은 材料・道具또는 原因・理由를 나타내는 名詞句에 한정된다. 단, 수동문이 行為의 結果의 状態를 나타낼 때 동작주가 그 상태를 일으킨 使役者(Causer)로 해석가능하면 동작주도「によって」로 나타낸다.

※ 以上으로,「によって」는 歴史的事実이나 行為者의 陳述이 必要할 때 사용된다고 말할 수 있다.

ベルリンの壁は東西<u>ドイツによって</u>取り壊された。

電球は<u>エジソンによって</u>発明されました。

たばこは<u>ポルトガル人によって</u>、日本に伝えられました。

(3) 「から」

1) 細川(1986)

수동문에 있어서 「から」로 마크되는 것은 起点・素材 또는 出所에 한정된다.
단, 동작・작용을 나타내는 수동문에서 주어・동작주 모두 有生物일 때는 동
작주도 「から」로 나타낼 수 있다.

　　毎朝二度三度<u>母に/から</u>起こされても、なかなか起きない。

2) 村上(1986)

「から格」으로 표시되는 対象関係를 가지는 것이 受動文에서 主語의 位置를
차지하고 있는 경우, 主語의 位置가 되는 名詞는 動詞에 대해서 상대적이다.

　　太郎が花子に本を贈る。　(太郎가 花子에게 책을 보낸다)

　　→本が(太郎から)花子に贈られる。

　　→花子が(<u>太郎から</u>)本を贈られる。

3) 村木(1991)

동작주가 인간을 나타내고, 동사는 인간의 態度나 感情・感覚・言語活動을
나타내는 것과 物品이나 情報의 授受를 나타낼 때 「から」가 사용되어, 대부
분은 「に格」과 交替할 수 있다. 授受되는 物品이나 情報가 主格이 되는 경우,
「から格」에 한정된다.

　　花子は太郎から(に)いじめられた。

　　花束がファンから(*に)人気歌手に届けられた。

※ 以上으로, 「から」는 主語를 향한 感情・感覚의 움직임을 나타낼 때와, 方向
性을 가지고 出所나 起点을 나타낼 때 사용된다고 말할 수 있다.

　　彼は<u>刑事に/から</u>怪しまれた。

　　このニュースはA新聞社<u>から</u>流された。

(4) 「で」

1) 工藤(1990)

「もの・こと」가 外的作用의 対象에 影響을 줄 경우, 그 原因・手段은 「で

格」으로 나타낸다. 또, 組織의 경우도 사용된다.

　台風で家がこわされた。

　あの問題は、政府各省庁で対策が検討されている。

2) 「で」格은 心理的動態를 誘発하는 것을 나타낼 때도 사용되어, 이 경우 述語는 主語의 心理的動態・状態를 포함하는 態度動詞에 한한다.

　人々は新幹線の騒音で/に悩まされている。

3) 村木(1991)

動作主가 広義의 사태를 나타내는 名詞로, 動詞는 対象에 変化를 가져오는 의미를 가진다. 또 動作主가 機関・組織体의 경우나 不特定多数의 경우, 場所性을 띠고 있어서 動作主로서의 性質이 약하다.

　花子は電話ベルで起こされた。新しい法案が議会で決定された。

※ 以上으로, 「で」는 具体物인 경우, 手段的・原因的・道具的・材料的인 뉘앙스가 있다고 말할 수 있다.

　彼が手足を縄で縛られた。

다음으로, 動詞의 종류에 따라 行為者를 마크하는 格助詞가 優先된다는 것에 대해서 언급해 보고 싶다. 우선, 사물의 주고받는 관계를 나타내는 授受動詞의 경우, 사물이 授与者로부터 受給者에게 건네지는 것, 즉 経路를 重視하는 表現이 되므로, 「に」보다도 「から」가 우선시 된다.

　優勝者が市長から/に花束を渡された。

또, 感情動詞의 경우, 사람의 感情을 나타내는 「に」가 優先된다.「から」를 사용하면 感情의 出所를 나타내는 것이 된다.

　彼は多くの人びとに/から愛されている。

生産이나 破壊動詞의 경우, 일반적으로 「によって」가 사용되고 있다.

　この寺は中国の名工によって建てられた。

❶-4. 無情物主語를 사용하는 受動文

無情物을 주어로 하는 受動文은, 明治이후 欧米小説의 번역에 널리 사용되었는데, 일반적인 사실을 말할 경우나, 행위자를 明示할 필요가 없는 경우, 행위자를 특정 지울 수 없는 경우 등에 사용된다.

(1) 일반적인 사실을 말할 경우
オリンピックは4年ごとに行われる。(올림픽은 4년마다 열린다)
韓国の卒業式は二月に行なわれる。(한국의 졸업식은 2월에 행해진다)

(2) 어떤 事実을 関係者보다 행위의 対象物을 중심으로 말하고 싶은 경우
銀行に入れておいた現金が盗まれた。(은행에 넣어둔 현금이 도난당했다)

(3) 행위자가 不特定 多数의 경우
この本は(人びとによって)よく読まれている。(이 책은 많이 읽혀지고 있다)

(4) 행위자를 특정 지울 수 없는 경우
漢子は中国から伝えられた。한자는 중국에서 전래되었다)

(5) 행위자를 明示할 필요가 없는 경우
ほどなく料理が運ばれてきた。(이윽고 요리가 운반되어 왔다)

❶-5. 自動詞文과의 관계

受動文과 自動詞文은 自動詞的인 表現으로, 이들은 서로 共通된 점도 있지만, 文의 性質上 다른 점도 많이 있다. 여기서는 그것에 대해서 생각해 보고 싶다.

1-5-1. 自動詞文과의 共通点

우선, 受動文과 自動詞文은 自動詞적인 表現이다.

a 駅前にビルが建てられた。(他動詞受動文)
a' 駅前にビルが建った。(自動詞文)
(역 앞에 빌딩이 세워졌다)
b 橋が流された。(他動詞受動文)

b' 橋が流れた。(自動詞文)
　　(다리가 유실되었다)

　受動文a와 b는 각각 自動詞文a' b' 와 거의 같은 意味로 사용되고 있다. 이들은 특히 目的語에 준하는 작용의 대상이 없고, 결국 目的語를 必要로 하지 않기 때문에, 受動形이 自動詞적인 表現으로 사용되고 있다고 말할 수 있다.

　다음으로, 受動文과 自動詞文은 影響을 받는 쪽을 中心으로 하는 表現이다.

　　c 窓ガラスが(*誰かによって)割れた。(自動詞文)
　　c' 窓ガラスが(誰かによって)割られた。(他動詞受動文)
　　　(유리창이 깨졌다)
　　d 家が(*誰かによって)壊れた。(自動詞文)
　　d' 家が(誰かによって)壊された。(他動詞受動文)
　　　(집이 무너졌다)

　自動詞文c와 d, 受動文c' 와 d' 는 모두 影響을 받고 있는「窓ガラス」「家」를 中心으로 하는 表現이라고 말할 수 있다. 또, c' 와 d' 처럼 主語가 無情物인「非情受動」에 있어서 行為者가 省略되는 경우가 많지만, 이때 受動文과 自動詞文은 매우 接近한다.

　끝으로, 受動文과 自動詞文은 行為者의 意志를 問題삼지 않는 表現이다.

　　e 泥棒が警察に捕まった。(自動詞文)
　　e' 泥棒が警察に捕まえられた。(他動詞受動文)
　　　(도둑이 경찰에 잡혔다)
　　f 壁に絵が掛かっている。(自動詞文)
　　f' 壁に絵が掛けられている。(他動詞受動文)
　　　(벽에 그림이 걸려있다)

　自動詞文e와 f, 受動文e' 와 f' 는 모두 事態에 行為者(動作主)의 存在가 생각되지만, 이들은 모두 行為者의 意志를 問題삼고 있지 않다. 이점에서 自動詞文과 受動文은 같다고 말할 수 있다.

1-5-2. 自動詞文과의 相違点

(1)「に格名詞句」의 必要有無

日本語의 典型的인 自動詞文은,「NがVする」일 것이다. 그러나「に格名詞句」를 취하는 自動詞文은 受動文과 대등한 위치에 있다.

a 犯人が警官に捕まった。(범인이 경관에게 잡혔다)
b 犯人が警官に捕まえられた。
c 太郎が花子に見つかった。(타로우가 하나꼬에게 발견되었다)
d 太郎が花子に見つけられた。

a 와 b 文은, 모두「警官が犯人を捕まえた」라고 하는 他動詞文과 Voice의 대응관계에 있고, c 와 d 文은 모두「花子が太郎を見付けた」라고 하는 他動詞文과 Voice의 대응관계에 있다. 그러나, 自動詞文 a 와 c 는 행위자의 작용하는 動作이 없고,「저절로, 스스로」발생하는 것으로 파악된다. 결국, a 와 c 에 있어서의「に格名詞句」는 主語에 대한 行為・作用을 행하고 있지 않기 때문에, 自動詞文 a 와 c 는 利害의 意味를 수반 하지 않는다. 이에 반해, 受動文 b 와 d 는 主語가 受動者,「に格名詞句」가 行為者로서 行為者에 의한 작용에 의해서 主語에 行為・作用이 미치고 있기 때문에, 受動文 b 와 d 는 利害의 意味를 수반한다. 따라서 自動詞文은 a' 와 c' 처럼 기본적으로「に格名詞句」를 必要로 하지 않지만, 受動文은 기본적으로「に格名詞句」를 必要로 한다.

a' 犯人が捕まった。(범인이 잡혔다)
c' 太郎が見つかった。(타로우가 발견되었다)

또, 主語가 無情物인「非情受動」에 있어서, 行為者 X가 表現되지 않는 경우가 많은데, 이때 受動文과 自動詞文은 매우 接近한다.

e 家が(誰かによって)壊された。(집이 파손되었다)
f 家が(＊誰かによって)壊れた。(집이 무너졌다)

受動文 e 는 行為者 X 가 復元가능하지만, 自動詞文 f 는 行為者 X 를 나타내기 어렵다. 즉, 自動詞文 f 는 「によって格名詞句」가 있어서는 안 되지만, 受動文 e 는 「によって格名詞句」가 있든 없든 관계없다. 그러나 意味적인 측면에서 생각할 경우, 日本語는 行為者가 表出되든 表出되지 않든, 受動文 e 와 自動詞文 f 의 차이는 명백하다. 動詞가 나타내는 事態에 있어서, 受動文 e 는 Y 가 X 의 行為를 받지만, 自動詞文 f 는 Y 가 X 의 行為를 받지 않고 자연히 그렇게 된다고 하는 意味를 가진다.

(2) 根拠と状況

動作主格을 許容하지 않는 日本語의 受動文은, 自動詞文에 매우 가까운 性質을 가지는 경우가 있다.

> g 発表者にかたさが見られる。(발표자에게 딱딱함이 보인다)
> h 発表者にかたさが見える。
> i 「花子がこの頃おかしい」という声が聞かれる。
> j 「花子がこの頃おかしい」という声が聞こえる。
> j (「花子가 요즈음 이상해」라고 하는 소리가 들린다)

受動文 g 와 自動詞文 h, 受動文 i 와 自動詞文 j 는 각기 매우 近接해 있는 表現이지만, 意味적인 측면에서의 차이는 명확하다. 즉, 受動文 g 는 客観的인 根拠에 기인한 話者의 판단일 때이고, 自動詞文 h 는 発話者가 主観的으로 생각하는 것으로, 다른 사람도 그렇게 생각하고 있는지 아닌지는 문제되지 않는다.

또, 受動文 i 는 최근 不特定多数의 사람으로부터 「花子がこの頃おかしい」라고 하는 소문을 듣고 話者가 말하는 경우이고, 自動詞文 j 는 누군가가 花子(하나꼬)의 이야기를 하고 있는 실제의 소리를 話者가 듣고 말하는 경우이다.

(3) 動作主の意図

앞에서 自動詞文과 他動詞受動文은 事態에 動作主가 存在하지만, 動作主의 意志가 問題視되지 않는다고 말했다. 그러나 他動詞受動文은 어떠한 사태가 발생한 것이 누구에 의한 것인가 라고 하는 動作主의 意志가 問題되지만, 自動詞文은 自然現象이나 自動的으로 발생한 사태여서 動作主의 존재자체가 問題되지 않는다. 하지만 動作主가 意志를 가지고 行動할 경우, 動作主가 자신의 意志에 의해 행하는 動作은 自動詞를 사용하고, 다른 사람이 행하도록 작용해서 행하는 動作은 他動詞

受動文으로 나타낸다.

> k 新入社員5名を募集したところ150人が<u>集まった</u>(*集められた)。
>   (신입사원 5명을 모집했더니 150명이 모였다)
> l 学生は先生に切手を<u>集められた</u>(*集まった)。
>   (학생은 선생님이 우표를 모으라고 해서 모았다)

自動詞文k는「新入社員を5名募集したところ150人が集まった」라고 하는 事態 여서, 動作主의 존재자체가 問題가 되지 않지만, 他動詞受動文l은 학생은 선생님이 우표를 모으도록 해서 모았다고 하는 動作主의 意志가 問題가 된다.

(4)「~ている」의 意味차이

> m 桜の木がきれいに<u>植わっている</u>。 (벚꽃나무가 예쁘게 심어져 있다)
> n 桜の木がきれいに<u>植えられている</u>。

自動詞文m은 結果残存의 意味밖에 가지고 있지 않지만, 受動文n는 結果残存의 意味와 그것이 아직 進行中이라고 하는 양쪽 모두의 解釈이 可能하다. 즉, 수동문n 는 벚꽃나무가 예쁘게 심어져 있고 계속해서 심어지고 있다는 것을 나타낸다.

❶-6. 受動文의 使用目的

여기서는 受動文을 사용하는 목적은 무엇인가, 受動文은 무엇을 目的으로 談話 策略인가를 생각해 본다.
우선, 가장 典型的인 受動文을 예로 들어 생각해 보자.

> a <u>太郎が</u> <u>次郎を</u> 蹴る。 (<u>太郎가</u> <u>次郎를</u> 차다)
> b <u>次郎が</u> <u>太郎に</u> 蹴られる。 (<u>次郎가</u> <u>太郎에게</u> 차이다)

a와 b는 Voice상에서 대응관계에 있다. 能動文a는 動作을 행하는 쪽을 中心으로 말하고 있고, 受動文b는 動作을 받는 쪽을 中心으로 말하고 있다. 따라서 a에서는 行為者「太郎」가 주어에 자리 잡고 있고, b에서는 受動者「次郎」가 주어에 자리

잡고 있다. 이와 같이, 受動文은 「受動者」에 焦点이 두어지기 때문에, 行爲者는 焦点에서 벗어나 背景化된다. 때문에, 受動文은 行爲者가 省略되어 있는 경우가 많다. 日本語는 文의 構造가 SOV의 語順을 가지기 때문에, 文속의 核心的인 動詞는 文의 末尾에 位置하게 된다. 이를 반영해, 受動文에서도 叙述語部分의 語順만이 固定的이고, 그 밖의 요소는 비교적 語順의 倒置가 자유롭다. 따라서 行爲者만이 아니라 主語도 文의 表面에 나타내지 않는 경우가 많다.

또, Chafe(1970)에 의하면, 受動文은 신정보와 구정보를 교체해서 만드는 것으로, 구정보인 行爲者를 신정보로 하기 위한 策略이라고 한다.

Givon(1979)에 의하면, 受動文은 非主題的인 것을 主題的인 것으로, 즉 被行爲者를 보다 主題的인 文章으로 만드는 方法이라고 한다.

김(1980)에 의하면, 受動文을 형성하는 動詞가 「動作過程性」을 가지고 있는 것에 着目해서, 受動文은 動作性을 弱化시켜 過程性을 增大시키는 것이라고 한다.

이들 先行研究에서, 受動文은 主題性의 移動, 또는 主題性을 転換시키는 것이라고 말할 수 있다. 能動文a에 있어서, 情報의 焦点(FOCUS)이 두어지는 場所는 일반적으로 目的語의 위치, 즉 a에서는 「次郎を」인데, 여기는 新情報가 두어지는 場所이기도 하다. 따라서, 受動文은 신정보를 焦点의 위치에 移動시키고, 역으로 구정보를 焦点의 위치에서 벗어나게 하는 방법이라고 말할 수 있다.

이들을 総合하면, 日本語에 있어서의 受動文은 한편으로는 主題性을 높이고(즉, a의 「次郎を」가 b에서는 「次郎が」가 된다. 이것을 益岡(1987)는 昇格受動文이라고 한다), 다른 한편으로는 主題性를 낮추는 (즉, a의 「太郎が」가 b에서는 「太郎に」가 된다. 이것을 益岡(1987)는 降格受動文이라 한다)方法이며, 그것은 情報構造의 支配를 받게 된다. 결국, 日本語에 있어서의 受動文은 談話上의 必要에 의해서 발생한 것으로, 情報構造에 主題를 높이기도 하고 낮추기도 하는 策略이라고 말할 수 있다.

다음으로, 文의 意味를 생각할 경우, a에서는 行爲者 「太郎」가 受動者 「次郎」를 때린다고 하는 行爲者의 動作 그 자체가 전부인데 반해, b에서는 行爲者 「太郎」가 때린다고 하는 動作과, 그 결과 受動者 「次郎」가 맞는다고 하는 사태도 나타내, 日本語의 受動文은 대부분의 경우 被害나 利益의 意味를 수반한다.

그러면, 왜 能動文을 사용하지 않고 受動文을 사용하는 걸까? 受動文을 사용하는

理由는 무엇인가? Jespersen(1924)에 의하면 受動文을 選択하는 理由로서 ①能動文의 主語가 명확하지 않을 때, ②能動文의 主語를 일부러 나타낼 必要性이 없을 때, ③能動文의 主語를 나타내고 싶지 않을 때, ④自己中心的인 表現을 피하고 싶을 때, ⑤動作者보다 受動者에 重点을 둘 때, 등을 들고 있다.

또, 井島(1988)에 의하면, 受動文을 사용하는 動機는, 動作을 받는 쪽을 主題化하고 싶을 때이고, 表現으로서 能動文을 사용하지 않고 일부러 受動文을 사용하는 動機는 談話法의 레벨에서 생각되는데, 「대상격에 視点을 두기 위함 이든가, 事態를 客観的으로 描写하기 위함 이든가, 또는 状態性表現으로 하기 위함 이든가」이다. 이와 같이, 井島와 Jespersen의 指摘은 일반적인 것으로, 日本語에서도 適用된다.

2. 使役

❷-1. 使役의 特徵

日本語使役은 다음과 같은 形態的·統語的·意味的特徵을 가지고 있다.

(1) 形態的特徵 ;「動詞의 미연형 + せる/させる」
使役을 나타내는 助動詞「せる/させる」가 動詞의 미연형에 붙는다.

> 五段動詞의 경우 ; 動詞의 語幹+aseru
> 　書く (kaku) → 書かせる (kak + aseru)
> 　読む (yomu) → 読ませる (yom + aseru)
> 一段動詞의 경우 ; 動詞의 語幹+saseru
> 　見る (miru) → 見させる (mi + saseru)
> 　食べる (taberu) → 食べさせる (tabe + saseru)
> 変格動詞의 경우
> 　来る (kuru) → 来させる (kosaseru)
> 　する (suru) → させる (saseru)

그러나, 모든 動詞가 助動詞「せる/させる」를 수반해서 使役이 되지 않는다. 寺村(1982)는 사역을 만들지 못하는 동사를 다음과 같이 제시하고 있다.

① 所動詞중에서「ある, 要る, 似合う, できる」등
　ある→*あらせる, 要る→*要させる, 似合う→*似合わせる.
② 可能動詞는 使役構文을 만들지 못한다.
　中村は日本語が話せる。(中村는 일본어를 말할 수 있다)
　　→*中村に日本語を話せさせる。
③ 無意志性 동사나, 自発動詞는 使役態가 되면 부자연스럽다.
　雨がやむ。(비가 그치다) →*雨をやませる。

(2) 統語的特징

「X(使役者)가 Y(動作主)를 V(さ)せる」와 「X(使役者)가 Y(動作主)에 Z를 V(さ)せる」의 문형을 가진다.

1) 自動詞文의 使役

「Xが Yに/を V(さ)せる。」← 「Yが Vする。」

일반적으로, 指示・命令의 對象이 되는 사람을 「を」로 나타낸다.

　　先生は私たちを立たせました。(선생님은 우리들을 세웠습니다)

　　母親は長男を買物に行かせた。(어머니는 장남을 쇼핑하게 했다)

그런데, 通過의 場所를 나타내는 助詞「を」가 함께 사용되는 경우는, 行爲의 對象者를「に」로 나타내는 것이 일반적이다.

　　祖父は毎朝、犬に公園を散歩させます。

　　(할아버지는 매일아침 개에게 공원을 산책시킵니다

　　父親は子供達に橋を渡らせています。

　　(아버지는 아이들에게 다리를 건너게 하고 있습니다)

Y(動作主)가「を」格을 취할 때는 無意志動詞의 사용 가능하지만,「に」格을 취할 때는 意志動詞에 限에서만 가능하다.

　　┌コンサートが私を感動させた。(콘서트가 나를 감동시켰다)
　　└*コンサートが私に感動させた。

　　┌借金が父を悩ませた。(빚이 아버지를 괴롭혔다)
　　└*借金が父に悩ませた。

　　┌順子が大根を腐らせた。(준꼬가 무를 썰게했다)
　　└*順子が大根に腐らせた。

　　┌花子は果汁を凍らせてデザートを作った。
　　(하나꼬는 과즙을 얼게해 디저트를 만들었다)
　　└*花子は果汁に凍らせてデザートを作った。

　　┌母親が子供を泣かせた。(어머니가 아이를 울게했다)
　　└*母親が子供に泣かせた。

述語가 意志動詞의 경우,「に使役文」과「を使役文」이 모두 가능한데, 이들의 意味的차이는 다음과 같다.

　　先生が学生を走らせる。(선생님이 학생을 달리게 하다)

　　→학생은 사역행위의 대상이 되며, 학생의 意志를 無視한다.

先生が<u>学生</u>に走らせる。(선생님이 학생에게 달리게 하다)

　→학생은 동작주가 되며, 학생의 意志를 尊重한다.

2) 他動詞文의 使役

「Xが Yに Zを V(さ)せる。」←「Yが Zを Vする。」

指示命令의 対象이 되는 사람을「に」로 나타내고, 対象物을「を」로 나타낸다.

　森田が弟<u>に</u>荷物を運ばせた。(모리타가 동생에게 짐을 나르게 했다)

　先生は吉田さん<u>に</u>本を読ませました。

　(선생님은 요시다씨에게 책을 읽혔습니다)

他動詞의 使役形만 가능한 경우, 自動詞의 使役形은 성립하지 않는다.

　乗る(自) → 乗せる(他)

　　父親は子供を車に<u>乗せ</u>ました。(*乗らせました)

　　父親は兄に弟を車に<u>乗せ</u>させました。

　　(아버지는 형에게 동생을 차에 타게 했습니다)

　降りる(自) → 降ろす(他)

　　父親は子供を車から<u>降ろし</u>ました。(*降りさせました)

　　父親は兄に弟を車から<u>降ろ</u>させました。

　　(아버지는 형에게 동생을 차에서 내리게 했습니다)

　起きる(自) → 起こす(他)

　　母親は子供を<u>起こし</u>ました。(*起きさせました)

　　母親は姉に妹を<u>起こ</u>させました。

　　(어머니는 언니에게 동생을 일어나게 했습니다)

　寝る(自) → 寝かす・寝かせる(他)

　　母親は子供を<u>寝かし</u>ました/<u>寝かせ</u>ました。(*寝させました)

　　父親は母親に子供を<u>寝か</u>させました。

　　(아버지는 어머니에게 아이를 재우게 했습니다)

他動詞表現은 X가 Y를 위해 무언가를 해줄 경우이고, 使役表現은 X가 Y에게 指示해 Y로 하여금 行為・作用을 하게 하는 것이 본래의 表現意図이다.

(3) 意味的 特徴

　X(使役者)가 Y(被使役者)에게 動作・作用을 행하게 하든가, 状態変化가 일어나게끔 하는 것을 나타낸다. 따라서 使役者가 被使役者보다 손위 사람으로, 被使役者가 使役者보다 손위 사람인 경우에는, 사역표현을 사용하지 않는다.

先生が学生に本を読ませました。
＊学生が先生に漢字を書かせました。
→学生は先生に漢字を書いてもらいました。

　그러나, 손아래 사람의 행위가 손위 사람에게 精神的인 원인제공을 하고 있는 경우에는 使役者가 손아래 인 경우에도 사역표현이 가능하다.

彼は病気で入院して、両親を心配させた。
(그는 병으로 입원해서 부모를 걱정시켰다)
彼は退院して、両親を安心させた。
(그는 퇴원해서 부모를 안심시켰다)
私は学生のころ、勉強をしないで、先生を困らせた。
(나는 학생 때 공부 안 해서 선생님을 당혹케 했다)

❷-2. 使役의 分類와 意味

　使役은 크게「強制使役」「許容使役」「無意志使役」으로 나눌 수 있는데, 이들이 구체적으로 어떠한 使役을 가리키는 것인지, 그 用法도 포함해서 생각해본다.

2-2-1. 強制(誘発)使役

　強制使役은 使役者가 動作主의 意志와는 상관없이 하게 만드는 것으로, 어떤 사태에 積極的인 작용이 있다. 따라서 강제사역은「無理に、無理やり」등의 副詞나,「～ように、～ようと、～ために」등의 目的을 나타내는 節과 함께 사용된다.

母親は姉をピアニストにするために、プロのレッスンに行かせた。
(어머니는 언니를 피아니스트로 만들기 위해 프로레슨을 받게 했다)
私は娘に無理やりニンジンを食べさせた。
(나는 딸에게 무리하게 당근을 먹게 했다)

　또, 강제(유발)使役은 상대의 意志를 尊重한 표현이 아니다. 상대의 意志를 尊重할 경우에는「～てもらう」의 형태로 사용된다.

田中は強制的に中村を行かせた。(田中는 강제적으로 中村를 가게 했다)
→田中は中村に行って<u>もらった</u>。(田中는 中村에게 가게 했다)

(1) 直接的인 作用

先生が学生に本を読ませる。(선생님이 학생에게 책을 읽게하다)
赤ちゃんにミルクを飲ませた。(갓난아이에게 우유를 먹였다)
親が子を使いに行かせる。(부모가 아이를 심부름가게 하다)

(2) 命令, 勧誘, 忠告

お母さんは子供に宿題をさせた。(어머니는 아이에게 숙제를 시켰다)
この本は分かりやすいので、学生に買わせた。
(이 책은 알기쉬워서 학생들에게 사게 했다)

(3) 感情的, 精神的 변화

おせじを言って彼女を喜ばせた。(입에 발린 말을 해 그녀를 기쁘게 했다)
兄は弟の頭をたたいて、弟を泣かせました。
(형은 동생머리를 때려 동생을 울게 했습니다)
男の子は虫を見せて、女の子をびっくりさせました。
(남자아이는 벌레를 보여, 여자아이를 놀라게 했습니다)
父親は怖い話をして、子供たちを怖がらせました。
(아빠는 무서운 이야기를 해서, 아이들을 무섭게 만들었습니다)

감정적, 정신적 변화를 나타내는 動詞는 손위 사람에게도 使役形을 사용한다.

私は先生を困らせた。(나는 선생님을 당혹스럽게 했다)
私は社長を怒らせた。(나는 사장님을 화나게 했다)

(4) 期待대로의 結果

人工的に雪を降らせる。(인공적으로 눈을 내리게 한다)
海水を飲水に作らせる。(해수를 식수로 만들게 한다)

2-2-2. 許容使役

許容使役은 動作主가 행하려고 하는 것을 使役者가 방해하지 않음으로써, 어떤 事態의 生起를 허용하는 사역을 말한다.

(1) 許可；「～ことにする」「～てやる」「～てもらう」의 형태로 사용된다.

母親は子供を遅くまで遊ばせた。(어머니는 아이를 늦게까지 놀게 했다)
彼は自分の家で泊まらせた。(그는 자기집에서 머물게 했다)
今年から外来者にも使用させることにした。
(올해부터 외래자에게도 사용하게끔 했다)
そんなに行きたければ、行かせてやってもよい。
(그렇게 가고 싶으면 가게해줘도 좋다)
来月かぎりでやめさせていただきます。(다음달까지 그만두기로 하겠습니다)

(2) 放任；「～ておく」의 형태로 사용된다.

子供を外で遊びたいだけ遊ばせておいた。
(아이를 밖에서 놀고 싶은대로 놀게 했다)
子供には好きな運動をさせるのがよい。
(아이들에게는 좋아하는 운동을 시키는 것이 좋다)
言いたいやつには言わせておけ。(말하고 싶은 녀석에게는 말하게 두어라)

(3) 不許可

子供に酒を飲ませないでください。
(아이에게 술을 마시지 못하도록 해주십시오)

2-2-3. 無意志使役

無意志使役은 사태의 발생이 使役者의 意志와는 관계없이 행해지는 것을 말하는데, 다음과 같은 用法으로 사용된다.

(1) 成行(運命)

祖母は祖父を戦争で死なせた。(조모는 조부를 전쟁에서 죽게 했다)

父親は息子を交通事故で死なせた。(아버지는 아들을 교통사고로 죽게 했다)

(2) 사역의 주체가 사태의 原因

이러한 使役文은 事態를 主語로 하는 것이 많기 때문에, 딱딱한 인상을 준다.

工業が国を発展させる。(공업이 나라를 발전시킨다)
あのテロ事件は世間を驚かせた。(그 테러사건은 세상을 놀라게 했다)
何が彼女をそうさせたか。(무엇이 그녀를 그렇게 만들었는가)
新しい内容は国民を腹立たせた。(새로운 내용은 국민을 화나게 했다)
一つの事故が交通を長時間渋体させた。
(하나의 사고가 교통을 장시간 정체 시켰다)

(3) 사역의 주체가 사태발생에 대한 간접적인 責任者

話者의 責任을 나타내는 경우에는 後悔의 뉘앙스를 수반하고, 청자나 다른 사람의 責任을 나타내는 경우에는 非難의 뉘앙스를 수반한다.

人を笑わせる。(사람을 웃기게 한다)
うっかり彼女の悪口を言って彼を努らせた。
(무심코 그녀의 욕을 해 그를 화나게 했다)
野菜を腐らせてしまった。(야채를 썩게 만들었다)
私の不注意で娘にけがをさせてしまった。
(내 부주의로 딸에게 부상을 입게 했다)
男の子は悪口を言って女の子を泣かせた。
(남자아이는 욕을 해 여자아이를 울게 했다)

(4) 不本意

「~てしまう」의 형태로 사용되는데, 操作을 나타내는 경우와, 擬人化된 표현이 많다.

車を走らせてしまった。(차를 달리게 했다)
子供を非行に走らせてしまった。(아이를 비행청소년으로 나돌게 했다)
私は足をすべらせて倒れた。(나는 발을 미끄러뜨려 넘어졌다)

作曲家はペンを走らせていた。(작곡가는 펜을 움직이고 있었다)

台風で大雨を降らせた。(태풍으로 큰비를 내리게 했다)

伝染病を発生させてしまった責任は重大だ。

(전염병을 발생시켜버린 책임은 중대하다)

(5) 動作이나 変化

1) X가 Y의 身体의 一部인 경우, 이들 대부분은 慣用的인 표현으로 사용된다.

友人は子供の問題で頭を悩ませている。(친구는 아이문제로 고민하고 있다)

彼は息を弾ませて走ってきた。(그는 숨을 헐떡거리며 달려왔다)

その話を聞いて彼女は顔をほころばせた。

(그 이야기를 듣고 그녀는 얼굴에 웃음을 지었다)

2) X가 無生名詞 Y의 部分인 경우

仁済大学の桜は3月下旬に花を咲かせる。

(인제대학 벚꽃은 3월 하순에 핀다)

そのビルは爆破とともに轟音をうならせた。

(그 건물은 폭파와 함께 굉음을 일으켰다)

トラックは坂道を登りながら煤煙をたなびかせた。

(트럭은 언덕길을 오르면서 매연을 뿜어댔다)

❷-3. 使役의 用法

(1) 普通使役

先生が生徒に発音の練習をさせる。(선생님이 학생에게 발음연습을 시킨다)

(2) 겸양적 動作 ;「~てもらう」「~ていただく」

もちつきをさせてもらいました。(떡치기를 했습니다)

コンピューターを使わせてもらいました。(컴퓨터를 사용했습니다)

ピアノをひかせていただきました。(피아노를 쳤습니다)

(3) 他動詞化

発想が転換する。→発想を転換させる。(발상을 전환시키다)

CMが集中する。→CMを集中させる。(광고를 집중시키다)

能力が後退する。→能力を後退させる。(능력을 떨어뜨리다)

(4) 使役受動

1) 意志動詞의 경우

他者의 意志에 의해서 그 動作을 행하는 경우에 사용된다.

小屋が撤去させられた。(오두막집이 철거되었다)

会社をやめさせられた。(회사를 그만 두어다)

田中さんはキムチを無理やり食べさせられた。

(다나까씨는 김치를 무리하게 먹게 되었다)

2) 無意志動詞의 경우

일반적으로 사태의 原因을 나타낸다. 즉, Y가 原因이 되어 「XがVする」라는 사태를 일으킬 경우에도 使役受動이 사용된다. 感情을 나타내는 無意志動詞의 使役受動은 自動詞文과 바꿔 쓸 수 있는데, 이때 意味上의 차이는 거의 없다.

政府は北朝鮮の態度に悩ませられた。政府は北朝鮮の態度に悩んだ。

(정부는 북한의 태도에 괴로웠다)

国民は政府の嘘にがっかりさせられた。国民は政府の嘘にがっかりした。

(국민은 정부의 거짓말에 실망했다)

私は友人の離婚に失望させられた。私は友人の離婚に失望した。

(나는 친구이혼에 실망했다)

彼は彼女の訪問にびっくりさせられた。彼は彼女の訪問にびっくりした。

(그는 그녀의 방문에 놀랐다)

3) 사역문과 사역수동문의 意味上의 差異

　┌兄が弟にお酒を飲ませた。→兄의 입장에서 말하고 있다.
　└弟は兄にお酒を飲ませられた。→弟의 입장에서 말하고 있다.

사역수동의 표현은 강제적으로 「해라」라고 해서 했다는 意味이며, 被害를 입은 기분이 포함되어 있다.

❷-4. 他動詞文과의 差異

他動詞文「YがXをVする」와 使役文「YがXを/に(Zを)Vさせる」와는「XがV する」한다는 사태를 발생시키는 Y가 존재한다는 점에서 공통된 특징을 가지고 있다. 이점에서 그런데 이들의 構文上과 意味上의 차이는 다음과 같다.

2-4-1. 構文上의 差異

(1) 사역문과 타동사의 補文構造의 차이

  a 花子が車に乗った。(하나꼬가 차에 탔다)
  b 彼は花子を自分の車に乗せた。
  c 彼は花子を自分の車に乗らせた。(그는 花子를 자기 차에 타게 했다)

사역문은 補文構造를 가지지만, 타동사문은 補文構造를 가지지 않는다.

b는 述語에 他動詞形態素「-se-」를 포함하고 있는 他動詞文이고, c는 述語에 使役形態素「-(s)ase-」를 포함하고 있는 使役文이지만, b와 c모두 自動詞文a와 Voice의 대응관계에 있다. 그러나, 他動詞文b의「自分」은「彼」만을 가리키고 있지만, 使役文c의「自分」은「彼」도「花子」도 가리키고 있다. 이것은 他動詞文b가 使役文c와는 달리 補文構造를 가지지 않는 証拠가 되며, 역으로 使役文c는 他動詞文b에는 없는 補文構造를 가지고 있는 것이다. 이와 같이, 統語的인 観点에서 볼 경우, 他動詞文은 単文形式을 취하지만, 使役文은 複文形式을 취한다. 즉, 使役文은 그 속에 補文을 포함하지만, 他動詞文은 補文의 成立이 不可能한 경우가 대부분이다. 따라서, 補文成立이 可能한지 不可能한지가 使役文과 他動詞文을 区別하는 중요한 기준이 된다. 이를 반영해, 他動詞文은 動作主가 한 사람이지만, 使役文은 두 사람이 각기「サセル行為・作用」와「スル行為・作用」를 행하고 있다. 결국, 使役文은 原則的으로 X가 Y의 行動에 가세하지 않고, Y에게 行為・作用을 행하도록 작용하므로, 目的語(補文의 主語)의 자발적인 行為가 重視된다. 이에 반해, 他動詞文은 主語가 目的語에게 행하는 작용만을 나타내기 때문에, 目的語의 자발성은 문제되지 않는다. 따라서 使役文은 目的語의 行為가 自発性・能動性을 가지지만, 他動詞文에서는 被動性을 가진다.

d 順子が本を読む。(준꼬가 책을 읽다)
e 母親が順子に本を読ませる。(어머니가 준꼬에게 책을 읽힌다)

他動詞文d는 順子가 책을 읽는 行為 그 자체를 나타내고 있지만, 使役文e는 엄마가 順子에게 책을 읽도록 권유해, 그 권유를 받아들여 順子가 책을 읽게 된다는 것을 나타내기 때문에, 엄마의 행위가 先行해서 일어나고 그 뒤를 이어 順子의 行為가 발생한다.

또, 使役文g는 補文의 主語가 주로 有情物의 動作主가 되어야하므로, g가 非文이 되지만, 他動詞文f는 補文의 主語가 無情物이어도 상관없으므로 f가 非文이 되지 않는다.

f 花子が<u>紙飛行機を</u>飛ばした。(하나꼬가 종이비행기를 날렸다)
g *花子が<u>紙飛行機を</u>飛ばせた。

(2) 사역문과 타동사문의 目的語의 차이

다음으로, 他動詞文은 主語가 대상에 直接的인 行為 · 作用을 행하기 때문에, 일방적인 強制性을 느끼게 하지만, 使役文은 X가 말에 의한 指示나 命令을 통해서 Y에게 行為 · 作用을 행하도록 작용하기 때문에, 使役事의 成立은 Y의 意志性에 달려있다. 따라서 使役文의 目的語(補文의 主語)Y는 動作主格 · 経験者格 · 目的格등 다양하지만, 他動詞文의 目的語는 반드시 目的格만을 나타낸다.

h 彼が<u>花子を</u>部屋に入れた。(目的格)
i 彼が<u>花子を</u>部屋に入らせた。(動作主格 · 経験者格 · 目的格)

2-4-2 意味上의 差異

(1) 他動詞文과 自動詞의 使役文이 대응하지 않는 경우

自動詞의 使役文을 사용할 경우는, 원칙적으로 X의 意志를 가진다.

兄が弟を立たせた(*立てた)。(형이 동생을 세웠다)

他動詞文을 사용할 경우는, X의 意志를 가지지 않거나, Y의 行為자체가 문제되거나, X의 意志에 반하여 Y가 사태를 일으키는 경우, 또는 X의 意志로 동작을 행할 수 없는 경우 등이다.

> 友人はひげを生やしていた(*生えさせていた)。
> (친구는 수염을 기르고 있었다)
> 私は魚を逃がしてしまった(*逃げさせてしまった)。
> (나는 물고기를 놓쳐 버렸다)
> 特攻隊が人質犯を捕まえた(*捕まらせた)。(특공대가 인질범을 잡았다)
> 救急隊員は人工呼吸で子供を助けた(*助からせた)。
> (구급대원은 인공호흡으로 아이를 살렸다)

(2) 他動詞文과 自動詞의 使役文이 대응하는 경우
이 경우, 位置변화를 나타내는 動詞가 주로 사용된다.

> a 父が兄を殴った。　　　　b 父が兄を倒した。
> c 父が兄を殴り倒した。　　d 父が兄を倒れさせた。

他動詞文a와 b는 X의 행위만을 나타내고, 他動詞文c는 X의 행위와 Y의 상태변화를 동시에 나타내고 있지만, a와 b와 c 모두 X의 意志를 無視하고 있다. 이에 반해, 使役文d는 X의 행위와 Y의 동작이 同時性을 가짐과 동시에, Y의 意志를 尊重하고 있다. 그리고, 他動詞文a와 b와 c는 X의 작용이 반드시 動作을 수반하지만, 使役文d는 X의 작용이 動作외에 말에 의한 指示도 可能하다. 또, Y가 넘어진 것도 他動詞文에서는 Y의 意志로 不可能하지만, 使役文에서는 Y의 意志로 可能하다. 즉, Y의 움직임을 他動詞文에서는 狀態変化로서 파악되지만, 使役文에서는 動作으로서 파악된다. 이처럼, 他動詞文c와 使役文d는 意味的으로는 매우 유사하지만, 다음과 같은 차이가 있다.

① 使役文d는 使役者측의 움직임과 行爲者측의 움직임이 同時에 발생한다.
② 他動詞文c는 使役者가 말에 의한 指示가 不可能하지만, 使役文d는 使役者가 말에 의한 指示가 可能하다.
③ 他動詞文c는 行爲者의 동작도 자신의 意志로 不可能하지만, 使役文d는 行爲者의 동작도 자신의 意志로 可能하다.

④ 他動詞文c는 行為者의 움직임은 狀態変化로 파악되지만, 使役文d는 行為者의 움직임을 動作으로 파악한다.

(3) 他動詞文과 他動詞使役文이 대응하는 경우

　　e　私は彼女を車に乗せた。(나는 그녀를 차에 태웠다)
　　e'　私は彼女を車に乗らせた。(나는 그녀를 차에 타게 했다)
　　f　母親は子供にビデオを見せた。(어머니는 아이에게 비디오를 보였다)
　　f'　母親は子供にビデオを見させた。(어머니는 아이에게 비디오를 보게 했다)

　他動詞文e는 그녀의 意志와는 상관없이 차에 태운 사실만이 重視되지만, 使役文e'는 그녀의 意志를 존중해서 차에 태운 경우이다. 또, 他動詞文f는 아이에게 비디오를 보인 사실만을 重視해, 아이가 자고 있어도 상관없지만, 使役文f'는 아이가 비디오를 보지 않으면 안 된다.

(4) 両意性

　　g　母親は息子に自分の本を読ませる。
　　　　(어머니는 자식에게 자기 책을 읽게 했다)
　　h　花子は田中に日本で本を買わせた。
　　　　(하나꼬는 다나까에게 일본에서 책을 사게 했다)
　　i　母親は子供に7時に宿題をさせた。
　　　　(어머니는 아이에게 7시에 숙제를 시켰다)
　　j　母親は子供に英単語を五回書かせた。
　　　　(어머니는 아이에게 영어단어를 5회 쓰게 했다)
　　k　田中は花子に乱暴に本を読ませた。
　　　　(다나까는 하나꼬에게 무모하게 책을 읽게 했다)

　g에서는「自分」이「母親」도「息子」도 된다. h에서는 花子의 指示가 韓国에서 행해질 수도 日本에서 행해질 수도 있다. i에서는 母親의 指示가 5時가 될 수도 7時가 될 수도 있다. 또, j에서는 母親의 指示가 한번 말할 수도 다섯 번 말할 수도 있다. k에서는 무모한 行為가 田中가 될 수도 花子가 될 수도 있다. 이와 같이, 日本語使役

文은 再帰代名詞나 場所·時間·回数·様態등의 副詞절을 넣으면 両意性이 생기지만, 他動詞文은 両意性이 생기지 않는다.

❷-5. 使役文の使用目的

여기서는 使役文을 사용하는 목적은 무엇인가, 使役文은 무엇을 目的으로 談話 策略인가를 생각해 본다.

우선, 가장 典型的인 使役文을 예로 들어 생각해 보자.

  a 花子が本を読む。
  b 母が花子に本を読ませる。

非使役文(他動詞文) a 는 동작을 행하는 자를 中心으로 말하고 있고, 使役文 b 는 동작을 시키는 자를 中心으로 말하고 있다. 이를 반영해, a 에서는 行為者「花子」가 主語에 자리잡고 있고, b 에서는 使役者「母」가 새롭게 나타나 主語에 자리잡고 있다. 따라서, 使役化는 受動化와 같이 主題性의 移動 또는 主題性을 転換시키는 것이 아니라 項数를 増加시키므로, 신정보를 焦点의 位置에 새롭게 두고, 역으로 구정보를 焦点의 位置로부터 벗어나게 하는 方法이라고 말할 수 있다. 結局, 使役文은 談話上의 必要에 부응해서 발생한 것으로, 情報構造에 의해 主題를 새롭게 導入하는 策略이라고 말할 수 있다. 이처럼, 使役文에서는「使役者」에 焦点이 두어지기 때문에 被使役者(行為者)는 역으로 焦点에서 벗어나 背景化된다.

다음으로, 使役文은 독특한 構文構造, 즉 補文構造를 가지고 있다. 使役文 b 는 他動詞文 a 가 補文構造를 이루고 있는 것이다. 이처럼, 日本語의 典型的인 使役文에는 補文構造를 가지고 있으므로, 使役者의 事態成立에 대한 작용은 間接的이다.

또, 使役事態에 대한 成立有無는 行為者의 意志에 달려 있기 때문에, 補文의 叙述語는 [+Human] 의 資質를 가지는 名詞句와 呼応하는 것이 一般的이다.

  c 花子が本を読む。   →d 母が花子に本を読ませる。
  c' *猫が本を読む。   →d' *母が猫に本を読ませる。

끝으로, 受動化過程과 使役化過程의 유사점과 차이점에 대해서 언급해 보면, 受動化過程이든 使役化過程이든, 새로운 主語가 나타난다는 점에서는 일치하고 있다. 그러나 受動化過程은 能動文속의 関与者하나가 主語로서 나타나지만, 使役化過程은 非使役文속의 関与者가 아니라, 별도의 다른 成分이 主語로서 새롭게 나타난다는 점에서 다르다. 또, 受動動詞이든 使役動詞이든, 能動動詞에서 派生된다는 점에서는 일치하지만, 派生된 受動動詞는 自動性을 가지지만 使役動詞는 他動性을 가진다는 점에서 다르다.

❷-6. 「～させてやる/くれる/もらう(いただく)」文과의 관계

사역문은 強制使役이든 許容使役이든 恩恵의 의미가 없지만, 「～させてやる/くれる/もらう(いただく)」는 行為者가 하려고 하는 것을 使役者가 許容한다고 하는 사태를 恩恵的으로 표현하고 있다. 특히, 「～させてもらう」는 使役受動과 서로 보충하는 관계에 있다.

　　私は先生にテープを<u>聞かせられた</u>。
　　　; 내가 선생님에게 강요받아 본의 아니게 듣게 되는 경우이다.
　　私は先生にテープを<u>聞かせてもらった</u>。
　　　; 내가 바라는 것을 선생님이 허용해서 듣게 되는 경우이다

또, 「～させてもらう」는 겸양적인 표현으로도 사용된다.

　　気分が悪いのでお先に<u>帰らせて頂きます</u>。
　　(몸상태가 안 좋아서 먼저 돌아가겠습니다)
　　金本さんの話は<u>聞かせて頂きました</u>。
　　(가네모또씨의 이야기는 들었습니다)

이러한 표현을 사용하면, 動作의 主体이외의 人物을 높이는 待遇的配慮를 나타낸다. 더욱이 「～させてもらう」는 「～させてもらえませんか」「～させてもらいたいんですが」「～させてもらえたらありがたいのですが」등 許可를 구하는 표현으로서도 사용된다.

❷-7.「~ようにいう(する)」文과의 관계

(1)사역문은 사역자의 행위자에 대한 작용이 完了한 시점에서, 행위자의 동작도 終了한다. 그러나,「~ようにいう(する)」文은 사역자의 행위자에 대한 작용이 完了한 시점에서, 행위자의 동작은 終了하지 않아도 좋다.

> *兄が弟に行かせたが、弟は行かなかった。
> (형이 동생에게 가게 했지만, 동생은 가지 않았다)
> 兄が弟に行かせようとしたが、弟は行かなかった。
> (형이 동생에게 가게하려고 했지만, 동생은 가지 않았다)
> 兄が弟に行くように言ったが、弟は行かなかった。
> (형이 동생에게 가게끔 말했지만, 동생은 가지 않았다)
> 兄が弟に行けと言ったが、弟は行かなかった。
> (형이 동생에게 가라고 말했지만, 동생은 가지 않았다)

(2)사역문은 補文속에 否定의「ない」나, 禁止의「な」를 넣을 수가 없지만,「~ようにいう(する)」文은 가능하다. 그러나「させる」의 뒤라면, 可能하다.

> *父親は彼に来ないさせた。父親は彼を来させない。
> (아버지는 그를 못오게 한다)
> 父親は彼に来ないようにした(言った)。
> (아버지는 그에게 오지 못하도록 말했다)

(3)사역문은 可能態을 나타내는「られる」나, 可能을 나타내는「できる」뒤에 올 수 없지만,「~ようにいう(する)」文은 가능하다.

> *私は彼女に外を見られさせる。(나는 그녀에게 밖을 볼 수 있게 한다)
> *私は彼女に外を見られないさせる。(나는 그녀에게 밖을 볼 수 없게 한다)
> 私は彼女に外を見ることができるようにする。
> (나는 그녀에게 밖을 볼 수 있게끔 한다)
> 私は彼女に外を見ることができないようにする。
> (나는 그녀에게 밖을 볼 수 없게끔 한다)

3. 使役受動

❸-1. 使役受動의 特徵

日本語의 使役受動은 다음과 같은 形態的·統語的·意味的특징을 가지고 있다.

(1) 形態的특징 ; 「動詞의 미연형 + される(せられる)/させられる」
使役受動을 나타내는 助動詞「される/させられる」가 動詞의 미연형에 붙는다.

五段動詞의 경우 ; 動詞의 語幹+asareru/serareru
  飲む(nomu)→ 飲まされる(nom+asareru) 飲ませられる(nom+aserareru)
  消す(kesu)→ 消させられる(kes+aserareru)
一段動詞의 경우 ; 動詞의 語幹+saserareru
  辞める(yameru)→ 辞めさせられる(yame+saserareru)
  いる(iru)→ いさせられる(i+saserareru)
変格動詞의 경우
  来る(kuru)→ 来させられる(kosaserareru)
  する(suru)→ させられる(saserareru)

(2) 統語的특징
「Xが Yに (Zを) Vされる/せられる」와「Xが Yに (Zを) Vさせられる」의 문형을 가진다.

花子さんは先生に前の席に<u>座ら</u>されました。
(花子는 선생님에 의해 앞좌석에 앉았습니다)
花子さんは先生に何回も本を<u>読ま</u>されました。
(花子는 선생님에 의해 몇 번이나 책을 읽었습니다)
花子さんは先生に何回も発音を<u>言わ</u>されました。
(花子는 선생님에 의해 몇 번이나 발음했습니다)
花子さんは先生に何回も<u>答え</u>させられました。
(花子는 선생님에 의해 몇 번이나 대답했습니다)
花子さんはお母さんに掃除を<u>させられ</u>ました。
(花子는 어머니에 의해 청소했습니다)

五段動詞의 경우, 「動詞의 미연형 + せられる」의 형태는 簡素化되어 실제의 使用에 있어서 「動詞의 미연형 + される」로 많이 사용된다.

歌う →歌わせられる →歌わされる
買う →買わせられる →買わされる (강매 당하다)
行く →行かせられる →行かされる
書く →書かせられる →書かされる
立つ →立たせられる →立たされる
待つ →待たせられる →待たされる
呼ぶ →呼ばせられる →呼ばされる
飲む →飲ませられる →飲まされる
座る →座らせられる →座らされる
取る →取らせられる →取らされる

그러나, 「～す」 形態의 동사는 「せられる」의 형태로 사용된다.

話す →話させられる →*話さされる
直す →直させられる →*直さされる
出す →出させられる →*出さされる
写す →写させられる →*写さされる
返す →返させられる →*返さされる
探す →探させられる →*探さされる

(3) 意味的특징
主語・主題가 누군가의 「使役」 행위를 받아 그것이 싫었지만 할 수 없이 하게 되어, 그것에 의해 본이 아닌 被害를 입었다는 것을 나타내는 표현이다.

同僚に踊りを<u>踊らせられ</u>ました。
(동료에게 춤을 강요당했습니다)
先生に日本語でレポートを<u>書かせられ</u>ました。
(선생님에게 일본어로 report를 쓰게 강요받았습니다)
恋人においしくない料理を<u>食べさせられ</u>ました。
(애인에게 맛없는 요리를 먹게 강요받았습니다)

昨日病院へ行ったが、患者が多くて、2時間ぐらい<u>待たされ</u>ました。
(어제 병원에 갔는데, 환자가 많아서 2시간 정도 기다렸습니다)
私はあまりお酒を飲みたくなかったのに、皆にお酒を<u>飲まされ</u>ました。
(별로 술 마시고 싶지 않았는데 모두에게 술을 강요받았습니다)
妻は歌が下手なのに、友達に歌を<u>歌わされ</u>ました。
(아내는 노래가 서투른데, 친구에게 노래를 강요받았습니다)
父はお酒が好きなのに、医者にお酒を<u>やめさせられ</u>ました。
(아빠는 술을 좋아하는데, 의사에게 술을 금지 당했습니다)
娘は今日、教科書を忘れたので、先生に取って<u>来させられ</u>ました。
(딸이 어제 교과서를 잊어서 선생님이 가져오게 했습니다)

이와 같이, 使役受動의 意味는 他人에 의해서 무언가를 하도록 강요받는 느낌을 전달하는 표현이기 때문에, 話者의 곤혹스러운 感情을 나타내고 있다.

❸-2. 使役과의 差異

(1) 統語的인 차이

一般的으로 볼 때, 使役文「Xが Yに Zを V(さ)せる」과 使役受動文「Yが Xに Zを V(さ)せられる」은「X」가 어떤 행위를 시키는 使役者가 되고,「Y」가 어떤 행위를 하는 行爲者가 된다는 意味的인 側面에서는 같지만, 述語의 형태와 統語的인 面에서는 差異를 보이고 있다. 즉, 使役文에서는「X」가 主語가 되어, 어떤 행위를 시키는 使役者에 焦点(Focus)이 놓이게 되지만, 使役受動文에서는「Y」가 主語가 되어 어떤 행위를 하는 行爲者에 焦点(Focus)이 놓이게 된다.

따라서, 使役文은 행위가 이루어지는 順序에 입각해, 行爲者(使役者)위주의 표현이라고 말할 수 있지만, 使役受動文은 행위를 받는 사람의 立場에서 被害感情을 내포하는 受動的인 表現이라고 말할 수 있다.

    ┌先輩が後輩にお酒を飲ませる。(선배가 후배에게 술을 마시게 한다)
    └後輩が先輩にお酒を飲ま<u>せられる</u>。(후배가 선배에 의해 술을 마신다)
    ┌飼い主が犬に新聞を取らせる。(개 주인이 개에게 신문을 가져오게 한다)
    └犬が飼い主に新聞を取ら<u>せられる</u>。(개가 주인에 의해 신문을 가져온다)

```
┌母が息子に部屋の掃除をさせる。 (엄마가 아들에게 방 청소를 시킨다)
└息子が母に部屋の掃除をさせられる。 (아들이 엄마에 의해 방 청소를 한다)
┌妻が夫に料理を作らせる。 (아내가 남편에게 요리를 만들게 한다)
└夫が妻に料理を作らせられる。 (남편이 아내에 의해 요리를 만든다)
```

(2) 意味的인 차이

使役文「Xが Yに Zを V(さ)せる」와 使役受動文「Xが Yに Zを V(さ)せられる」는 形態的으로는 動詞의 형태만이 다르지만, 意味的으로는 많은 차이가 있다.

```
   A. 私は同僚に踊りを踊らせました。⇒使役
       ; 사역자는「私」, 행위자는「同僚」
   a. 私は同僚に踊りを踊らせられました。⇒使役受動
       ; 사역자는「同僚」, 행위자는「私」
   B. 彼は恋人においしくない料理を食べさせました。⇒使役
       ; 사역자는「彼」, 행위자는「恋人」
   b. 彼は恋人においしくない料理を食べさせられました。⇒使役受動
       ; 사역자는「恋人」, 행위자는「彼」
   C. 社長が秘書にファックスを送らせた。⇒使役
       ; 사역자는「社長」, 행위자는「秘書」
   c. 社長が秘書にファックスを送らせられた。⇒使役受動
       ; 사역자는「秘書」, 행위자는「社長」
   D. コーチが選手にキャッチボールをさせた。⇒使役
       ; 사역자는「コーチ」, 행위자는「選手」
   d. コーチが選手にキャッチボールをさせられた。⇒使役受動
       ; 사역자는「選手」, 행위자는「コーチ」
```

使役文ABCD에 있어서는「X」에 해당하는 요소가 어떤 행위를 시키는 使役者가 되고,「Y」에 해당하는 요소가 어떤 행위를 하는 行為者가 되어, 統語的으로나 意味的으로 볼 때「X가 Y에게 Z를 하게끔 만든다」는 特徵을 가지고 있다는 점에서 一致한다고 말할 수 있다.

반면, abcd는 統語的으로는「X」에 해당하는 요소가 使役者가 되고,「Y」에 해당하는 요소가 行為者가 되지만, 意味的으로는「X」에 해당하는 요소가 行為者가 되고,「Y」에 해당하는 요소가 使役者가 된다. 즉, 統語的으로는「X가 Y에게 Z를 하게끔 만든다」가 되지만, 意味的으로는 「Y가 X에게 Z를 하게 만들었다」가 되어, 結果的으로 그런 被害를 입었다는 것을 나타내고 있다. 다시 말해, Y가 X에게 Z를 시킬 수 없거나 또는 그러한 立場이나 関係에 놓여 있어, 실제로 시키지는 안 했지만, 結果的으로는 X에 의해 본의 아니게 피치 못할 상황에서 Z를 하게 된 것에 대한 被害感情을 使役受動으로 나타내고 있는 것이다.

　이러한 使役受動은 日本人이 즐겨 사용하는 표현중의 하나로, 日本人의 言語習慣과 内面世界를 파악하고 이해하는데 있어서 간과해서는 안 되는 중요한 표현이다.

敬語論

人間関係나 어떠한 장면, 다루고 있는 내용 등을 특별히 배려하고 있다는 것을 나타내는 표현을 待遇表現이라고 하는데, 待遇表現중에서 話題의 인물이나 청자를 높여 대우하는 표현이 敬語이다. 즉, 경어란 상대방이나 第3者에게 敬意를 표하는 말이다. 일본어에서는 경어사용이 특별히 발달하고 있지만, 요즈음에 와서는 경어사용에 대한 관심이 낮아져, 그 사용방법에서도 혼란을 초래하고 있다. 또, 사회구조의 변화와 함께 그 사용법에도 변화가 보인다. 그러나 경어는 적어도 현재의 일상생활에서는 인간관계를 원활하게 해주기 위해 빼놓을 수는 없는 것이며, 복잡하고 번거로운 것은 無意味해도 간소화된 경어는 대인관계를 원만히 해주는 것으로 매우 필요한 것이다. 따라서 경어는 화자가 청자와의 인간관계를 원활하게 하기 위한 수단으로, 가능한 한 불쾌감을 완화시키고 공손하게 말하려고 하는 경우에 임의적으로 사용되는 運用上의 方略이기도 하다.

1. 敬語表現의 種類

일본어의 敬語表現에는 話者가 상대방을 높여서 말해 직접 敬意를 표하는「尊敬表現」과, 話者가 자신을 낮추거나 겸손하게 表現하여 결과적으로 상대방을 높이는「謙讓表現」, 상대방에게 공손한 인상을 주는「丁重表現」으로 크게 나누어진다.

❶-1. 尊敬表現

동작주체인 상대방이나 話題의 인물에 대한 配慮를 나타내기 위해서 사용하는 待遇表現으로, 主語의 動作이나 属性을 높여 주어에 대한 敬意를 나타내는 형식이다.

1-1-1. 尊敬表現의 形態

(1) 尊敬의 의미를 포함하는 体言

1) 代名詞가 사용된다.
   あなた　　どなた　　このかた　　そのかた　　あのかた
   こちら　　そちら　　あちら　　どちら
   あなたの父上は、お元気ですか。
   どなたが君のお父さんですか。

2) 接頭語가 사용된다.
   御(お)~　　御(ご)~　　御(おん)~　　貴~
   お急ぎのようですね。(서두르시는 모양이군요)
   ご両親にも、よろしくお伝えください。

3) 接尾語가 사용된다.
   ~様　　~さん　　~殿　　~氏
   先生の妹さんはとてもお美しい人ですね.

(2) 尊敬의 의미를 포함하는 動詞

1) 존경동사 ; 他人의 동작이나 존재를 존경해서 말하는 동사
   「なさる(する)　　いらっしゃる(いる/来る/行く)　　おっしゃる(言う)
   お召しになる(着る)　　ご覧になる(見る)　　お亡くなりになる(死ぬ)
   お休みになる(寝る)　　くださる(くれる)　　召し上がる(食べる/飲む)」등
   先生が食事をなさっている。私にそれをくださるのですか。

先生は、どこへいらっしゃるのだろう。あなたのおっしゃるとおりです。

존경동사는 다음과 같은 特徵을 가지고 있다.

①ラ行五段活用을 한다.

②연용형「ます」에 연결될 때에는, イ音便의 형태를 취한다.

　　なさいます。　いらっしゃいます。　くださいます。

③命令形은 어미가「い」가 된다.

　　なさい。　いらっしゃい。　ください。

2)「なさる、くださる」등이 다른 말과 복합해서 하나의 동사가 된 경우

　「お(ご)~なさる(くださる)」의 형태가 된다.

　　あなたはどこに**お出かけなさる**のですか。

　　次の日曜日にも、**おいでください**。

이밖에도,「おいでなさる、ごらんなさる、ごらんくださる、お出かけくだ
さる、お話しなさる、お書きくださる、お話しくださる」등이 있다.

3)「いらっしゃる、くださる、あそばす」등이 보조동사로 사용될 경우

　　あそこで話し<u>ていらっしゃる</u>のが先生です。

　　その理由を私に話し<u>てください</u>。

(3)「お(ご)~になる」의 形態

이 경우,「なる」는 命令形은 사용하지 않는다.

　　先生が本を**お読みになって**いる。(선생님이 책을 읽고 계시고 있다)

　　いつ**ご出発になる**のですか。(언제 출발하시는 겁니까)

이밖에도,「おいでになる、ごらんになる、お出かけになる、お話しになる」
등의 형태로 사용된다. 또「お(ご)~になる」의 形態는 존경표현이지만,「お(ご)~
する」의 形態는 겸양표현이 된다는 점에 注意해야 한다.

(4) 尊敬의 의미를 나타내는 助動詞「れる」「られる」

　　先生の<u>話される</u>ことを、よく聞きましょう。

(선생님이 말씀하시는 것을 잘 들읍시다)

お客さまは、いつ<u>来られる</u>のですか。

(손님은 언제 오시는 겁니까)

その本を<u>書かれた</u>先生が病気に<u>なられた</u>。

(그 책을 쓰신 선생님이 병에 걸리셨다)

이밖에도「読まれる、起きられる、寝られる、来られる、勉強される」등이
있다.

(5) 形容詞의 경우

接頭語「お」「ご」가 붙어, 尊敬의 의미를 나타낸다.

「お美しい、おきびしい、おきれいだ、お元気だ」

まあ、<u>ごりっぱだ</u>こと。(정말 훌륭하신 걸)

<u>お若い</u>ですね。(젊으시네요)

1-1-2. 尊敬表現의 現在

지금의 젊은이들은 상대방의 行為일지라도,「です/ます」만을 사용해서 공손히
표현하는 것이 가장 일반적인 敬語表現이므로 尊敬語와 謙譲語는 지금 위기에 직
면해 있다. 現在 최고의 敬意를 표하는 존경표현은 일상회화에서는 사용되지 않고,
백화점 내의 방송이나 엘리베이터의 안내양들의 말에만 化石的으로 남아 있다.

お客様のお呼び出しを申し上げます。(손님을 찾고 있습니다)

開く扉にお気をつけてくださいませ。(열리는 문에 주의해 주시오)

일상회화에서는 이러한 최고의 존경표현은 사용하지 않고, 간소한 존경표현이 사
용되고 있다.

先生にご相談なさって。⇒先生に相談なさって。

いらっしゃってくださいませ。⇒行ってくださいませ。

이런 관계로, 単語의 형태로서 존재하는 尊敬語「いらっしゃる、おっしゃる、

めしあがる、ごらんになる、なさる、くださる」 등은 소멸되고 있다. 이중, 「な
さる」와 「いらっしゃる」는 그다지 사용되지 않는 尊敬語이다.

「なさる」의 경우, 「される」나 「おやりになる」가 보다 많이 사용되고 있으며,
「いらっしゃる」의 경우도 行く의 존경어는 「行かれる」, 来る의 존경어는 「来ら
れる」, いる의 존경어는 「おられる」가 보다 많이 사용되고 있다. 「食べる」의 尊
敬語 「召し上がる」의 경우도, 「お食べになる」를 선호하고 있다.

이처럼, 「れる/られる」는 보통의 動詞形에 붙이면, 간단히 존경표현이 된다고
하는 利点을 가지고 있기 때문에 지금현재 尊敬表現의 主流가 되어 있다.

> お子さんは手術を<u>された</u>方がいい。(자녀분은 수술을 받으시는 편이 좋다)
> 否定的なお話を<u>された</u>ということが波紋をよんでおるんですが。
> (부정적인 말씀을 하신 것이 파문을 일으키고 있습니다만)

그리고, 「お〜になる」의 形態가 尊敬表現으로 愛用되고 있다.

> 外国人の多くが日本に<u>おいでになっている</u>。
> (외국인의 대다수가 일본에 와 계시다)
> 感じが悪いという表現を<u>お使いになった</u>でしょう?
> (느낌이 안좋다는 표현을 사용하셨지요)

그러나 「お〜になる」의 形態는 겸양표현의 「お〜する」와 혼동되기 쉽고, 「お〜
する」도 존경표현이라고 생각해서 誤用하는 사람도 많다.
끝으로, 名詞의 존경표현은 「お+名詞」 「ご+名詞」이다.

> <u>お孫さん</u>についての<u>ご質問</u>ですが、〜(손주님에 대한 질문입니다만)
> そういった<u>お子さん</u>ですと、〜(그러한 자녀분이면)

일반적으로 「お」는 和語에, 「ご」는 漢語에 붙지만, 그 구별이 점차 曖昧해져 漢
語에도 「お」를 붙인다. 따라서 敬意를 표하는 接頭語가 「お」에 통일되어 버리는
징조가 엿보인다. 그리고 人名이나 사람을 나타내는 語에 붙이는 接尾辞 「〜さ
ん」 「〜様」의 경우, 회화체에서는 大部分 「〜さん」이지만, 상대방에의 配慮가 강
하게 작용할 때는 「〜様」를 사용하고 있다.

いじめられているお子さま~。(학대받고 있는 자녀분~)

お子さんは何人いますか。(자녀분은 몇 명 있습니까)

앞으로도 존경표현과 겸양표현은 한층 후퇴해 갈 것이다. 이것은 敬語가 신분의 上下를 나타내는 것이 아니고, 사람과 사람과의 원활한 communication을 위한 도구가 되어 가고 있기 때문이다.

❶-2. 謙譲表現

話者가 자신이나 자기 측 사람의 동작을 낮춤으로서, 상대방에 대한 敬意的 配慮를 표하는 형식이다.

1-2-1. 겸양표현의 形態

(1) 겸양의 의미를 포함하는 体言

家内　　娘ども　　私こと　　粗品　　幣店
小生　　小社　　拙宅　　拙稿　　拙文　　拙著　　豚児
愚弟　　愚息　　愚妻　　愚作　　愚見　　せがれ　　わたくし

娘どもがいないので、なんのおかまいもできません。

(딸들이 없어서 아무 대접도 할 수 없습니다)

拙著をお送りしました。(보잘 것 없는 저서를 보내드렸습니다)

(2) 겸양의 의미를 포함하는 動詞

1) 謙譲動詞 ; 동작하는 사람이 상대방에 대해, 낮추어 말하는 동사이다.

申し上げる(いう)　　あげる(やる)　　　さしあげる(やる)

いたす(する)　　　存ずる(思う/知る)　うかがう(尋ねる/聞く/行く)

いただく(もらう/受ける/食べる/飲む)　うけたまわる(聞く)

まいる(行く/来る)　拝見する(見る)　拝聴する(聞く)

お目にかかる(会う)　ちょうだいする(もらう) 등

私の申しあげたとおり、まちがいはありません。

(제가 말씀드린대로 틀림은 없습니다)

音楽会へは夕方から<u>まいり</u>ます。(음악회에는 저녁때부터 가겠습니다)

どう<u>いたし</u>たら、よろしいでしょうか。(어떻게 하면 좋을까요)

父が<u>うかがい</u>たいと申しています。(아버지가 방문하고 싶다고 합니다)

よいものを<u>いただき</u>、感謝します。(좋은 물건을 받아 감사합니다)

2) 「申す、申し上げる、いたす」 등이 다른 말과 복합해서 하나의 동사가 된 경우 ; 「お(ご)~申す(いたす)」의 형태가 된다.

みなさまが来られるのを<u>お待ち申し上げ</u>ます。

(여러분이 오시는 것을 기다리겠습니다)

弟のことよろしく<u>お願いいたし</u>ます。(아우를 잘 부탁드립니다)

おなぐさめ<u>申しあげる</u>。(위로의 말씀을 드린다)

お米を<u>お送り申し</u>ます。(쌀을 보내드립니다)

釜山駅で<u>お待ちいたし</u>ます。(부산역에서 기다리겠습니다)

その仕事は私が<u>お引き受け致し</u>ます。(그 일은 제가 맡겠습니다)

3) 「あげる、さしあげる、いただく」 등이 보조동사로 사용될 경우

宿題を見<u>てあげ</u>よう。(숙제를 봐 드리지요)

おもしろいことを話し<u>てあげる</u>よ。(재미있는 것을 말씀드리지요)

先生のつくえをふい<u>てさしあげ</u>なさい。(선생님의 책상을 닦아드리세요)

先生の本を読ませ<u>ていただき</u>ました。(선생님의 책을 읽었습니다)

おじさんのお仕事を手伝っ<u>てさしあげ</u>た。(아저씨 일을 도와 드렸다)

(3) 「お(ご)~する」의 形態

一語의 動詞이다. 그러나 기본적으로 ます形어간이 1음절인 동사는 「お(ご)~する」의 形態를 취하지 않고, 특별한 형태를 사용한다.

みなさまが来られるのを<u>お待ちして</u>います。

(여러분이 오시는 것을 기다리겠습니다)

会議の経過を<u>ご報告する</u>ことを忘れてしまった。

(회의의 경과를 보고드리는 것을 잊어 버렸다)

します → *おしする → いたす

見ます → *お見する → 拝見する

1-2-2. 겸양표현의 現在

겸양표현의 경우, 話題의 下位者는 話者쪽 이므로 話者자신 즉 내가 되는 경우가 많다. 겸양어는 인간관계의 의식의 變化下에서는 敬遠되거나 省略되기 쉬우므로, 일상생활에서는 감소하는 추세에 있다. 또, 敬語의 大衆化에 連動해서 겸양표현과 존경표현의 구별이 不分明해지고 있다. 「お/ご~する」와 「お/ご~される」 경우, 対話者간에 있어서의 겸양과 존경의 구별조차 不分明해지고 있다.

「閉店は何時ですか?」에 대한 대답으로 겸양표현을 사용할 경우, 6가지의 겸양표현이 가능하다.

> a. 8時になっております。(8시로 되어 있습니다)
> b. 8時までになっております。(8시까지로 되어 있습니다)
> c. 8時まで営業いたします。(8시까지 영업합니다)
> d. 8時まで営業いたしております。(8시까지 영업하고 있습니다)
> e. 8時まで営業させていただいてます。(8시까지 영업합니다)
> f. 8時まで営業させていただいております。(8시까지 영업하고 있습니다)

이때, c d e f의 경우는 c→f의 순으로 敬度가 높아져, f는 最上級의 겸양표현이라고 여겨진다.

❶-3. 丁重(공손)表現

공손표현은 청자에게 공손한 말을 사용함으로서 경의를 나타내는 표현이다. 対者敬語로 청자의 존재가 필요하므로, 일기나 혼자 말에는 사용되지 않는다. 또, 조동사 「~です ~ます ~でございます ~であります」의 形態로 표현된다.

1-3-1. 공손표현의 形態

(1) 공손의 의미를 포함하는 動詞

1) 「ございます(ある)」 「おります(いる)」 등이 본동사로 쓰일 경우

この品物は、どこの店にも<u>ございます</u>。(이 물건은 어느 가게에도 있습니다)
私はここに<u>おります</u>。(저는 여기에 있습니다)

2) 「ございます(ある)」「おります(いる)」 등이 보조동사로 쓰일 경우
　　　私は大学生<u>でございます</u>。(저는 대학생입니다)
　　　私たちは、三年前からここに住ん<u>でおります</u>。
　　　(저의들은 3년전부터 이곳에 살고 있습니다)
　　　今朝は、ずいぶん<u>寒うございます</u>ね。(오늘 아침은 꽤 춥군요)

(2) 공손의 의미를 나타내는 助動詞
「です」「ます」
　　　朝食にはパンを<u>食べました</u>。(아침식사에는 빵을 먹었습니다)
　　　さくらの花もまもなくさくこと<u>でしょう</u>。(벚꽃도 곧 피겠지요)
「ます」는 존경동사나 겸양동사 등에 붙어 공손의 기분을 강하게 나타낸다.
　　　そのお話は、昨日<u>うけたまわりました</u>。(그 이야기는 어제 들었습니다)
　　　先生は一時間前に<u>いらっしゃいました</u>。(선생님은 한 시간 전에 계셨습니다)

(3) 공손의 의미를 나타내는 接頭語
「お」가 붙은 語가 경우, 존경의 의미를 나타내는 「お」가 아닌 것에 주의한다.

　　　みんなで<u>お菓子</u>を食べましょう。(모두 과자를 먹읍시다)

이처럼 공손어에는 듣는 사람에 대한 배려를 나타내는 것 보다는, 말하는 사람 자신의 말투를 품위 있게 하는 사용법도 있는데 이것을 美化語라고도 한다.

1-3-2. 공손表現의 現在

「です」와 「ます」를 역사적으로 보면 「ます」는 오래전부터 있었지만, 「です」는 明治以後 東京에서 퍼져나갔다. 現在는 「です」가 더욱더 진출해 動詞에도 「です」가 붙어 쓰이고 있다.

　　　行くでしょう。行かないです。行かなかったです。

현대 敬語에서는 경어사용 그 자체가 공손어化하는 경향이 보인다. 또, 素材敬語 (존경어, 겸양어)는 対者敬語(공손어)에 連動해서 사용된다. 공손함의 커다란 基準은 「ます」「です」의 사용여부에 달려 있기 때문에, 현대 사회의 敬語에서는 공손어가 중요한 역할을 하고 있다.

「ます」의 最近의 진출경향을 보면, 젊은 남성의 경우 ダ体로 말하면서 상대방에게 동의를 구할 때, 예전에는 「そうだろう」를 사용했지만, 지금은 「そうでしょう」를 사용한다. 또, 「なるほど」로는 실례라고 하는 심리가 작용해, 「なるほどですね」가 출현했다. 이렇듯, 丁寧表現은 역사적으로 볼 때, 機能을 확대하고 있으므로 경어는 현재 진행 중에 있는 言語変化를 관찰하는 필요한 분야이다.

2. 対者敬語와 素材敬語

❷-1. 対者경어

청자에 대해서 敬意를 표하는 것이다.

(1) 丁重表現(정중표현)

1) 動詞
　　基本形 ;「連用形+ます」　　　行き<u>ます</u>
　　意志形 ;「連用形+ましょう」　　行き<u>ましょう</u>
　　過去形 ;「連用形+ました」　　　行き<u>ました</u>
　　条件形 ;「連用形+ましたら」　　行き<u>ましたら</u>
　　テ　形 ;「連用形+まして」　　　行き<u>まして</u>
　　タリ形 ;「連用形+ましたり」　　行き<u>ましたり</u>
　　否定形 ;「連用形+ません」　　　行き<u>ません</u>
　　過去否定形 ;「連用形+ませんでした」　行き<u>ませんでした</u>

2) イ形容詞
　　基本形 ;「基本形+です」　　　<u>暑い</u>です
　　過去形 ;「タ形+です」　　　　<u>暑かった</u>です
　　否定形 ;「語幹+くないです」　<u>暑くない</u>です(=暑くありません)
　　過去否定形 ;「語幹+くなかったです」
　　　　　　　　<u>暑くなかった</u>です(=暑くありませんでした)

3) ナ形容詞, 名詞+だ
　　基本形 ;「語幹+です」　　　　静か<u>です</u>　　学生<u>です</u>
　　過去形 ;「語幹+でした」　　　静か<u>でした</u>　　学生<u>でした</u>
　　条件形 ;「語幹+でしたら」　　静か<u>でしたら</u>　学生<u>でしたら</u>
　　テ　形 ;「語幹+でして」　　　静か<u>でして</u>　　学生<u>でして</u>
　　タリ形 ;「語幹+でしたり」　　静か<u>でしたり</u>　学生<u>でしたり</u>

否定形 ;「語幹+ではありません」

　　静かではありません　　　　学生ではありません

過去否定形 ;「語幹+ではありませんでした」

　　静かではありませんでした　　学生ではありませんでした

▼名詞+だ에는, 「です」 보다 공손한 「でございます」 표현이 있다.

　　学生でございます　　　　　学生でございました

　　学生でございましたら　　　学生でございまして

　　学生でございましたり　　　学生ではございません

　　学生ではございませんでした

4) 述語의 特殊한 정중표현

「おります」　;こちらは雨が降っております。

　　　　　　　　　　(이쪽은 비가 내리고 있습니다)

「まいります」;雨が降ってまいりました。

　　　　　　　　　　(비가 오기 시작했습니다)

「申します」　;このあたりを中国地方と申します。

　　　　　　　　　　(이 주변은 쥬고쿠지방이라고합니다)

(2) 謙譲表現(겸양표현)

1) 特定한 謙譲語

　　겸양표현이 가능한 述語는 一部의 動詞에 限하며, 더구나 特殊한 형식으로
사용된다.

　　いる→「おる」　　行く、来る→「まいる」

　　言う→「申す」　　思う、知る→「存じる」

　　する→「いたす」　　もらう、食べる、飲む→「いただく」

　　会う→「お目にかかる」　　やる→「さしあげる」「あげる」

　　見る→「拝見(はいけん)する」　　借りる→「拝借(はいしゃく)する」

　　聞く(묻다)、訪問する→「うかがう」　　聞く(듣다)→「うけたまわる」

　　　わたくしは、存じません。(저는 모릅니다)

　　　昨日、広島に到着いたしました。(어제 히로시마에 도착했습니다)

　　　彼は野林と申します。(그는 노바야시라고 합니다)

わたくしの考えを述べさせて<u>いただきます</u>。
(제 소견을 말씀드리겠습니다)

2) 겸양어는 表現者의 家族에 대해서도 사용된다.
父は先週から日本に<u>おります</u>。 (아버지는 지난주부터 일본에 계십니다)
弟が一昨日帰って<u>まいりました</u>。 (아우가 그저께 돌아왔습니다)

3) 特殊한 겸양표현
知らせる→お耳(みみ)に入れる
見せる→ご覧(らん)に入れる
見せる→お目(め)にかかる
許してもらう→ご免(めん)こうむる

4) 自身의 動作이더라도 상대와 관계가 있는 경우는 「お/ご」를 붙인다.
ご健康を<u>お</u>祈り申します。 (건강을 기원합니다)
すぐ<u>ご</u>返事をさしあげます。 (곧 답장을 드리겠습니다)

5) 「接頭語+連用形+補助動詞」는 겸양어적 성분을 附加한다.
お見せする。　　　　お知らせいたします。
お調べ申しあげる。　　おとどけもうします。
おゆるしいただく。　　おはらいねがいます。

❷-2. 素材경어

事態표현에 登場하는 話題의 人物에 대해서 敬意를 표하는 것이다.

(1) 주체존경표현

1) 動詞가 사용될 경우
ⓐ「お+連用形+になる/くださる/なさる」
先生は<u>お</u>歩き<u>なさる</u>。 (선생님은 걸으신다)

先生はその問題を詳しくお調べになった。

(선생님은 그 문제를 자세히 조사하셨다)

お客さん、お待ちください。(손님 기다려주세요)

先生はお休みになりました。(선생님은 주무십니다)

「ご+動詞性名詞+になる/くださる/なさる」

先生はその問題を詳しくご研究になった。

(선생님은 그 문제를 자세히 조사하셨다)

ご進学になる。ご信頼なさる。ご案内くださる。

ⓑ「お+連用形+です」

先生は中でお待ちです。(선생님은 안에서 기다립니다)

もうお帰えりですか。(벌써 돌아가십니까)

ⓒ「ご+動詞性名詞+です」

川島さんは何をご研究ですか。(가와시마씨는 무엇을 연구하십니까)

ⓓ「動詞이 未然形+れる/られる」

先生はその問題を詳しく調べられた。

(선생님은 그 문제를 자세히 조사하셨다)

2) 形容詞가 使用될 경우

ⓐ「て形+いらっしゃる」

先生は優しくていらっしゃる。(선생님은 친절하시다)

彼女のお父さんは有能でいらっしゃる。(그녀의 아버님은 유능하시다)

「名詞+でいらっしゃる」

先生は優しい方でいらっしゃる。(선생님은 친절하신 분이다)

ⓑ 接頭辞를 使用하는 形式

「お+イ形容詞+です」

お美しいです。(아름다우십니다)

先生はお忙しいですか。(선생님은 바쁘십니까)

「お/ご+ナ形容詞だ/です」

ご立派です。(훌륭하십니다)

森本さんは大変お元気だ。(모리모토씨는 대단히 건강합니다)

「お/ご+ナ形容詞의 連用形(で)+ございます」

おきれいでございます。(아름다우십니다)

3) 一部의 動詞

行く、来る、いる→「いらっしゃる」「おいでになる」

する→「なさる」　　　　　言う→「おっしゃる」

見る→「ご覧になる」　　　食べる、飲む→「召し上がる」

くれる→「くださる」　　　知っている→「ご存じだ」등이 있다.

ごゆっくり召し上がってください。(천천히 드십시오)

先生がそうおっしゃいました。(선생님이 그렇게 말씀하셨습니다)

先生は研究室にいらっしゃいます。(선생님은 연구실에 계십니다)

先生が論文をくださいました。(선생님이 논문을 주셨습니다)

(2) 객체존경표현

動作의 주체보다, 動作을 받는 쪽에 敬意를 要하는 경우에 사용한다.

1)「お+連用形+する」

川口は青原さんに本をお貸した。

(가와구찌는 기요하라씨에게 책을 빌려 주었다)

田村さんは金本先生をお訪ねした。

(타무라씨는 가네모또 선생님을 방문했다)

*金本先生は田村さんをお訪ねした。

動作을 받는 쪽은, 動作의 주체로 보아도 敬意를 표할 人物이어야 한다.

2) 一部의 動詞

借りる→「拝借する」　　　見る→「拝見する」

見せる→「お目にかける」　聞く→「伺う」「拝聴する」

聞かせる→「お耳に入れる」会う→「お目にかかる」

行く、来る→「伺(うかが)う」言う→「申し上げる」

あげる→「さしあげる」　　もらう→「いただく」「ちょうだいする」

知っている→「存じあげている」등이 있다.

3. 敬語法

❸-1. 名詞의 敬語法

3-1-1. 名詞자체의 敬語表現

(1) 対立関係에 있는 것

1) 指示代名詞의 対立

    こっち、ここ→こちら   そっち、そこ→そちら

    あっち、あそこ→あちら   どっち、どこ→どちら

    副詞의 対立도 같은 것으로 생각된다.

    どう→いかが   どれほど→いかほど

2) 時를 나타내는 名詞의 対立

    きのう→昨日(さくじつ)   あした→あす/明日(みょうにち)

    今日から→本日から/より   あさって→明後日(みょうごにち)

    きょねん→昨年(さくねん)   おととい→一昨日(いっさくじつ)

    ことし→本年(ほんねん)   らいねん→明年(みょうねん)

이들 표현은 공손하게 말하기보다는 격식 차린 태도로 표현한다고 하는 要素가 강하다. 이처럼, 敬語表現과 非敬語表現의 대립관계에는 和語보다도 漢語가 격식 차린 말투가 되는 경향이 있다.

(2) 社会的地位를 나타내는 것

1) 天皇, 大臣, 教授, 部長, 先生, 首相등이 사용될 때

    <u>知事</u>が視察に来られた。   <u>社長</u>から頂いた。

2) 人物을 막연히 가리킬 때
　　担当の<u>方(かた)</u> ⇔ 担当の<u>人(ひと)</u> ⇔ 担当の<u>者(もの)</u>
　　　　(尊敬)　　　　　　(中立)　　　　　　(謙譲)

3) 「方」이 접미어적으로 사용되어, 탁음화해서 복수를 나타낼 경우
　　皆様<u>方(がた)</u> ⇔ 私<u>たち</u> ⇔ 私<u>ども</u>
　　　(尊敬)　　　(中立)　　(謙譲)

3-1-2. 接尾語에 의한 敬語表現

名詞는 다음과 같은 接尾語가 뒤에 붙어 敬語法과 관계를 가진다.
　　～様　　～氏　　～女史　　～嬢
接頭語와 接尾語를 함께 사용하는 것도 있다.
　　お医者さん　　お嬢ちゃん　　お坊ちゃま

3-1-3. 接頭語에 의한 敬語表現

(1) 존경어

1) 接頭辞「お」「ご」를 사용한다.
　　<u>お</u>名前　　<u>お</u>所　　<u>お</u>仕事　　<u>ご</u>氏名　　<u>ご</u>住所　　<u>ご</u>職業　　<u>ご</u>両親
　　<u>お</u>忘れ物ないようにご注意ください。
　　(잃어버리신 물건이 없도록 주의해 주십시오)
　　あなたの<u>ご</u>成功を祈ります。(당신의 성공을 기원합니다)
　　「お」는 和語에 붙고, 「ご」는 漢語에 붙는 것이 原則이다.
　　단지, 漢語中에서도 「お時間」「お電話」「お返事」 등은 「お」가 붙는다. 또,
　　「お」는 数詞에도 붙는다.
　　　<u>お</u>一つ　　<u>お</u>二人　　<u>お</u>いくつ　　<u>お</u>いくら

2) 「お/ご+名詞+様(さま)」
　　<u>お</u>得意さまが減る。(고객이 줄다)

「お/ご+名詞+さん」

　　お客さんいらっしゃいますか。(손님 계십니까)

「お/ご+名詞+方(かた)」

　　ご婦人方がいらっしゃいます。(사모님이 계십니다)

3) 特殊한 형식

편지나 文書 등에는 「お/ご」 이외에 다음과 같은 것이 사용되어 청자를 높인다.

令妹　　芳名　　貴社　　玉稿　　令息　　貴兄　　尊家　　尊顔

高見　　高配　　おん身　　み心　　陛下　　閣下　　殿下

　　ご高見をうかがいたく存じます。(의견을 배청하고 싶다고 생각합니다)

　　この前ご玉稿をいただきました。(일전에 옥고를 받았습니다)

　　ご芳名ありがとうございました。(방명 감사합니다)

(2) 겸양어

1) 被動作主를 높이는 겸양어

名詞에서는 接頭辞 「お」「ご」가 붙은 형태로 표현된다.

お手紙　　お便り　　お電話　　お答え　　お礼

ご案内　　ご返事　　ご連絡　　ご説明

　　社長にご説明申し上げます。(사장님에게 설명 드리겠습니다)

이러한 형태는 尊敬語로도 사용되므로 주의를 요한다.

　　先生にお手紙をさしあげる。(선생님에게 편지를 드리다)

　　　⇒「선생님에 대한 편지」의 뜻으로, 被動作主를 높이는 겸양어

　　先生からお手紙をちょうだいした。(선생님에게 편지를 받았다)

　　　⇒「선생님이 쓴 편지」의 뜻으로, 動作主를 높이는 존경어

2) 話者자신을 낮추는 겸양어

名詞에 「변변치 않은, 하찮은」과 같은 의미를 부여해, 자기의 물건이나 사람을 낮춘다. 이점에서, 1)의 被動作主를 높이는 겸양어보다 정중어에 가깝다.

小生　　小社　　小誌　　卑見　　豚児　　粗品　　粗茶

愚息　　愚見　　愚考　　拙著　　拙作　　拙文　　拙宅

弊店　　弊誌　　弊社　　拝見

<u>粗品</u>ですが、お気に入るでしょうか。(변변치 않습니다만, 마음에 드실까요)
<u>小生</u>も仕事にはげんでおります。(소생도 일에 열중하고 있습니다)

(3) 美化語

話者자신의 말투를 품위 있게 나타내는 표현으로, 청자나 第3者에 대한 敬意에 근거를 둔 것은 아니다. 따라서 文体는 です/ます体로 사용되지 않는 특징이 있어 존경어나 겸양어와는 다르고, 意識面에서도 使用状況에서도 個人差가 크다.

    このお菓子、おいしいね。　お茶がほしいな。

결국, 美化語는 청자에 대한 敬意가 아니라, 話者의 고상한 말투를 위한 수단으로 사용된다. 가장 一般的인 美化語는 다음과 같다.

1) 男女모두「お/ご」를 붙이는 것이 일반적인 것.
     お祝い　　お茶　　おまつり　　お寺　　ご祝儀

2) 男性은 모르지만, 女性은「お/ご」를 붙이는 것이 일반적인 것.
     お菓子　　お金　　お米　　お刺身　　おせんべい

3) 男女差보다 오히려 個人差, 場面差에 의한 것
     お味　　お花　　お水　　ご近所

4) 女性중에「お/ご」를 붙이는 사람도 있어서,「お」「ご」를 붙여도 부자연스럽지 않은 것
     お財布　　お醤油　　お大根　　おソース

5)「お/ご」를 붙이면 過剰敬語가 되는 것.
     お試験　　おビール　　おジュース

6)「お/ご」를 붙이면 야유나 빈정거리는 말투가 되는 것.
     ご大層　　ご乱行　　ご乱心　　おあいにく様

7)「お/ご」가 美化語로 사용되지 않고, 존경어나 겸양어로 사용되는 것

お手紙　　お電話

先生が<u>お手紙</u>をくださった。(尊敬語)

先生に<u>お手紙</u>を差し上げた。(謙譲語)

??母に<u>お手紙</u>を書いた。(美化語)

3-1-4. 「お」「ご」의 使用区別

(1) 名詞에 「お」「ご」가 붙을 경우, 「お」는 和語, 「ご」는 漢語에 붙는다.

お知らせ　　お考え　　お答え　　お招き

ご通知　　ご意見　　ご返事　　ご招待

1)「お」가 붙는 語

お所　お心づかい　お考え　お招き　お知らせ　お勤め

お尋ね　お望み　お着き　お許し　お答え　お湯　お鍋……

2)「ご」가 붙는 語

ご住所　ご配慮　ご意見　ご招待　ご通知　ご勤務

ご職業　ご質問　ご希望　ご到着　ご協力　ご許可

ご回答　ご利用　ご着席……

3)「お」「ご」가 다붙는 것

お返事　ご返事

(2) 漢語라도 漢語的인 의식이 약한 것은 「お」가 붙는다.

お宅　お茶　お盆　お肉　お客　お礼……

(3) 日常生活에서 잘 쓰이는 말은 漢語라도 「お」가 붙는다.

お料理　お弁当　お菓子　お食事　お洋服　お蒲団

お電話　お時間　お風呂　お世話　お勉強

(4) 外来語에는 「お」 「ご」가 붙지 않는 것이 원칙이지만, 美花語로 사용될 경우에 한해서 「お」가 붙는다.

    おビール　おソース　おトイレ　おズボン

(5) 「お」 「ご」가 붙지 않는 語

1) 원칙적으로 외래어는 붙지 않는다.
2) 긴 단어에는 붙지 않는다.
3) オ로 시작하는 語에는 붙지 않는다.
4) 自然現象, 公共物에는 붙지 않는다.
    *お雨　*お雪　*お/ご学校　*お/ご駅　*お/ご会社
5) 나쁜 말이나, 경멸을 나타내는 말에는 붙지 않는다.
    *おまぬけ　*おくず　*おばか　*おあほ　*おくそたれ

❸-2. 動詞의 敬語法

어떤 동사에 대해 그것을 形態的으로 敬語化하는 方法은 다음 3가지가 있다.

    ┌ 특정의 動詞로 바꿈　；話す→おっしゃる
    │ 특정의 形式으로 보충；話す→お話しになる
    └ 특정의 助動詞를 첨부；話す→話される

3-2-1. 敬語전용동사

특정의 動詞로 바꿔 敬語를 나타내는 형식으로, 소수의 적당한 敬語전용동사가 있는 경우만 실현가능하다.

<존경어>	<겸양어>
する → なさる	いたす
いる → いらっしゃる	おる
言う → おっしゃる	申し上げる
見る → ×	拝見する

聞く → ×	うかがう、拝聴する
行く → いらっしゃる	まいる、うかがう、参上する
来る → いらっしゃる、見える	まいる、参上する
やる → ×	さしあげる
もらう → ×	いただく、ちょうだいする
くれる → くださる	×
食う,飲む →めしあがる	いただく、ちょうだいする

3-2-2. 특정의 형식으로 보충하는 경우

이 경우는, 적용 가능한 동사에 강한 제약이 있다.

(1) 존경의 경우
御‐になる　御～なさる　御～あそばす　～てくださる　～なさる

(2) 겸양의 경우
御～する　御～いたす　御～もうしあげる　～てくださる　御～いただく
이중,「お～になる」와「お～する」의 형식으로 사용되지 않는 경우는, 一拍語幹의 一段活用動詞나 변칙동사이다.

見る→ *お見になる	*お見する
出る→ *お出になる	*お出する
来る→ *お来になる	*お来する
する→ *おしになる	*おしする

3-2-3. 특정의 조동사를 첨부하는 경우

이 경우는, 多数의 동사에 대해서 성립가능하나, 다음과 같은 제약은 있다.

(1) 人間의 동작에 사용되지 않는 동사
停電する→ *停電される

(2) 俗語나 나쁜 의미를 가지는 語

ふてる→ *ふてられる

그러나 이들 以外에는 거의 問題없이 쓰이므로, 가장 일반적인 敬語化形式이라고 말할 수 있다.

3-2-4. 敬語形式의 流行

巨視的인 경향으로 볼 때 古代에서 近・現代에 이르는 동안 경어전용동사를 사용하는 방식(3-2-1)의 경어가 減退하고, 특정의 형식으로 보충하는 방식의 경어(3-2-2)가 우세하게 된다. 특정의 조동사를 첨부하는 방식의 경어(3-2-3)도 예전부터 행해진 방식이지만, 近・現代에 와서 보다 활발해지고 있다.

또, 특정의 형식으로 보충하는 방식의 경어(3-2-2)에서 볼 때, 존경의 경우, 20世紀初까지는 「お～なさる」가 우세했지만, 近代에 들어와 「お～になる」가 (3-2-2) 形式의 主流가 되었다. 겸양의 경우도, 금세기 前半의 主流는 「お～もうす」였지만, 近代以後 「お～する」가 일반화되어 主流가 되었다.

3-2-5. 敬語史와 敬語의 誤用

(1) 敬語史의 흐름

1) 絶対敬語에서 相対敬語로

한국어의 경어는 話者와 話題의 人物과의 관계만으로 정해지는 絶対敬語이지만, 일본어는 절대적인 지위를 중시하는 경어에서, 청자와의 상대적인 관계를 중시하는 경어로 바뀌었다. 특히, ソト에 대해서 ウチ를 높여서는 안 된다.

お父さんは8時頃お帰りになります。ウチ(엄마가 아이에게 말할 때)만 쓰임
父は8時頃帰ります。ソト에게 말할 때 일반적으로 쓰임
吉本部長は今いらっしゃいません。ウチ
(부하직원이 과장에게 말할 때)만 쓰임
吉本は今おりません。ソト에게 말할 때 일반적으로 쓰임

2) 素材敬語에서 対者敬語로

話題속으로의 주목으로부터, 対話의 상대로의 주목으로 흐르고 있다. 話題의

人物이 発話의 장소에 없을 때에는 경어를 사용하지 않는 것이 일반적이다.

昨日あのレストランへ行ったら、先生が食事をして<u>いたよ</u>(?いらっしゃったよ)。(어제 그 레스토랑에 갔더니 선생님이 식사하고 있었어)

昨日先生の研究室に<u>行ったよ</u>(?伺ったよ)。

(어제 선생님 연구실에 갔어요)

3) 身分敬語에서 社交敬語로

上下関係의 중시보다는, 社交的인 우호관계를 중시한다.

이를 반영하듯이 동사의 경어법에서는, 動作主体・客体의 <u>절대적인 지위</u>로 구분되어 사용되던 존경어・겸양어가 話者・聴者와의 <u>절대적인 관계</u>에 의한 사용구분으로 변화했다. 이 결과, 絶対敬語・素材敬語에 어울리는 경어전용동사의 敬語方式이 縮小・衰退하게 된다. 그 뒤를 이어, 존경어와 겸양어의 구별이 소멸되고, 動作主・被動作主와 話者・聴者와의 관계를 고려할 필요 없이 전체로서 敬語다운 격식 차린 표현이면 좋다고 되어, 존경어든 겸양어든 적당히 사용해 버리는 경향이 있다.

(2) 敬語의 誤用

謙譲의 대표형식「お～する」가 尊敬의 대표형식「お～になる」보다 語形上, 一拍 짧기 때문에「お～する」가 존경어의 위치를 습격하고 있다.

「お～する」의 형태에는 謙譲語以外의 용법이 있기 때문에 美化語的인 경어다운「お～する」가 발생할 수 있다.

❸-3. 形容詞・副詞의 敬語法

3-3-1. 「お」「ご」를 붙여 尊敬語로 할 경우

(1) イ形容詞 ; <u>お</u>忙しい   <u>お</u>若い
(2) ナ形容詞 ; <u>お</u>好き   <u>お</u>嫌い   <u>ご</u>熱心   <u>ご</u>立派
(3) 副詞   ; <u>お</u>はやばや   <u>ご</u>ゆっくり

イ形容詞는 거의 和語이므로「お」가 붙지만, ナ形容詞는「お+和語」「ご+漢語」가 원칙이지만「お+漢語」의 例도 적지 않다.

おきれい　お上手　お元気

(1)(2)의 경우는 「お+イ形容詞/ナ形容詞」의 형태로, 상태의 주체를 높이는 존경어로 보이지만, (3)의 경우는 그 副詞에 걸리는 동사의 주어를 높이는 것이 원칙이다.

3-3-2. 「(お)~いらっしゃる」의 形態

イ形容詞의 「~くていらっしゃる」의 형태와, ナ形容詞의 「~でいらっしゃる」의 형태로 존경표현이 된다.

> 先生はいつもお忙し<u>くていらっしゃる</u>。(선생님은 언제나 바쁘게 계시다)
> あの方は仕事が大変<u>でいらっしゃる</u>。(저분은 일이 대단하시다)

「~いらっしゃる」의 형태에 「お」「ご」를 붙여 「お~いらっしゃる」의 형태로 사용하는 경우가 있다.

> お忙し<u>くていらっしゃる</u>。(바쁘게 계시다)
> ご熱心<u>でいらっしゃる</u>。(열심이시다)

3-3-3. 「形容詞의 音便形+ございます/存じます」의 形態

(1) 「~存じます」에는 2가지의 意味로 사용된다.

① 「知る」의 意味의 「存じる、存じ上げる」는 「~ております」「~ています」의 형태를 사용한다.
　　お名前はよく存じ上げ<u>ています/ております</u>。(존암은 잘 알고 있습니다)
② 「思う」의 意味의 「存じる」는 「~存じる」「~と存じます」「~く存じます」「~に存じます」의 형태를 사용한다.
　　うれし<u>く存じます</u>。(기쁘게 생각합니다)
　　遺憾<u>に存じます</u>。(유감스럽게 생각합니다)
「~く存じます」는 形容詞의 音便形으로도 사용된다.
　　うれしゅう存じます。　うれしゅうございます。(기쁘게 생각합니다)

(2) 「形容詞＋ございます」의 형태에는 形容詞의 語尾「い」의 直前의 모음에 의해, 音便形의 규칙이 있다.

① aい→ooございます
　　高い→たこうございます　　　　うるさい→うるそうございます
② iい→yuuございます
　　惜しい→惜しゅうございます　　大きい→おおきゅうございます
③ uい→uuございます
　　安い→やすうございます　　　　明るい→あかるうございます
④ oい→ooございます
　　細い→ほそうございます　　　　おもしろい→おもしろうございます

일반적으로 話者자신이나 家族・一家를 말할 경우는,「ございます」를 사용하나, 상대방이니 높여야 할 사람에게 사용할 경우는「～いらっしゃる」의 형태를 사용하는 것이 보통이다.
　　若うございます。　　お若くていらっしゃいます。(젊으십니다)
　더욱이,「お＋形容詞의 音便形＋ございます」가 가능한 표현은, 공손어로서의「お＋形容詞」에 한정되어 있다.
　　お寒うございます。(춥사옵니다)　お高うございます。(비싸옵니다)

4. 敬語의 사용조건과 效果, 丁重度

❹-1. 現代 日本語敬語의 사용조건

(1) 경어를 사용하는 상대

敬語는 친하지 않는 사람(잘 모르는 사람, 자기그룹에 속하지 않는 사람)이나, 손위 사람, 존경해야 할 사람(地位, 身分, 年齡上)을 상대로 해서, 그 사람들이나 話者 자신 등에 대해서 말할 때 사용한다.

(2) 경어를 사용하는 場所

敬語는 격식차려야 할 장소(会議, 学会, 発表会, 편지 등)에서 사용한다. 이러한 장소에서는 친한 사람에게도 경어를 사용한다.

친한 사람끼리 이야기 할 경우, 그 장소에 손위 사람이 있으면 경어를 사용하고, 그 장소에 손위 사람이 없으면 경어를 사용하지 않는 것이 일반적이다.

(3) 内와 外의 관계

현대의 敬語意識에서는 일본인의 ウチ(内)와 ソト(外)의 意識이 주가 되며, ウエ(上)와 シタ(下)관계는 ウチ(内)와 ソト(外)의 内部構造로 본다. 親·疎는 ウチ(内)와 ソト(外)에, 強·弱은 ウエ(上)와 シタ(下)에 거의 일치한다. 따라서 ウチ(内)와 ソト(外)가 敬語使用의 要因으로서 우선적이다.

ウチ(内)의 典型은 자신을 포함해 家族과 親友, 자기회사 사람, 자신이 속하는 그룹의 사람을 말하며, 이들에 대해서는 謙讓語를 사용한다. ソト(外)는 生活上·職業上 어떠한 이해관계에 있는 者로, 친하지 않는 사람이나 他人, 他会社 사람, 타그룹 사람을 말하며, 이들에 대해서는 尊敬語를 사용한다.

따라서, 존경어가 사용되고 있는가, 겸양어가 사용되고 있는가에 따라, 行為者가 명시되지 않았더라도 人間関係가 분명해진다.

(4) 非言語的인 手段에 의한 敬語表現

敬意의 표현에는 言語的인 수단에 의한 것과, 非言語的인 수단에 의한 것이 있다. 아무리 言語가 공손해도 기분이 들어가 있지 않으면 경어를 사용하는 의미는 없다.

따라서 態度, 몸짓이나 제스처, 表情, 말투, 목소리의 높이와 크기, 말의 速度 등에도 주의해 敬意를 나타내도록 한다.

　현대의 경어사용은 여러 가지 要因이 겹쳐, 同一人物조차도 언어사용을 달리하므로「相対敬語」이다. 특히 화자와 청자의 관계가 우선적으로 작용해, 화제의 인물에 대한 待遇意識은 그다지 강하지 않다.

❹-2. 敬語가 지니는 效果

(1) 尊敬의 효과

　손위 사람, 身分이나 地位나 年齡이 위인 사람, 선생님 등에 대한 존경의 기분을 나타낸다.

(2) 社交上의 예의로서 격식 차린 效果

　공적인 회의장소나, 손위 사람이 同席하고 있는 격식 차린 장소에서의 이야기, 여성들끼리의 会話에 많이 보인다.

(3) 상대와 거리를 두는 효과

　상대방에 대해서「아직 그다지 친하지 않다」「他人이다」라는 意識을 나타낸다. 이와 같은 사람에 대해서는, 처음에는 경어를 사용해도 친해지면 보통체로 말하게 된다.

(4) 話者에게 品格과 威嚴을 주는 효과

　경어를 자유롭게 구사할 수 있다는 것에 의해, 話者에게 品格이 갖춰진다.

　따라서, 경어가 교육정도나 사회적인 계층의 높이를 나타내는 것이 많고, 이와 같은 효과 때문에 경어를 多用하는 여성도 있다.

(5) 비꼼, 조롱, 장난놀림의 효과

　친한 사람끼리의 회화에서 한쪽이 敬意높은 표현을 사용할 때 관찰된다.

　　　妻; なぜわたくしにそのようなことをおっしゃるのですか。
　　　　(왜 저에게 그와 같은 것을 말씀하시는 것입니까)

ご説明なさっていただけませんか。

　　（설명해 주시지 않겠습니까）

　夫; 何だよ。急に改まって。（뭐에요, 갑자기 정색해서）

위의 예에서는, 아내가 화가 나 있을 때, 남편과 거리를 두는 기분으로 비꼬아서
말하고 있다.

　　春子嬢は毎晩のようにワインを聞(き)こし召(め)しているそうだ。

　　（하루꼬양은 매일 밤 와인을 드신다고 합니다）

이 예는, 술을 마신다고 하는 것을 장난놀림으로 말하고 있다.

❹-3. 言語形式이 가지는 정중도

다음으로, 言語形式이 가지고 있는 丁重度를 생각해 보기로 하자.

1) その窓、開けてくれ。（그 창문 열어줘）
2) その窓、開けてくれないか。（그 창문 열어주지 않을래）
3) その窓、開けてくれませんか。（그 창문 열어주지 않겠습니까）
4) その窓、開けてください。（그 창문 열어주십시오）
5) その窓、開けてくださらない。（그 창문 열어주시지 않을래）
6) その窓、開けてくださいませんか。（그 창문 열어주시지 않겠습니까）
7) その窓、開けてくださいませんでしょうか。

　　（그 창문 열어주시지 않겠사옵니까）

普通語로 쓰이고 있는 1)2)3)의 경우와, 敬語로 쓰이는 4)5)6)7)을 볼 때, 普通語
보다는 敬語를, 肯定疑問形보다는 否定疑問形을, 더욱이 否定疑問을 推量의 형태
로 한 것이 더욱더 丁重함을 더한다. 따라서 1)2)3)의 경우는 1)→2)→3)의 순으로
정중도가 높아지고, 4)5)6)7)의 경우는 4)→5)→6)→7)의 순으로 정중도가 높아진다.

5. 敬語의 올바른 使用方法

경어에 있어서 틀리기 쉬운 점은
　　첫째, 존경어와 겸양어를 잘못 아는 일
　　둘째, 겸양어를 공손어처럼 사용하는 일
　　셋째, 공손어를 너무 많이 사용하는 일 등이다.

❺-1. 사람을 가리키는 경어의 사용법

(1) 자기 자신의 경우
「わたし」; 표준의 형태
「わたくし」; 격식 차린 用語
「ぼく」; 친한 남자사이에서 사용

(2) 상대방을 가리키는 경우
「あなた」; 표준의 형태
「きみ」; 친한 사이에서 사용
「貴下」「貴殿」; 편지 등의 用語

(3) 第3者를 가리키는 경우
「～さん」; 표준의 형태
「～さま(様)」「～殿」; 주로 편지의 受信人名에 使用
「知事」「先生」「局長」「社長」「専務」 등은, 職場用語로 「～さん」을 붙이지
않아도 된다.

❺-2. 接頭語 「お」「ご」의 사용법

(1) 존경의 意味를 나타내는 경우

1) 敬意를 표해야 할 사람의 行為나 事物, 状態에 대해서 사용

お帰り　お考え　お仕事　お便り　お話　お時間　お美しい
お若い　ご家族　ご意見　ご研究　ご病気……
　　先生の<u>お話</u>をうかがう。(선생님의 말씀을 듣다)
　　先生の<u>ご病気</u>が心配だ。(선생님의 병이 걱정된다)
　　(あなたの)<u>お帽子</u>は、どれですか。(당신의 모자는 어느 것 입니까)
　　これについて、(あなたの)<u>ご意見</u>はいかがですか。
　　(이것에 대해서, 당신의 의견은 어떻습니까)

2) 자신에 관한 것이지만, 상대방에 관계되는 것인 경우, 겸양의 의미를 사용
　お電話　お礼　お願い　お祝い　ご報告　ご案内……
　　病気の先生を<u>お見舞</u>に行った。(선생님 병 문환을 갔다)
　　すぐに<u>ご返事</u>をさしあげます。(곧 답을 드리겠습니다)
　　先生に<u>お電話</u>をして<u>ご報告</u>いたすつもりです。
　　(선생님에게 전화해 보고할 예정입니다)

(2) 사용할 필요는 없지만, 공손어나 美化語로서 사용
　お花　お酒　お金　お野菜　お勉強　お安い　お寒い

(3) 「お」「ご」를 빼면, 語의 意味를 상실하거나 변하기 때문에, 공손의
意味의 「お」「ご」가 慣用的으로 고정되어 있는 경우
　おかず　おにぎり　おなか　おかげ　おやじ　おまけ　ごはん
　　どの茶わんで<u>ご飯</u>を食べますか。(어느 밥공기로 밥을 먹겠습니까)

❺-3. 尊敬語와 謙譲語의 区別

존경어와 공손어, 겸양어와 공손어는, 述部의 경우 중복되어 사용된다.
　　映画はいつ<u>ごらんになり</u>　<u>ます</u>か。(영화는 언제 보시게 됩니까)
　　　　　　(존경어)+(공손어)
　　先生の本を<u>いただき</u>　<u>ました</u>。(선생님 책을 받았습니다)
　　　　　　(겸양어)+(공손어)
그러나, 존경어와 겸양어의 구별은 명확하므로, 양자를 구별해서 사용하지 않으면
안 된다.

*先生が<u>参られた</u>。→先生が<u>いらっしゃった</u>。
*弟が<u>おっしゃった</u>ことだ。→弟が<u>申した</u>ことだ。

❺-4. 敬語의 混乱

20世紀後半 東京語의 경어의 혼란 중에서 현저한 것은, 謙讓語가 美化語나 尊敬語로 変質하려고 하는 현상이라고 말할 수 있다.

우선 먼저, 「花に水をあげる」식의 말투가 비난받는 이유는 무엇인가?

「*花に水をさしあげる」나 「*花がさいていらっしゃる」라는 표현이 존재하지 않는 것에서 볼 때, 「あげる」는 겸양어로서 위치하고 있기 때문에, 美化語와는 구분된다.

다음으로, 「お客さまにお待ちしていただきます」의 말이 좋지 않은 理由는 무엇인가? 「お待ちする」라는 말투가 겸양어라고 하는 인식이 損傷된 점에 있다고 본다. 따라서 「お客さまにお待ちいただきます」가 정당한 용법이다.

여기서, 金田一京助는 「お聞きしたい」「お逢したい」 등과 같이, 「お待ちする」도 「お」의 형태를 취하고 있으니까, 「目的格에의 敬意를 나타낸다」고 말하고 있다. 그러나 「お～する」의 형태를 「お」만을 따로 떼어 내서 검토한 점에 문제점이 있다. 이것은 「お～する」 전체를 하나의 경어형식으로서 고찰하는 편이 낫다고 생각한다.

❺-5. 공손어에 있어서의 丁重体와 普通体

(1) 丁重体(です, ます의 形態)

듣는 사람에 대한 敬意를 나타내는 형태로, 친하지 않은 사람이나 「外」의 사람과 이야기 할 때 사용한다. 이때, 존경어와 겸양어를 함께 사용하면 더욱 敬意를 높일 수 있다.

> ┌すみませんが、駅はどこ<u>でしょう</u>か。(미안합니다만, 역은 어디입니까)
> └ここをまっすぐ行って<u>ください</u>。そうすると、右側に<u>あります</u>。
> (이 길을 똑바로 가주세요. 그러면 우측에 있습니다)

(2) 普通体(だ의 形態)

친한 사람(家族이나 友人)과 말할 때 사용한다.

　　┌ねえ、お母さん、お父さんは何時ごろ<u>帰る</u>の。
　　│　(엄마, 아버지는 몇시경에 돌아와)
　　└そうね、今晩は八時ごろになると<u>思う</u>わ。
　　　　(글쎄, 오늘밤은 8시경이라고 생각해)

가정내에서는 父母와 자식 간은 일반적으로 보통체를 사용한다.

　　┌先生、<u>帰った</u>?　(선생님 귀가했니)
　　└うん、とっくに<u>帰った</u>。(응, 벌써 귀가 했어)

존경해야할 선생님이 그 장소에 없으므로 보통체를 사용하고 있다.

　　┌もう、<u>召し上がった</u>?　(벌써, 먹었니)
　　└ええ、<u>いただいた</u>わ。(예, 먹었어요)

동사는 敬語의 형태이지만, 보통체를 사용하고 있다. 이러한 표현은 女性들이 많이 사용해, 청자에게 친한 감이 있는 공손한 느낌을 준다.

❺-6. 親族, 家族의 呼称에 있어서의 使用法

	謙譲語(우리가족을 말할 때)	尊敬語(상대방 가족을 말할 때)
가족	家族	ご家族
아버지	父(ちち)、おやじ	お父(とう)さん/さま
어머니	母(はは)、おふくろ	お母(かあ)さん/さま
시아버지	しゅうと	おしゅうとさん
시어머니	しゅとめ	おしゅとめさん
양친, 부모	両親(りょうしん)	ご両親
남편	主人(しゅじん)、夫(おっと)	ご主人(さま)
아내, 부인	家内(かない)、妻(つま)、女房(にょうぼう)	奥(おく)さん/さま
형, 오빠	兄(あに)	お兄(にい)さん/さま
누나, 언니	姉(あね)	お姉(ねえ)さん/さま
매형, 형부	義理(ぎり)の兄	義理のお兄さん
(처가)오빠	家内の兄	奥さんのお兄さん
형수, 새언니	兄嫁(あによめ)	お兄さんの奥さん

올케, 형님	義理の姉	義理のお姉さん
(처가)언니	家内の姉	奥さんのお姉さん
남동생	弟(おとうと)	弟さん
여동생	妹(いもうと)	妹さん
시동생	義理の弟	義理の弟さん
처남	家内の弟	奥さんの弟さん
(올케)여동생	義理の妹	義理の妹さん
처재	家内の妹	奥さんの妹さん
형제, 자매	兄弟(きょうだい)	ご兄弟
아들, 도련님	息子(むすこ)	息子さん お坊(ぼ)っちゃん/ちゃま
딸, 따님	娘(むすめ)	娘さん　お嬢(じょう)さん
아이, 애	子供(こども)	お子(こ)さん
(친)손자/손녀 (외)손자/손녀	内孫(うちまご)　外孫(そとまご)	お孫さん
(외)할아버지	祖父(そふ)	おじいさん/さま
(외)할머니	祖母(そぼ)	おばあさん/さま
아저씨/고모부/ 이모부	叔父/伯父(おじ)	叔父/伯父さん
아주머니/고모/ 이모	叔母/伯母(おば)	叔母/伯母さん
남 조카	おい	おい御(ご)さん
여 조카	めい	めい御(ご)さん
사촌형제	従兄/従弟(いとこ)	いとこの方、おいとこさん
친척, 일가	親類(しんるい)	ご親類
집안사람	うちのもの	おちうの方、おたくの方

일본어의 친족명칭의 特色은, 일반적으로 年齡과 性別을 사용해 구별하지만,

1) 話者보다 손아래 사람에게는 人称代名詞를 사용할 수 있지만, 손위 사람에게는 人称代名詞를 사용할 수 없다.

2) 話者보다 손위 사람에게는 親族名称으로 말할 수 있지만, 손아래 사람에게는

親族名称으로 말할 수 없다.
3) 話者보다 손아래 사람에게는 이름만으로 부를 수가 있다.
4) 話者보다 손위 사람에게는 話者자신을 이름으로 칭할 수 있지만, 손아래 사람에게는 話者자신을 이름으로 칭할 수 없다.
5) 話者가 손아래 사람을 상대로 할 경우
　　①자신을 상대방의 입장에서 본 친족명칭으로 말할 수 있다.
　　②상대방에 대해서도, 그 사람의 家族内에서의 위치를 想定해서 친족명칭을 사용할 수가 있다.

❺-7. 공손하게 말할 때, 語나 表現이 바뀌는 것

격식 차린 말투에서는 漢語가 많이 사용된다. 이 漢語는, 文章体나 男性에 의해 딱딱한 표현으로서도 사용되고 있다.

(1) 指示詞와 助詞의 경우
こっち(보통의 말) → こちら(격식 차린 말)
そっち → そちら　　　　あっち → あちら
どっち → どちら　　　　どこ → どちら
で → において　　　　　から → より

(2) 名詞의 경우
今日(보통의 말) → 本日（ほんじつ）(격식 차린 말)
あした → 明日（みょうにち）/あす　　きのう → 昨日（さくじつ）
次の日 → 翌日（よくじつ）　　　　　次の次の日 → 翌々日（よくよくじつ）
今（いま） → 只今（ただいま）　　　　あさって → 明後日（みょうごにち）
ゆうべ → 昨夜（さくや）　　　　　　おととい → 一昨日（いっさくじつ）
去年（きょねん） → 昨年（さくねん）　おととし → 一昨年（いっさくねん）
あしたの朝 → 明朝（みょうちょう）　けさ → 今朝（こんちょう）/けさほど
きょうの夜 → 今夜（こんや）　　　　このあいだ → 先日（せんじつ）
今度（こんど） → このたび/このほど/今回（こんかい）

(3) 副詞의 경우

すごく/とても(보통의 말) →   たいへん/非常に(격식 차린 말)

あとで → 後ほど   これから → 今後/これより

さっき → さきほど   ちょっと/少し → 少々

早く → 早めに   すぐ → 早速/早急に

本当に → まことに   いい → よろしい/けっこう

どう → いかが   いくら → いかほど/おいくら

もう → もはや   とても～ない → とうてい～ない

(4) 인사표현의 경우

ありがとう(보통의 말) → ありがとうございます

すみません → 申しわけありません/恐れいります

さようなら → 失礼します/失礼いたします

(5) 인칭대명사 등 사람을 부를 때의 경우

先生達(보통의 말) → 先生方(격식 차린 말)

この人達 → この方々、こちらの方々

この人 → この方、こちらの方

わたしたち → わたくしども

あなた(きみ、おまえ) → あなたさま、おたくさま

わたし(あたし、ぼく、おれ) → わたくし

※二人称(あなた、おたく), 三人称(彼、彼女、彼ら)는 손위 사람에게는 사용하지 않는다. 손위 사람에게는 가능한 한 그 사람의 氏名이나 役職으로 부른다.

女性이 上司를 부를 때에는 役職에 「さん」을 붙이는 일이 많다.

(6) 男性語의 경우

うまい(공손하지 못한 남성어) → 上手、美味しい

腹 → お腹   女房 → 家内

ぼく、おれ → わたし   飯 → ご飯

まずい → よくない   おまえ → あなた

❺-8. 「内のもの」와 「外のもの」의 使用法

この人(内のもの) → この方、こちらの方(外のもの)
みんな → みなさま　　　会社のもの → 会社の方
山下 → 山下さん/さま　　弊社 → 貴社
社長の田中 → 田中社長(さん)

教師 → 先生　　　　　　医者 → お医者さん/さま
警官 → おまわりさん　　名前 → ご芳名
拙宅 → お宅　　　　　　拙著 → 高著

❺-9. 공손하게 말하기 위한 運用的인 방법

(1) 대상을 한정시키지 말라
대상을 한정시키면 선택의 폭이 좁아져 공손함을 잃을 수가 있다.
따라서 대상을 한정시키지 말고 그 밖에도 뭔가가 있는 듯한 인상을 주도록 표현하는 것이 좋다.

> ボルペンを貸してください。→ボルペンか何か貸してください。
> お茶を飲みませんか。 → お茶でも飲みませんか。

(2) 소극적으로 말해라
정도를 적극적으로 말하지 말고, 사양하듯이 소극적으로 조심스럽게 말해야 공손함을 더한다.

> お酒を飲まない方がいいですよ。 → あまりお酒を飲まない方がいいですよ。
> 彼と会わない方がいいですよ。 → できれば彼と会わない方がいいですよ。

(3) 간접적으로 표현해라
화자가 말하고 싶은 것을 직접적으로 표현하는 것을 피해, 다른 말을 사용함으로써 돌려서 의도를 전해야 공손함을 더한다.

> この部屋は暑いですね。(=窓を開けてください)
> すみません。みんな寝ているんですが。(=静かにしてください)
> 明日は7時から約束があるんです。(=明日は行けません)

(4) 주의사항

1) 대답이 Yes인 것을 아는 간단한 내용일 경우 돌려서 다른 표현을 사용해서는
   안 된다.
   皿を取ってください。→ *皿を<u>取れ</u>ますか。
   一緒に飲みましょう。→ *一緒に飲み<u>たい</u>ですが。

2) 敬意를 표해야할 상대로부터 이익을 받을 경우, 경어보다 授受表現을 사용하는
   것이 좋다.
   向うに急病人がいるんです。(저쪽에 위급환자가 있습니다)
   先生、<u>来てくださいませんか</u>。*先生いらっしゃいませんか。
   그러나 敬意를 표해야할 상대에게 이익을 줄 경우, 授受表現을 사용해서는 안
   된다.
   先生、お荷物を<u>お持ちします</u>。
   *先生、お荷物を<u>持って差し上げます</u>。

3) 결정권이 화자에게 있는 간단한 사무적 의뢰는 그대로 표현해도 좋다.
   ここに書類を出してあそこで<u>お待ちください</u>。
   (여기에 서류를 내고, 저기서 기다리세요)
   ?ここに書類を出してあそこで<u>お待ちくださいませんか</u>。
   <u>少々お待ちください</u>。(잠시 기다려 주세요)
   ?少々<u>お待ちくださるとありがたいですが</u>。

4) 결정권이 청자에게 있는 의뢰의 경우, 부정의문이나 조건절을 사용해서 폭을
   넓힌다.
   ?保証人になって<u>くださいますか</u>。
   保証人になって<u>くださいませんか</u>。
   保証人になって<u>くださいませんでしょうか</u>。
   (보증인이 되어주시지 않겠습니까)
   保証人になって<u>くださるとありがたい</u>のですが。
   (보증인이 되어주시면 고맙겠습니다만)

6. 敬語에 관한 注意事項

❻-1. 尊敬表現에 관한 주의사항

(1) 복합동사의 경우, 보통 후항동사를 존경어로 한다.

두 세 개의 동사가 이어질 경우, 文末動詞를 바꾸는 것만으로 敬意를 나타낸다.

先生はさきほど帰っていらっしゃいました。

(선생님은 조금 전 돌아오셨습니다)

先生は毎朝六時に起きて、散歩なさいます。

(선생님은 매일 아침 6시에 일어나서 산책하십니다)

(2) 二重敬語는 가능한 한 피하는 것이 좋다.

단지,「あがる」「召す」「見える」등 敬度가 낮은 것과,「お~になる」는 함께 사용 할 수 있다.

??これは部長がタイでお求めになられた物です。

これは部長がタイでお求めになった物です。

(이것은 부장님이 태국에서 구하신 겁니다)

お医者さまがお見えになりました。(의사선생님이 오셨습니다)

(3) 「ごらんなさい」「いらっしゃい」등이 命令文의 형태로 손위 사람 말할 때, 尊敬의 의미는 없고, 親近感을 나타낸다.

おいしいから、食べてごらんなさい。(맛있으니까, 먹어 보세요)

そんなにいやなら、おやめなさい。(그렇게 싫다면, 그만 두세요)

(4) 主体가 손위 사람의 물건이나 애완용동물일 때는 존경어를 사용하지 않는다.

課長の家には犬が三匹います。(과장님 집에는 개가 3마리 있습니다)

(5) 女性이「いらっしゃる?」「なさる?」등 경어동사를 普通体로 사용할 때, 美化語적인 표현으로 존경의 의미는 없다.

来週の音楽会どうな<u>さる</u>? <u>いらっしゃる</u>?(다음주 음악회는 어쩌지? 가죠?)

❻-2. 謙譲表現에 관한 주의사항

(1)「まいる」「申す」「うかがう」등의 謙譲表現을 잘못 알고, 尊敬表現으로 사용해서는 안 된다.

* *先生がそう<u>申しました</u>。
* *先生がそう<u>申されました</u>。
* 先生がそう<u>おっしゃいました</u>。(선생님이 그렇게 말씀하셨습니다)

(2)「お(ご)～する/いたす」는「お/ご」의 사용 때문인지, 잘못알고 尊敬表現으로 사용하는 경우가 있다.

* *お疲れでしょうから、お先に<u>お休みして</u>ください。
* お疲れでしょうから、お先に<u>お休み(になって)</u>ください。
* (피곤할테니까, 먼저 휴식해 주십시오)

(3)「いただく」가「もらう」의 意味로 사용될 경우는 謙譲語이므로, 손아래사람한테 받거나, 손위 사람에게 무언가를 하도록 말할 때에는 사용할 수 없다.

* *これは子供から<u>いただいた</u>物です。
* これは子供から<u>もらった</u>物です。(이것은 아이한테 받은 물건입니다)
* *運転免許証は三番の窓口で<u>いただいて</u>ください。
* 運転免許証は三番の窓口で<u>お受け取り</u>ください。
* (운전 면허증은 3번 창구에서 받아 주세요)

(4)「～させていただく」표현도 주의해야 한다.

a) あした<u>休ませていただいて</u>もよろしいでしょうか。(내일 쉬어도 좋을까요)
b) 日本滞在中はいろいろといい経験を<u>させていただき</u>ました。
　(일본체재중은 덕분에 여러 가지 좋은 경험을 했습니다)
c) 一言お礼のことばを<u>述べさせていただき</u>ます。
　(감사의 한 말씀을 드리겠습니다)

d) 頭が痛いです。帰らせていただきます。
　　(머리가 아픕니다. 돌아가겠습니다)

　a)와 b)는 적절한 겸양표현이지만, c)는 자신의 행위를 공손하게 말하려는 것이고, d)는 강한 意志表現이므로 공손하지 않다.

　(5)「差し上げる」는 一人称主体의 행위에 대해서는 強要의 뜻이 되므로,「お(ご)~する/いたす」의 형식을 사용하는 것이 좋다.
　　*私は先生にそのニュースを知らせて差し上げました。
　　私は先生にそのニュースをお知らせしました。
　　(저는 선생님에게 그 소식을 알렸습니다)

　(6)「かしこまる」「承知する」는 겸허히 命令・指示 등을 받았다, 승낙했다고 하는 意味로 사용된다.
　　客; すみませんが、これ明日の夜までにやってもらえませんか。
　　　(미안합니다만, 이거 내일 밤까지 해주시지 않겠습니까)
　　店員; かしこまりました。(잘 알겠습니다)

❻-3. 그 밖의 주의사항

(1) 敬語를 사용하지 않는 경우

1) 공손하지 않는 말과 함께 사용하지 않는다.
　　*おいしいからお食いになってください。
　　おいしいから食えよ。(맛있으니까 먹어라)
　　おいしいですから、召し上がってください。(맛있으니까, 드십시오)

2) 慣用句나 속담은 그대로 사용한다.
　　*どこでもお住みになれば都です。
　　「住めば都」で先生も当地がお好きになられたようです。
　　(정들면 고향이어서, 선생님도 이곳을 좋아하시게 된 것 같습니다)

3) 歷史上의 인물이나 有名人 등에게는 경어를 사용하지 않는다.
　　*ここは金大統領が<u>住んでいらっしゃった</u>所です。
　　ここは金大統領が<u>住んでいた</u>所です。
　　(여기는 김대통령이 살았던 곳입니다)

(2) 손위 사람에게 사용할 수 없는 표현

1)「〜たい」「〜たがる」「〜てほしい」등을 사용해서, 손위 사람의 願望에 관해 직접 듣거나 말하거나 할 수가 없다.
　　*先生はコーヒーを<u>飲みたい</u>ですか。
　　先生はコーヒーを<u>お飲みになります</u>か。
　　(선생님은 커피를 드시겠습니까)

2)「ごくろうさま」「お世話さま」「ごめんなさい」등은, 손위 사람에게는 사용하지 않는 표현이다.

(3) 文全体의 균형
경어를 사용할 때에는 動詞만이 아니라, 다른 말도 공손히 하고, 文全体의 균형을 갖추어야 한다.
　　*<u>どちらに住んでいるか</u>。
　　<u>どちらに住んでいらっしゃいます</u>か。(어디에 살고 계십니까)

(4) 要請, 依賴의 표현
要請, 依賴의 표현은 状況에 따라 공손함을 구별할 필요가 있다.

1) 依賴

　　a) すみませんが、窓を開け<u>てください</u>。
　　　(미안합니다만, 창문을 열어 주십시오)
　　b) すみませんが、窓を開け<u>てくれませんか</u>。
　　　すみませんが、窓を開け<u>てもらえませんか</u>。
　　　(미안합니다만, 창문을 열어 주지 않겠습니까)

すみません。窓を開けて<u>もらいたいんですが</u>。

(미안합니다. 창문을 열었으면 하는데요)

c) 申しわけありませんが、窓を開け<u>てくださいませんか</u>。

申しわけありませんが、窓を開け<u>ていただけませんか</u>。

(죄송합니다만, 창문을 열어 주시지 않겠습니까)

申しわけありませんが、窓を開け<u>ていただきたいんですが</u>。

(죄송합니다만, 창문을 열어 주셨으면 하는데요)

d) 恐れ入りますが、窓を開け<u>ていただけないでしょうか</u>。

恐れ入りますが、窓を開け<u>てくださいませんでしょうか</u>。

(송구합니다만, 창문을 열어 주시지 않겠습니까)

2) 要請

a) 私に行か<u>せてください</u>。(저에게 가게 해 주십시오)

b) 私に行か<u>せてくださいませんか</u>。

私に行か<u>せていただけませんか</u>。(제게 가게해 주시지 않겠습니까)

c) 私に行か<u>せていただきたいんですが</u>。(제게 가도록 해 주셨으면 하는데요)

(5) 婉曲表現

공손함을 더하기 위한, 여러 가지 婉曲表現이 있다.

a) これでよろしい<u>でしょうか</u>。(이것으로 좋을까요)

b) これは少し変ではない<u>でしょうか</u>。(이것은 조금 이상하지 않습니까)

c) これでいい<u>と思います</u>。(이것으로 좋다고 생각합니다)

d) わたしはあの人が犯人<u>だろうと思います</u>。

(나는 저 사람이 범인이라고 생각합니다)

e) 日本人はいつも働いてばかりいる<u>ように思われます</u>。

(일본인은 언제나 일만하고 있다고 생각됩니다)

f) お忙しい<u>かと存じます</u>。(바쁘실 거라고 알고 있습니다)

g) なぜ山田さんがそんなことを言うのか、分からない<u>こともないのですが</u>。

(왜 야마다씨가 그런 것을 말하는지 모르는 것도 아닙니다만)

(6) 정중함을 더하기 위한 다른 表現方法

1) 文을 끝맺지 않는 方法

明日はちょっと…(都合が悪いです)。

(내일은 좀…「사정이 안 좋습니다」)

今忙しくて…(だめです)。

(지금은 바빠서…「안 됩니다」)

2) 序頭를 말하는 方法

<u>申しわけありませんが</u>、本日はもう閉店となりました。

(죄송합니다만, 오늘은 이미 폐점이 되었습니다)

<u>恐れ入りますが</u>、もう一度お電話いただけないでしょうか。

(송구합니다만, 다시 한 번 전화주시지 않겠습니까)

≪主要参考文献≫

安藤貞雄. 1986. 『英語の論理・日本語の論理』 大修館書店
庵功雄の他. 2000. 『初級を教える人のための日本語文法ハンドブック』
　　　　　　　　　　　スリーエーネットワーク
庵功雄の他. 2001. 『中上級を教える人のための日本語文法ハンドブック』
　　　　　　　　　　　スリーエーネットワーク
池上嘉彦. 1981. 『＜する＞と＜なる＞の言語学』 大修館書店
井島正博. 1988. 「受身文の多層的分析」『防衛大学校紀要』 57輯, 防衛大学校
石神照雄. 1990. 「否定と構文」『日本語学』 9巻12号
市川保子. 2005. 『初級日本語文法と教え方のポイント』 スリーエーネットワーク
井口厚夫の他. 1994. 『日本語文法整理読本—解説と演習—』 バベル・プレス
石井正彦. 1987. 「複合動詞の成立条件」『ケーススタディ日本文法』 桜楓社
井上和子. 1976. 『変形文法と日本語(上・下)』 大修館書店
大江三郎. 1975. 『日英語の比較研究—主観性をめぐって—』 南雲堂
尾上圭介. 1982. 「現代語のテンスとアスペクト」『日本語学』 1巻2号
尾上圭介. 1983. 「否定語の語性と用法」『副用語の研究』 明治書院
沖久雄. 1986. 「数詞・助数詞の文法」『日本語学』 5巻12号. 明治書院
奥津敬一郎. 1974. 『生成日本文法論』 大修館書店
奥津敬一郎. 1978. 『「ボクハウナギダ」の文法』 くろしお出版
奥津敬一郎の他. 1986. 『いわゆる日本語助詞の研究』 凡人社
奥津敬一郎. 1987. 「使役と受身の表現」『国文法講座6；時代と文法』 明治書院
影山太郎. 1993. 『文法と語形成』 ひつじ書房
菊地康人. 1994. 『敬語』 講談社学術文庫
北原保雄. 1976. 「文の構造」『岩波講座日本語6』 岩波書店
川端善明. 1978. 『活用の研究』 大修館書店
北原保雄. 1981. 『日本語助動詞の研究』 大修館書店
北原保雄. 1981. 『日本語の世界6巻；日本語の文法』 中央公論社
金田一春彦. 1976. 『日本語動詞のアスペクト』 むぎ書房
金水敏他. 1989. 「日本語文法セルフ・マスターシリーズ4；指示詞」くろしお出版
工藤真由美. 1987. 「現代日本語のアスペクトについて」『教育国語』 91号
工藤真由美. 1990. 「現代日本語の受動文」『ことばの科学4』 むぎ書房
工藤真由美. 1995. 『アスペクト・テンス体系とテクスト』 ひつじ書房
久野暲. 1973. 『日本文法研究』 大修館書店
久野暲. 1978. 『談話の文法』 大修館書店
久野暲. 1983. 『新日本文法研究』 大修館書店
言語学研究会編. 1983. 『日本文法・連語論(資料編)』 麦書房
小池清治の他. 1997. 『日本語学キーワード事典』 朝倉書店
国立国語研究所. 1960. 『話しことばの文型1』 秀英出版
国立国語研究所. 1963. 『話しことばの文型2』 秀英出版
国立国語研究所. 1951. 『現代語の助詞・助動詞—用法と実例—』 秀英出版
国立国語研究所. 1972. 『形容詞の意味・用法の記述的研究』 秀英出版
小松寿雄. 1963. 「待遇表現の分類」『言語と文芸』 5巻2号

小矢野哲夫. 1983. 「副詞の呼応」『副用語研究』 明治書院

斉藤倫明. 1991. 『現代日本語の語構成論的研究』 ひつじ書房

佐伯哲夫. 1975. 『現代日本語の語順』 笠間書院

佐久間 鼎. 1931. 『日本語の特質』 育英書院

佐久間 鼎. 1951. 『日本語学』 朝日新聞社

佐久間 鼎. 1983. 『現代日本語の表現と語法』 くろしお出版

佐久間 鼎. 1983. 『現代日本語法の研究《改訂版》』 くろしお出版

佐治圭三. 1991. 『日本語文法の研究』 ひつじ書房

佐藤里美. 1986. 「使役構造の文」『ことばの科学Ⅰ』 言語学研究会編, むぎ書房

島田勇雄. 1964. 「連体詞」『講座現代語6』 明治書院

島田昌彦. 1973. 「国語における形容詞」『国語と国文学8月』 東京大学国語国文学会

鈴木一彦. 1959. 「副詞の整理」『国語と国文学』 36-12 東京大学国語国文学会

鈴木一彦. 1973. 「感動詞とは何か」『品詞別日本文法講座6』 明治書院

鈴木重幸. 1972. 『日本語文法・形態論』 むぎ書房

鈴木重幸. 1972. 『文法と文法指導』 むぎ書房

砂川有里子. 1984. 「<ニ受身文>と<ニヨッテ受身文>」『日本語学』 7月号

砂川有里子. 1987. 「複合動詞について」『日本語教育』 61号 日本語教育学会

高橋太郎. 1985. 「現代日本語のボイスについて」『日本語学』 4巻4号

高橋太郎. 1985. 『日本語のテンスとアスペクト』 秀英出版

高橋太郎. 1990. 「動詞その9」『教育国語』 100号

高橋太郎. 1990. 「指示詞の性格」『日本語学』 9巻3号. 明治書院

竹内美智子. 1973. 「副詞とは何か」『品詞別日本文法講座5』 明治書院

田中章夫. 1977. 「助詞(3)」『岩波講座日本語7巻；文法Ⅱ』 岩波書店

田中 望他. 1981. 『日本語教育指導参考書8；日本語の指示詞』 国立国語研究所

田野村忠温. 1990. 『現代日本語の文法Ⅰ』 和泉選書

塚本秀樹. 1991. 「日本語における複合格助詞について」『日本語学』 10巻3号

角田太作. 1991. 『世界の言語と日本語』 くろしお出版

寺村秀夫. 1968. 「日本語名詞の下位分類」『日本語教育』 12号. 日本語教育学会

寺村秀夫. 1982. 『日本語のシンタクスと意味Ⅰ』 くろしお出版

時枝誠記. 1941. 『国語学原論』 岩波書店

時枝誠記. 1950. 『日本文法口語編』 岩波書店

富田隆行. 1992. 『文法の基礎知識とその教え方』 凡人社

長嶋善郎. 1976. 「複合動詞の構造」『日本語講座4 日本語の語彙と表現』 大修館書店

永野 賢. 1958. 『学校文法概説』 朝倉書店

永野 賢. 1965. 「形容詞/形容動詞」『口語文法講座6 用語解説編』 明治書院

生田目弥寿. 1996. 『現代日本語表現文典』 凡人社

仁田義雄. 1997. 『日本語の文法研究序説』 くろしお出版

日本語教育学会. 1982. 『日本語教育辞典』 大修館書店

沼田善子. 1986. 「とりたて詞」『いわゆる日本語助詞の研究』 凡人社

沼田善子. 1992. 「日本語文法セルフ・マスターシリーズ5；とりたて」 くろしお出版

野田尚史. 1985. 『日本語文法セルフ・マスターシリーズ1；ハとガ』 くろしお出版

野田尚史. 1991. 『はじめての人の日本語文法』 くろしお出版

芳賀やすし. 1962. 『日本文法教室』 東京堂出版

橋本四郎. 1967. 「接続助詞と接続詞」『講座日本語の文法3』 明治書院

橋本進吉. 1934. 『国語法要説』 明治書院

橋本進吉. 1946. 『国語学概論』 岩波書店

橋本進吉. 1948. 『国語法研究』 岩波書店
畠 郁他. 1991. 『日本語教育指導参考書19 ;副詞の意味と用法』 国立国語研究所
細川英雄. 1989. 「現代日本語の形容詞分類」『国語学』 158集. 国語学会
牧野成一. 1980. 『くりかえしの文法』 大修館書店
益岡隆志. 1987. 『命題の文法』 くろしお出版
益岡隆志. 1991. 『モダリティの文法』 くろしお出版
益岡隆志他. 1992. 『基礎日本語文法—改訂版—』 くろしお出版
松下大三郎. 1928. 『改撰標準日本文法』 紀元社
松下大三郎. 1930. 「標準日本口語法」 中文館書店
松村 明編. 1971. 『日本文法大辞典』 明治書院
三浦つよむ. 1975. 『日本語の文法』 勁草書房
三尾 砂. 1948. 『国語法文章論』 三省堂
三上 章. 1955. 「連語論」『講座日本語』 2 大月書店
三上 章. 1970. 『文法小論集』 くろしお出版
三上 章. 1975. 『現代語法序説』 くろしお出版
三原健一. 1992. 『日英語対照研究シリーズ1 時制解釈と統語現象』 くろしお出版
水谷静夫. 1974. 「国語での否定表現の意味」『計量国語学』 68
水谷信子. 1985. 『日英比較 話しことばの文法』 くろしお出版
南 不二男. 1974. 『現代日本語の構造』 大修館書店
南 不二男. 1993. 『現代日本語文法の輪郭』 大修館書店
宮地敦子. 1964. 「代名詞」『講座現代語6 口語文法の問題点』 明治書院
宮地 裕. 1977. 「日本語の敬語の構造と特色」『岩波講座日本語4巻』 岩波書店
村木新次郎. 1991. 『日本語動詞の諸相』 ひつじ書房
森岡健二. 1973. 「文章展開と接続詞・感動詞」『品詞別日本文法講座6』 明治書院
森岡健二. 1986. 「接辞と助辞」『日本語学』 5巻3号. 明治書院
森岡健二. 1988. 『現代語研究シリーズ3巻 ; 文法の記述』 明治書院
森田良行. 1987. 「文の接続と接続語」『日本語学』 6巻9号. 明治書院
森田良行. 1988. 『基礎日本語辞典』 角川書店
森田良行. 1990. 『日本語学と日本語教育』 凡人社
森山卓郎. 1988. 『日本語動詞述語文の研究』 明治書院
森山卓郎. 1992. 「日本語における推量をめぐって」『言語研究』 101
山口佳紀. 1976. 「体言」『岩波講座日本語6巻 ; 文法Ⅰ』 岩波書店
山田孝雄. 1908. 『日本文法論』 宝文館
山田孝雄. 1936. 『日本文法学概論』 宝文館
吉川泰雄. 1964. 「形式名詞」『講座現代語6 口語文法の問題点』 明治書院
吉川武時. 1989. 『日本語文法入門』 アルク
林憲燦. 2004. 『日韓両言語における受動文と使役文』 図書出版 제이앤씨
渡辺 実. 1971. 『国語構文論』 搞書房
Jespersen, O. 1924. The Philosophy of Grammar. London
김차균. 1980. 「국어의 사역과 수동위 의미」『한글』 168 한글학회
Cathorine GARNIER. 1994. 『日本語の複文構造』 ひつじ書房
Chafe,W.L.1970. Meaning and the Structure of Language.
        University of Chicago Press.
Givon,T.1979. On Understanding Grammar. New York: Academic Press.
Kuroda,S.Y.1979. "On Japanese Passives," in Explorations in Linguistics
        :Papers in Honor of Kazuko Inoue, Kenkyuusha.

【著者紹介】

임헌찬 林憲燦

略歴
清州大学校 人文大学 日語日文学科 卒業(1987)
日本政府 文部省초청 国費留学生으로 渡日(1987)
日本 히로시마大学 大学院 日本語教育学専攻 교육학석사(1993)
日本 히로시마大学 大学院 日本語教育学専攻 교육학박사(1996)
日本 히로시마大学 객원연구원교수(2004. 8~2005. 7)
現在 仁済大学校 日語日文学科 副教授

주요업적
1992 「일한양어의 수동문에 있어서의 행위자를 마크하는 格」
1994 「일본어에 있어서의 수동문의 특징」
1994 「일본어에 있어서의 사역문의 특징」
1995 「한일 양 어어에 있어서의 시역문」
1996 「일한수동문의 구성요소의 상관관계의 특징」
1996 『일한양어의 VOICE의 범주에 관한 대조연구』博士論文
1997 「漢語+になる의 용법과 특징」(共編)
1998 「VOICE의 전환에서 본 일한양어의 사역문」
1999 『MY JAPANESE』(共著 ; 일본어뱅크사)
1999 『Campus基礎日本語文法』(不二文化社)
1999 『日本語学概論』(不二文化社)
2000 「日韓両語의 受動文에 있어서의 行為者省略에 대하여」
2001 『礎石日本語文法』(図書出版책사랑)
2001 『現代日本語文字練習』(共著 ; 図書出版책사랑)
2001 「日韓非情受動文의 行為者省略」
2001 「日本語受動文의 意味論的考察」『日語日文学』第15輯
2002 『365生活日本語』(共著 ; 図書出版 제이앤씨)
2002 『続365生活日本語』(共著 ; 図書出版 제이앤씨)
2002 『日本語文法Ⅰ』(共著 보고사)
2003 「日本語의 受動・可能・自発의 連続性에 대하여」
2003 『日本語表現方法』(図書出版 보고사) 등 다수
2004 『日韓両言語における受動文と使役文』図書出版 제이앤씨
2005 『표현문형과 테마로 익히는 日本語作文』図書出版 제이앤씨
2005 「日本語의 使役文의 分析ー意味と用法を中心にー」『日本語教育を起点とする総合人間
     科学の創出』広島大学大学院教育学研究科日本語教育講座推進研究
2006 「<漢語+되다>와 <漢語＋になる>의 대응양상」인제논총 특별호
2006 「日韓使役文の統語的・意味的特徴と日本語教育への提案」
     『日本文化学報』韓国日本文化学会 第30輯

Ⓐsahi 日本語文法

초판인쇄 2006년 12월 26일
초판발행 2007년 1월 8일

저 자 임 헌 찬
발행처 제이앤씨

132-040 서울시 도봉구 창동 624-1 현대홈시티 102-1206
TEL (02)992-3253(代) FAX (02)991-1285
E-mail jncbook@hanmail.net
URL www.jncbook.co.kr · 한글인터넷주소://제이앤씨북
등록 제7-220호

ISBN 978-89-5668-465-9 03730
정가 20,000원